애덤 스미스와
칼 마르크스가 묻고 답하다

이경태 저

Adam Smith
Karl Heinrich Marx

박영사

머리말

애덤 스미스(이하 스미스)와 칼 마르크스(이하 마르크스)는 새로운 세상을 꿈꾸었다. 스미스는 자유시장경쟁을 통해서 국가 전체의 부를 늘리려고 했고 마르크스는 공산주의를 통해서 노동자 천국을 만들려고 했다. 스미스 이전 세상에서는 국왕, 귀족, 대상인의 특권계급이 정치적 권력과 경제적 부를 독점하였고 마르크스가 살았던 세상에서는 자본가계급이 노동자들을 부리면서 거대한 부를 축적하고 있었다.

두 사람이 환생해서 서로 만난다면 어떤 대화를 나눌까? 뽕나무 밭이 바다로 바뀌는 변화가 열 번, 백 번 되풀이되는 것보다도 더 몰라보게 바뀐 세상을 마음에 들어 할까? 아니면 두 사람 모두 세상을 다시 바꾸어야 한다고 작심하고 또 역사에 길이 남을 책을 쓸까? 쓴다면 어떤 생각을 담을까?

나는 언제부터인가 이런 생뚱맞은 상상이랄까, 망상을 하기 시작했다. 세상 돌아가는 모양새가 마음에 안 드는데 나의 얕은 앎으로는 구제의 지혜를 짜낼 수가 없으니 세상 바꾸는 데 천재였던 두 사람에게 물어보고 싶었다. 그러나 나는 이승에 있고 두 사람은 저승에 있으니 소통이 불가능하여 궁여지책으로 나의 부족한 지식에 상상의 날개를 달아 보기로 했다.

두 사람이 저승에서 해후하는 일은 결단코 일어나지 않았을 것이

다. 마르크스는 스미스가 이승을 떠난 지 근 백 년 후에 저승으로 갔는데 한 사람이 천당의 부름을 받았다면 또 한 사람은 지옥으로 끌려갔을 것이다. 염라대왕이 자유시장주의자이면 스미스를 천당으로 영입하고 마르크스는 지옥으로 보내어서 매일 반성문을 쓰라고 했을 것이다. 염라대왕이 자본가의 끝없는 탐욕을 증오하고 노동대중의 고단한 삶을 동정했다면 반대로 했을 것이다.

그러나 염라대왕이 좀 더 속 깊은 생각을 했다면 두 사람을 천당에서 같이 살도록 했을 수도 있다. 이승에서는 극과 극으로 갈라진 인생을 살았지만 저승에서 내려다보는 인간세계가 자신들의 예언과 어긋나는 궤적을 그리면서 변해 가는 모습을 목격한다면 중간을 향해서 접근할 테니까. 실제로 염라대왕은 사람을 알아보는 안목이 있었다. 걸출한 사상가인 두 사람이 교우하면 그들의 집단지성으로 지금 세상에서 벌어지고 있는 혼란과 빈부격차를 해결할 지혜를 짜낼 수 있으리라고 판단하고 두 사람을 모두 천당으로 불렀다.

이 글은 천당에서 만난 두 사람이 서로 길동무가 되어 인간 세상을 여행하면서 나누는 대화이다. 굳이 글의 장르를 따지자면 논픽션에 기초한 픽션이다. 사실과 상상의 융합이다. 사실로 기둥을 세우고 상상으로 벽을 바르고 지붕을 덮는다. 물과 기름처럼 따로 노는 것이 아니라 물과 설탕처럼 한 몸이 되었으니 사실과 상상을 떼어 놓으려는 노력은 헛수고에 그친다.

이 책은 2년여 전에 나온 자전적 평론집『평등으로 가는 제3의 길』에 이어서 은퇴 후에 두 번째로 출간되는 것이다. 크고 작은 도움을 준 분들이 많지만 특히 서울시립대 이근식 명예교수는 저자와 대화를 통해서 깨달음을 주었을 뿐만 아니라 원고를 꼼꼼이 읽고 유익한 논평을 해 주었다.

또한 출판에 흔쾌히 응해 주신 박영사 조성호 이사와 유려한 문장으로 다듬어 멋진 책으로 만들어 준 박송이 과장에게 깊이 감사드린다.

글을 쓴다는 것은 정신의 깨어 있음과 몸의 튼튼함이 뒷받침되지 않으면 어려울 것이다. 아내는 해이해지는 나의 마음을 북돋아 주고 건강을 챙겨 주며 오금동에 조용한 서재를 마련해 글쓰기에 최적의 환경을 제공해 주었다. 이 자리를 빌려 사랑과 고마움을 전한다.

목차

세상의 변화 앞에서

① 만남과 여행

스미스와 마르크스가 런던 템스강이 내려다보이는 카페에서 마주 앉아 있다. 두 사람은 지난 1년 동안 여행반려자로서 세계를 돌아다녔다. 독자들의 궁금증을 풀기 위해서 약간의 배경 설명이 있어야겠다.

스미스는 1723년부터 1790년까지 영국에서 살았고 마르크스는 약 100년 후인 1818년부터 1883년까지 독일과 영국에서 살았다. 당연히 스미스는 마르크스를 몰랐지만 마르크스는 스미스의 저서를 탐독하였기 때문에 그의 사상과 주장을 꿰뚫어 보고 있었다.

두 사람은 천당에서 만났다. 이승에서 워낙 이름이 널리 알려져 있었기 때문에 저승에서도 상대에 대한 관심과 호기심을 주체할 수 없었고 하루빨리 만나 보고 싶어 했다. 스미스는 마르크스가 자본주의의 멸망을 명석한 논리로 예언했다는 소문을 듣자마자 그에 대해서 호기심 어린 반감이 들었고 어서 만나서 따지고 싶은 얘기가 한두 가지가 아니었다. 마르크스는 책으로만 알고 있던 스미스를 직접 만나서 자신이 그를 가혹하리만치 냉혹하게 비판한 점에 대해 어떤 반응을 보이는지를 알고 싶어 했다.

예상했던 대로 두 사람은 치열하게 논쟁했다. 세상을 바라보는 각도가 달랐고 인간의 본성에 대한 성찰이 어긋났다. 다름이 같음으로 수렴하는 것을 가로막은 가장 큰 걸림돌은 살아 낸 시대가 근 백 년이나 차이가 났다는 것이었다. 십 년이면 강산도 변한다는데 그 열 배인 백 년이 지났으니 스미스로서는 마르크스가 보았던 세상이 자신이 경험한 세상과 비교해서 어떻게 얼마나 달라졌는지 짐작도 할 수 없었다.

스미스는 자본주의의 초기를 경험하였을 뿐이고 성숙한 자본주의는 겪어 보지 못했다. 제임스 와트가 발명한 증기기관이 실제로 방직공장에 배치된 것이 18세기 후반이었는데 이때부터 수공업생산에서 공장제 기계생산으로 옮겨 갔고 자본주의가 본격적으로 싹을 틔우기 시작했다. 스미스는 1776년에 출판한 국부론에서 이제 막 여린 싹이 나오기 시작하는 자본주의를 잘 키워 거목으로 만들고 그 넓고 넉넉한 그늘 아래에서 사람들이 풍요한 삶을 즐기는 꿈을 펼쳤다.

마르크스는 자본주의가 꽃을 피우던 시대에 사람들이 듣도 보도 못하던 상품을 대량으로 생산해 내고 임금노동자계급이 출현하며 공황이 발생하는 등 자본주의의 진면목을 목격했다. 그는 1867년에 출판한 자본론 1권과 세상을 떠난 이후에 출판된 2, 3권에서 자본주의의 운동법칙을 밝히고 내재적 모순 때문에 필연적으로 공산주의가 도래하여 자본가는 소멸하고 노동자가 주인이 되는 세상을 그렸다.

두 사람 모두 자신들이 소망했던 세상과 지금의 세상에 대해 같은 점이 무엇이고 다른 점이 무엇인지 알고 싶었다. 그래서 뜻을 모았다. 이승으로 같이 내려가 천하를 주유하면서 두 눈으로 직접 살펴보자고.

떠나기 전에 몇 가지 규칙을 정했다.

첫째, 열린 마음을 유지한다. 역사에 이름을 남긴 정치경제학자에 걸맞게 객관적 시선을 견지한다. 자신이 생전에 설파했던 이론과 주장의 포로되기를 거부하고 세상이 변한 대로 따라가면서 진실규명에 최선을 다한다. 진영논리는 금기시한다.

둘째, 계급적 이해로부터 벗어나려는 최선의 노력을 경주한다. 가진 자와 갖지 못한 자를 편 갈라놓고 한편의 이익은 다른 한편의 피해라는 零合(zero-sum) 게임 대신에 두 편 모두에게 이익을 가져다주는 상생의 게임이 가능하다고 전제한다.

셋째, 더 나은 세상을 만들기 위한 지혜를 짜낸다. 생전에 이상향으로서 각각 자본주의와 공산주의 세상을 제시했고 아직까지도 엄청난 영향을 미치고 있으므로 자신들의 업적만 내세우지 말고 역사를 복기하면서 잘못은 인정하고 새로운 대안을 제시할 책임이 있다.

두 사람은 길을 떠났고 일 년 동안 세상 곳곳을 돌아다녔다. 이동은 자율주행 전기차를 빌렸고 대양을 건널 때는 비행기를 탔다. 인공위성 중계가 가능한 5G 스마트폰을 휴대하여 이승의 흥미진진하면서도 대경실색할 모습을 천당에 있는 친구들에게 실시간 동영상으로 보내 주었다. 눈이 뒤집힌 친구들은 그걸 무작정 퍼 날랐고 삽시간에 저승의 구석구석까지 알려졌다.

저승세계는 유튜브를 도배질하는 이승의 기상천외한 삶을 체험하고 싶은 열망으로 끓어 올랐다. 모든 이들이 자기들도 지구로 보내 줄 것을 염라대왕에게 간청하였으나 단호히 거절당했다. 염라대왕은 대탈출 소동으로 백성 없는 나홀로 왕이 될 수도 있겠단 불길한 예감에 평소의 그답지 않게 불안에 떨었다. 그는 동영상 중계를 차단하는 긴급조치를 취할 수밖에 없었다.

② 같은 세상, 다른 시각

스미스 마르크스, 자네를 만나서 반갑네. 우리는 다른 시대를 살았고 전혀 다른 생각을 했었지. 나의 시대는 자본주의가 기지개를 켜기 시작했던 때이고 자네의 시대는 자본주의가 몸은 어른이 되었지만 정신은 병들고 성인병의 환후가 나타나기 시작했던 때이지. 나는 자본주의의 도래를 찬양하고 그 성공을 비는 복음을 전파했고 자네는 자본주의를 저주하고 그 멸망을 앞당기는 혁명을 선동했었지.

자네가 인류에게 가장 큰 영향을 미친 사상가, 철학자로 평가받고 있는 것을 잘 알고 있네. 한때 인류의 절반을 지배했던 공산주의의 정치·경제 체제가 자네로부터 비롯되었으니 그 평가는 정당하지. 그러나 그 영향이 선한 영향인지 악한 영향인지는 사람마다 평가가 엇갈리지. 지금도 헤아릴 수 없이 많은 사람들이 자네의 사상적 추종자 내지는 포로가 되어 있는 것도 사실이네. 자네 덕분에 좌파와 우파의 대립, 보수와 진보의 투쟁이 끊임없이 반복되고 있지 않은가.

나는 많은 사람들에게 풍요와 행복을 주었지만 자네는 많은 사람들을 고통에 빠뜨리지 않았나. 자네의 이상을 구현하는 구원자로 자처했던 권력자들은 예외 없이 잔인한 독재자로 군림하면서 피의 숙청을 감행했지. 종기를 도려내어야만 새 살이 돋아나고 악을 제거해야만 선한 세상이 열린다는 핑계를 대면서 악행을 정당화했지.

1917년에 러시아 혁명이 일어나고 최후의 황제 니콜라이 2세가 처형당한 이후에 공산주의 사상은 요원의 불길 같은 맹렬한 기세로 대중의 마음을 사로잡았지. 골고루 잘 사는 세상을 만든다는 달콤한 선전은 빈곤으로 신음하고 억압에 짓눌리던 사람들을 현혹했어. 수탈과 착취의 시대는 끝나고 자유와 정의, 평등의 새로운 천지가 도래한다는 희망의 메시지가 울려 퍼졌어.

대중들은 억압하는 자가 자본가인지, 아니면 왕과 귀족, 지주인지를 묻지 않았어. 어떻게 잘 살게 해 줄 것인지에 대해서도 묻지 않았지. 그저 가진 자들의 재산을 빼앗아서 나누어 주고 갑질하던 자들을 응징한다는 로빈 후드의 외침에 열광했어.

선진자본주의 국가인 서양 제국주의 열강의 침략으로 식민지로 전락한 후진국의 독립운동가들은 공산주의를 비상한 관심과 호의로 받아들였어. 그들의 눈에는 유럽과 미국 모두 제국주의의 탈을 쓰고 약소국가를 집어삼키는 괴물이었는데 소련 공산당은 독립운동을 지지하면서 도움의 손길을 내밀었거든. 독립운동가들이 국제적으로 의지할 데라고는 소련을 우두머리로 하는 국제공산주의 조직이 유일했던 것이지.

한국도 예외가 아니었다는군. 한국의 독립운동가들 중에는 소련 공산주의자들만이 독립을 지지하는 유일한 세력이라면서 고마워하는 자들이 많았다는군. 그들의 눈에는 유럽과 미국 모두 아시아 유일의 제국주의 국가인 일본이 한국을 침략하는 것을 묵인하고 동조했을 뿐이었으니까. 일본의 공산주의자, 사회주의자들이 군국주의 정부가 한국을 식민지화한 것을 놓고 자신들의 정부를 비난한 것은 국제공산주의 운동이 피식민국의 민족자결을 후원한다는 믿음을 더욱 다져 주었어.

공산주의에 대한 환상이 깨진 유리처럼 산산조각이 나는 데에는 그리 긴 시간이 걸리지 않았어. 레닌과 스탈린은 자유 대신 억압, 정의 대신 불의, 평등 대신 불평등을 강요했어. 피식민지의 독립을 후원한다는 선전은 피식민지의 공산혁명을 선동하는 사탕발림임이 드러났어. 자네의 숭고한 이상은 현실에서 괴물로 변해 버렸네.

어이쿠, 자네를 만나자마자 험한 말만 늘어놓아서 실례했네. 용서를 비네. 나도 내가 했던 주장들이 전부 옳았고 자본주의가 좋은 점만 있다고 억지를 부리지는 않겠네. 그러나 지금 우리 눈앞에 있는 디지털 자본주의 세상은 분명히 좋은 세상임이 틀림없네. 눈부신 과학기술의 발전, 없는 것이 없는 물질적 풍요, 자유롭고 여유로운 삶을 즐기는 평범한 사람들, 이 모든 것이 인간의 이성을 믿고 합리적 사고와 행동을 신뢰하며 역사는 앞을 향해서 나아간다는 계몽주의의 낙관적 세계관이 이루어 낸 업적이라고 생각하네.

내가 살던 세상, 자네가 살던 세상의 사람들에게 지금 세상을 보여주고 다시 태어나고 싶으냐고 물으면 거의 전부가 그렇다고 대답할 걸세. 왕족과 귀족 등 특권적 삶을 누렸던 사람들도 비록 특권은 사라졌지만 꿈에도 생각하지 못했던 문명의 이기들이 누리게 해주는 흥미롭고 다양한 생활을 동경할 것이네.

자본주의의 웅대한 국부창출에도 불구하고 아직도 많은 사람들이 빈곤의 늪에서 헤어 나오지 못하고 있는 것은 가슴 아픈 일이네. 특히 아프리카와 중남미 지역에서 그러하더군. 그건 성숙한 자본주의에서 나타나는 불평등에 따른 것이 아니라 아직도 자본주의가 제대로 발전하지 못해서 그 혜택을 누리지 못하기 때문이네.

내가 의아하게 생각한 것 중의 하나는 적지 않은 빈곤국가에서 자본주의에 반감을 가진 사회주의가 득세하고 있다는 점이네. 자네의 역사발전단계를 따른다면 부르주아혁명이 일어나야 하는 국가에서 그 단계를 거치지 않고 곧바로 사회주의로 가고 있더란 말일세. 봉건적 빈부격차가 극심한 상황에서 평등사회를 내걸고 선동하는 대중인기영합적 정치가들이 쿠데타 또는 부정선거로 집권하더군. 국부가 빈약한 국가에서 막상 국부를 만들어 내는 기업가는 억압하고 그들의 부를 가난한 사람들에게 나누어 주고 있으니 그 결과는 뻔하지. 경제가 파탄에 빠지고 빈곤은 더욱 악화될 수밖에 없지 않겠나.

마르크스 나 역시 자네를 만나서 반갑네. 자네의 역작인 국부론은 자본주의 경제학(나는 부르주아 경제학이라고 부르네만)의 개조(開祖)이고 이후에 등장한 다양한 경제학파들은 크게 보아서 자네의 사상적 대물림이라고 할 수 있지. 자네의 영향력은 학문의 세계에 머물지 않고 오늘날 자본주의 국가의 경제정책은 애덤 스미스를 떼어 놓고는 찬반논쟁이 어렵지. 경제전문가가 아니라고 해도 '보이지 않는 손', '자유방임', '작은 정부' 등의 용어를 자주 입에 올리는 것만 보더라도 자네가 남긴 학문적, 실제적 유산의 크기를 가늠할 수 있지.

자네가 공산주의와 사회주의를 섞어서 사용하니까 독자들이 혼란스러울 텐데 간단히 구분하자면 공산주의는 사유재산을 부정하고 공유재산만을 인정하는 체제이네. 사회주의는 모호한 개념인데·공산주의로 나아가는 중간단계로서 분배평등을 우선시하는 이념이지. 말 나온 김에 좌파, 우파를 구분하자면 좌파는 분배우선을 내세우면서 나를 추종하는 자들이고 우파는 성장우선을 내세우면서 자네를 추종하는 자들이지.

스미스　나를 근대 경제학의 시조라고 흔히들 부르는데 자네는 자본주의 경제학, 심지어는 부르주아 경제학의 시조라고 지칭하는군. 자네가 의도했는지는 모르겠으나 계급적 냄새가 물씬 풍기네. 사실 내가 자본주의라는 용어를 사용하지는 않았네. 국부론 어디에서도 자본주의를 찾아볼 수가 없어.

자본주의(資本主義)를 뜻풀이하면 '돈을 근본으로 삼는 이념'이 되니 아주 고약한 몰골이네. 사람은 곁가지이고 돈의 지배를 받는 노예이며 돈에 끌려다닌다고 제멋대로 얘기하는 경우가 종종 있지. 자본주의를 배금주의와 동일시하는 시선도 흔하지. '사람 나고 돈 난다'느니 '돈이면 다냐'는 비아냥거림은 자본주의를 조롱하는 언어유희이지. 추측건대 자본주의라는 용어는 공산주의자나 좌파인사가 붙여준 이름 같아. 혹시 자네의 책 이름에서 연유한 것 아닐까. 내가 보기에는 자본론은 자본의 축적, 순환, 팽창과 위축의 원리를 밝혀내고 마치 자본이 살아 숨 쉬는 생명체인 양 독립적으로 움직인다고까지 여기는 것 같네.

나의 경제학은 자본이 아니라 인간을 중심에 놓고 있지. 경제를 움직이는 주체는 합리적으로 행동하는 경제인, 즉 'homo economicus'라는 것이 대전제로 설정되어 있지. 충동적이고 맹목적인 욕망이 아니라 모든 정보를 수집하고 그 토대 위에서 자신의 이익과 효용을 극대화하는 인간이 경제를 움직이는 것이지. 자본이 경제를 움직이는 것이 아니라고. 자본은 수단에 지나지 않아.

실제로 경제를 진전시키는 주체는 자본이 아니라 기업가의 창의성과 혁신, 노동자의 학습을 통한 숙련이네.

마르크스 내가 알기로는 베르너 좀바르트(Werner Sombart)가 1902년에 쓴 『Der Moderne Kapitalismus(The Modern capitalism)』이후에 자본주의가 널리 회자되었네. 좀바르트는 자본주의의 정신적 토대를 강조하였으니까 자본주의를 물신주의로까지 매도한 것은 아니라고 보네.

어쨌든 자본주의가 보편적으로 널리 쓰이고 있는데 새삼스럽게 좌파의 의도된 공격이라는 음모론을 제기하는가? 자네답지 않네. 자본주의의 주인이 돈인지, 사람인지는 사람을 자본가와 노동자로 구분해 놓고 따져 보아야 할 것이네. 자본가는 자본을 이용해서 이익을 도모하는 자이니까 자본을 수단이라고 볼 수도 있겠지. 그러나 실제는 자본이 목적이 되어 버리지 않았는가. 자본가의 목적은 수단과 방법을 가리지 않고 돈 버는 것이거든. 자본가들은 양심상 해서는 안 될 행동을 할 때 경쟁에서 이기기 위해서는 어쩔 수 없다고 정당화하지. 경쟁에서 패배해서 노동자를 실직자로 만들 수는 없다고 비장한 어조로 호소하곤 하지.

반면에 노동자는 가진 것이라고는 몸밖에 없으니 생명줄을 움켜쥔 자본의 노예가 될 수밖에 없지. 자본가가 원하면 노동자를 헌신짝 버리듯이 해고해 버리는 현실을 직시해야 할 거야.

국부론은 내가 자본론을 쓸 때 반면교사, 타산지석의 지적 깨우침을 선물해 준 고마운 양서네. 자네는 자본주의의 운동법칙으로서 '보이지 않는 손'과 '자연조화설'을 제시했지. 나는 국부론을 수없이 읽으면서 내가 목격한 자본주의의 현실 인식과 대비한 결과 자본주의를 움직이는 추동력이 '잉여가치'와 '노동자 착취'라는 불편한 진실을 발견할 수 있었다네.

나는 '보이지 않는 손'으로 움직이는 자본주의가 계급대립을 낳을 수밖에 없고 계급대립이 점점 커져서 결국에는 자본주의를 잡아먹을 것이라고 이해했네. 자네가 나의 손에 자본주의를 죽이는 치명적인 무기를 안겨 준 셈이지. 감사히 여기고 있네.

세상은 자네의 예언과는 반대로 개인이 이기심을 따라서 행동한 결과가 사회 전체의 이익으로 귀결되지 않았네. 자본가의 이기심이 노동자 착취를 낳고 계급상생 대신에 계급투쟁이 격화되고 있었지. 자네가 세상을 떠난 이후에 자본주의는 실제로 그렇게 전개되었다네. 자네가 내 시대를 살았다면 국부론에서 자유경쟁시장의 앞날이 밝게 열릴 것이라는 낙관적 기대를 주저하지 않았을까? 오히려 새로이 등장하는 부작용과 문제들을 어떻게 해결할 것인가를 놓고 머리를 싸맸을 거야.

나는 자본가의 이기심이 만인의 만인에 대한 투쟁을 불러올 것이라고 예견하였네. 자본가가 국왕이나 귀족보다 더 도덕적일 것이라고 믿을 근거는 어디에도 없었지. 국왕과 귀족이 대중을 괴롭혔듯이 자본가도 똑같이 노동자를 괴롭힐 것이라고 확신했어. 똑같이가 아니라 훨씬 더 가혹하게 괴롭힐 것이라는 불길한 예감을 떨쳐 버릴 수가 없었어.

국왕과 귀족은 물려받은 토지의 경작을 헐값으로 농민들에게 강제하고 그 과실을 독점하여 호화로운 생활을 영위하였지만 자본주의에서처럼 치열한 경쟁압력에 노출되지는 않았네. 물려받은 토지를 늘리지 않는다고 해서 왕위에서 쫓겨날 일도 없었고 귀족의 작위를 박탈당할 염려는 하지 않아도 되었지.

자본가는 어떤가? 기업의 매출을 늘리고 이윤을 높이지 않으면 경쟁에서 밀리게 되고 주가는 하락하고 기업사냥꾼에게 회사를 빼앗길 수도 있지. 그러니 가진 것이라고는 노동력밖에 없는 노동자들을 땀 한 방울 안 나올 때까지 쥐어짜서 임금은 적게 주고 일은 많이 시킬 수밖에 없지. 자본가 개개인으로서는 어찌할 수 없는 시장경쟁의 냉혹한 현실 아닌가? 자본가가 인간적으로 몰인정해서가 아니라 그가 몸담고 있는 자본주의체제의 비정함 때문이지. 그래서 나는 자본주의의 멸망이 역사발전에서 필연적으로 일어날 수밖에 없다고 결론 내렸던 것이네.

자네가 지적한 대로 공산주의혁명에 성공한 자들이 제멋대로 프롤레타리아독재라는 미명하에 공산당 일당독재를 실시하고 생산수단을 공산당이 독점하여 노동자들을 공산당의 하수인으로 전락시킨 비극을 막지 못한 데 대해서 나도 책임이 있는 것 같아 마음이 무겁네. 내가 공산주의경제의 운동법칙과 작동방법에 대해서 혁명가들이 이용할 수 있는 현실적 지침을 제시하지 못한 것은 사실이거든.

스미스 자본주의는 역사에서 사라지기는커녕 오히려 더욱 번영하고 있지 않은가? 내 눈에는 자본주의가 디지털 대전환이라는 새로운 발전단계로 접어들고 있다고 보이네. 생산과 소비활동이 현실공간과 가상공간의 두 개의 무대에서 이루어지는데 가상공간의 확대는 경제활동의 시간과 비용을 절감하여 생산성을 비약적으로 증가시키고 있더군. 공장에서는 날이 갈수록 늘어나는 인공지능 로봇이 노동자를 대신하여 힘들고 지루한 작업을 수행해 주고 있으니 노동자는 더욱 가치 있는 일을 찾을 기회가 많아질 것이라고 생각하네.

마르크스 디지털 자본주의가 역사발전의 연장선상에 있다고는 생각하지 않네. 디지털 세상은 자본주의의 최후단계라는 예감이 머리에서 지워지지를 않아. 소득과 부의 불평등은 내가 자본론을 쓰던 시대로 뒷걸음질 치고 있고 세계적 대기업의 독과점 횡포가 극심해지고 있어. 자네가 신봉하던 경제적 자유는 일부 소수 대기업만 즐기고 있을 뿐이고 대다수 소상공인들은 대기업의 횡포 앞에서 좌절에 빠지고 무기력한 나날을 보내고 있지.

지금까지 물질적 풍요가 노동자들의 삶을 향상해 온 것은 부인할 수 없네. 내가 살던 시절의 노동자들은 비참할 정도로 가난하고 힘든 작업에 시달렸어. 오늘날에는 적어도 배를 굶지는 않을 뿐만 아니라 중산층으로 올라간 사람들도 많지. 그러나 대다수는 사회의 하층계급에 머물러 있어. 아직도 노동자라고 하면 못 배우고 가진 것 없는 계층으로 천대받지. 노동은 신성하다느니, 노동자가 사람 대접받는 사회를 만들겠다느니 입으로는 떠들고 있지만 가진 자들의 지나가는 말장난에 불과해.

이번에 다니면서 보니 플랫폼 노동자라는 신기한 노동자그룹이 대세를 이루고 있더군. 그들은 오토바이를 타고 다니면서 음식물이나 일용품을 집까지 배달하는데 공장의 소음과 악취에서 해방되어 바깥 공기를 마시면서 일하고 노동시간도 자기들이 자유롭게 정한다고 하더군. 얼핏 보기에는 노동자의 천국이 아닌가 싶어서 유심히 살펴보았지.

꼭두새벽에 과속을 하니 항상 교통사고의 위험에 노출되어 있고 상시 노동이라기보다는 필요할 때 일시적으로 하다가 마는 일로 보였어. 직업의 안정성은 전혀 없고 보수도 들쑥날쑥이니 노동으로 안정된 생활을 영위하고 자기발전을 도모하는 것과는 거리가 멀어 보여. 콜센터 노동자들은 닭장 같은 칸에 갇혀서 고객들의 전화응대를 하는데 진상고객들의 언어폭력에 무방비로 노출되어 있고 화장실

가는 시간도 내기 힘들어서 직업병에 걸리곤 한다는구먼. 상시노동자를 대상으로 해서 만들어진 노동법과 사회보험은 디지털 노동자들을 보호하는 데에는 역부족이더군.

디지털 문명은 노동자에게는 야만적인 시련을 안겨다 줄 거야. 인공지능 로봇이 노동을 대체해 나갈 거거든. 단순노동에서 시작된 노동배제는 숙련노동으로 옮겨 가고 급기야는 사무직 노동자인 화이트칼라에게까지 확산되고 있어. 물론 새로운 일자리가 생겨나지만 대부분은 전문직이지. 이들은 지식자산의 축적이 풍부하고 희소성이 있어서 고액의 소득을 챙길 수가 있어. 소득양극화의 악화는 눈에 보일 듯이 뻔해. 디지털 문명을 누리는 자에게는 천국이 열리지만 배제되는 자들은 지옥을 맛보게 될 거야.

기본소득이라는 낯선 용어가 회자되고 있더군. 어차피 좋은 일자리에서 일하는 소수의 지식노동자들이 소득의 대부분을 차지하고 나머지는 실업자가 될 터이니 세금을 왕창 걷어서 실업자들에게까지도 일정한 생활비를 죽을 때까지 지급한다는 아이디어래. 내가 일하지 않는 자는 먹지도 말라고 했는데 디지털 경제에서는 일할 기회조차 주어지지 않는 자들이 많으니 내가 했던 말을 철회해야겠어. 일자리가 박탈된 자들을 굶어 죽게 할 수는 없으니 일자리의 행운을 누리는 자들이 세금을 내서 간접부양을 해야겠지.

기본소득으로 놀고먹는 세상은 노동자들의 천국이 아니라 지옥이 될 걸세. 몸은 편한데 정신은 권태와 무력감으로 병들어 가는 거지. 내가 두려워하는 것은 노동자들이 자본가가 던져 주는 고깃덩어리에 배가 불러서 혁명의지를 잃어버리는 것이네. 그들의 무사안일을 질책하고 새로운 세상을 열어 나가야 한다는 소명감을 불어넣어 주어야겠다는 의무감이 드네.

스미스　　지금 논의되고 있는 기본소득은 남녀노소, 부자와 가난한 자를 묻지 않고 모든 국민에게 일정금액을 지급한다고 하는데 도무지 이해할 수가 없어. 기본적 생활에 필요한 소득조차도 벌지 못하는 사람에게 기본적인 삶을 누리게 해 준다면 모를까 이미 잘 살고 있는 사람에게 무슨 이유로 돈을 또 주느냐고? 이건 복지도 아니고 적선도 아니고 그냥 퍼주기에 불과한 거지. 도움이 절실한 사람을 집중적으로 보살펴 주어야만 전체적인 후생이 늘어나는 거지.

　　그건 그렇다 치고 나는 자본주의의 번성을 예언했고 자네는 공산주의의 번성을 예언했는데 지금 세상을 목격하면서도 자네는 그 결론을 아직도 견지하고 있는가? 공산주의는 한때 세상을 풍미했으나 지금은 흔적도 없이 멸종되고 말았어. 공산주의 종주국이었던 중국과 소련마저도 공산주의를 내팽개치고 자본주의로 돌아서지 않았는가. 물론 겉으로는 안 그런 척하지만 말일세.

　　마르크스　　소련과 중국, 북한의 공산주의는 내가 이루고자 했던 공산주의가 아니네. 짝퉁이고 가짜야. 나는 참된 공산주의를 실현하고 싶네. 억압과 착취가 사라지고 일하는 사람이 주인이 되어서 인간답게 살아가는 세상을 만들고 싶다는 꿈은 결코 포기할 수가 없네.

　　내가 꿈꾸었던 공산주의는 한때 현실적으로 구체화되었던 공산주의와는 다른 것이었네. 나의 공산주의는 계급이 없는 만인 평등사회였고 속세의 공산주의는 권력의 소유자가 무소유자를 억압하고 착취하는 만인 불평등사회였어. 자본가를 없앤 혁명가들이 자본과 권력을 양손에 움켜쥐고 인민 대중 위에 군림했으니 정의의 탈을 쓴 불의의 혁명이 되어 버렸어.

지금 보니 중국과 러시아가 아직도 사이비 마르크스주의를 내걸고 노동자들을 속이고 있더구먼. 그들은 사회주의를 현대화한다는 미명하에 내가 그토록 증오했던 자본주의를 끌어다 쓰고 있더라고. 나중에 그자들이 저승에 오면 내가 아주 혼쭐을 내주려고 하네. 특히 시진핑은 자신의 사상을 '21세기 마르크스주의'라고 미화하면서 자신이 나의 후계자인 양 으스대고 있더군. 그는 나의 후계자가 아니라 사기꾼이네.

나는 실망과 좌절과 자책으로 괴롭네. 희망과 기대에 들뜬 자네가 부럽네. 그러나 나는 이번 여행에서 새로운 희망을 발견했네. 나의 공산주의 사상과 디지털 기술이 만나면 내가 꿈꾸던 진짜 공산주의 사회를 건설할 수 있다는 가능성을 발견했네. 모든 사람에게 일자리를 주면서 높은 생산력으로 부를 창조해 내고 평등하게 분배하는 신공산주의가 도래할 수 있다는 기대에 가슴이 설레네.

내가 듣기로는 영국의 BBC 방송국이 지금까지 가장 큰 영향력을 미친 철학자가 누구이냐고 설문조사를 하니까 내가 뽑혔다고 하더라고. 현실 공산주의가 망했다는 사실만으로 나의 철학과 역사관까지도 무용지물이 되었다고 비하하지는 말게. 자본주의가 위기에 봉착할 때마다 나의 사상이 소환되어서 자본주의를 대체하는 데까지는 가지 않더라도 자본주의를 수정하고 개량하는 길을 밝혀 주는 등불이 되곤 하지. 기회가 있으면 내가 직접 진짜 공산주의사회를 열어 나가고 싶다니까.

스미스 스탈린, 모택동, 김일성 등 현실 공산주의의 지도자들이 자네의 가르침을 진실되게 실천하기는커녕 인민들을 수탈하고 사리사욕을 채우면서도 겉으로는 숭고한 혁명이념을 실천하는 양 인민들을 속이면서 자네 이름을 팔아먹었다고? 자네의 배반감과 분노를 충분히 이해하고도 남으이. 그러나 공산주의체제하에서 저질러졌던 끔찍하고 참혹한 비극들의 책임을 혁명가들에게 몽땅 미루어 버리고 자네만 빠져나가려고 해서는 안 되네. 자네도 책임을 면할 수는 없어.

자네가 심어 놓은 자본주의에 대한 증오심을 혁명가들이 아주 잘 이용해 먹었거든. 봉건시대의 상징인 국왕이나 귀족은 물론이고 정적을 처단할 때에도 자본주의에 오염된 반동분자라고 몰아붙이면서 대중의 분노를 불러일으켰지. 유산계급만 제거하고 나면 노동자의 천국이 도래하는 양 선동한 것이 자네이고 혁명가들은 자네의 선동을 하늘처럼 떠받든 사실을 설마 모른 척하지는 않겠지.

자네의 공산주의이론을 후세 사람들이 평가하기를 과학적 사회주의라고 하더군. 자네 이전의 공상적 사회주의와 비교하면서 말일세. 그런데 자네 이론은 자본주의에 대한 해부, 비판, 고발로 가득 채워져 있을 뿐 정작 사회주의, 공산주의의 운동법칙에 대한 과학적 분석은 빈약하리만치 부족하지 않은가?

그러니 공산혁명을 일으킨 자들에게 공산주의경제를 어떻게 운용해야 하는지 지침을 주지 못하고 하다못해 나침반 역할이라도 했어야 했는데 그것마저 아니었지. 혁명가들은 그저 사유재산을 몰수해서 자본가계급을 말살하고 국가가 생산과 분배를 장악하기만 하면 계급 없는 평등사회가 도래하리라고 믿은 것 아닌가? 자네 역시 공상적, 망상적 사회주의자의 한계를 벗어나지 못했다는 비판으로부터 자유로울 수가 없네.

자본가들 역시 나를 팔아서 자신들의 이익을 도모하기도 하더군. 국부론이 출간된 후에 영국에서 공장노동자들을 보호하는 법을 제정하자는 운동이 일어났을 때 자본가들은 국부론의 자유방임론을 들고 나오면서 반대하더군. 정부의 어떠한 시장간섭도 사회 전체의 후생을 줄인다고 큰소리쳤지. 지금도 환경과 노동보호를 위해서 꼭 필요한 규제를 신설하려고 하면 나의 작은 정부론을 인용하면서 반대하기도 해.

나는 결코 자본가들을 옹호하지 않았네. 오히려 그들의 지나친 탐욕과 독과점의 유혹을 경계했지. 나는 특정계급의 이익에는 관심이 없었어. 나의 관심은 오롯이 사회 전체의 부와 후생의 증대에 있었다고. 자유방임은 그 목적을 위한 수단이었을 뿐이네.

마르크스 내가 공산주의체제에서 벌어졌던 빈곤, 숙청, 억압에 대해 책임을 면할 수 없다는 자네의 지적은 준엄하기 그지없군. 내가 역사상 가장 위대한 철학자로도 평가받은 적이 있다고 들었는데 관념의 세계를 연구하는 철학자가 세속의 잘못에 대해서까지 책임을 져야 한다는 질책을 듣게 되는구먼. 하기야 나는 행동하는 철학자였지. 나의 사상을 실천하기 위해서 노동자들을 격려하고 선동까지 했으니까.

그래도 조금은 억울하기도 해. 나는 단지 모든 인간이 억압으로부터 해방되어 자유의지의 주체가 되는 삶을 살아가는 세상을 이루려고 했을 뿐이네. 내가 살았던 당시에는 자본가가 노동자를 억압하고 착취했으니까 노동자만의 해방을 외친 것으로 오해를 받기도 하지만 사유재산을 철폐하고 모든 인민이 유산계급이 되어서 자유를 누리는 세상을 만들고자 했어. 그러나 내가 죽은 후에 공산혁명에 성공한 권력자들은 나의 뜻을 망각하고 이상을 배반했어. 그들은 새로운 유산계급이 되었을 뿐만 아니라 정치권력까지 독점하여 노동자들을 억압했어.

자본가의 노동 착취를 증오하는 공산혁명가들이라면 혁명의 성공 이후에 노동자를 중심에 놓고 정치를 해야 한다는 것은 너무나도 당연하지 않은가 말일세. 노동자들이 자유의사에 따라서 일하고 합당한 대가를 받는 사회를 만드는 것이 나의 유훈이었으니까, 마르크시스트를 자칭하는 혁명가들이 그 유훈을 충실하게 따를 것이라고 추호도 의심하지 않았지.

스미스　자본가는 악인으로 낙인 찍으면서도 공산혁명가는 권력욕과 물욕에 초연한 선인으로 믿었다고? 태어날 때부터 자본가와 공산혁명가로 나뉘는 것은 아니지 않나. 자네는 인간의 존재론적 인식을 새롭게 해야 하지 않을까 싶네.

나는 인간 본성을 꿰뚫어 보는 데는 현실적이려고 노력하였네. 인간의 불완전성과 이중성을 인정하는 가운데 현실적으로 최선의 경제체제가 무엇이냐고 물으면 그게 바로 자본주의라고 대답할 수밖에 없네. 인간의 욕망을 어떻게 이용하면 개인과 사회에 이익을 가져다줄 수 있는지에 대한 성찰 없이는 자본주의를 올바르게 이해할 수가 없네. 내가 보이지 않는 손이니 자연조화설이니를 주창했는데 그걸 온전하게 믿었던 것은 아니야. 내가 그 정도로 세상 물정 모르는 물러 터진 순진쟁이는 아니거든.

인간에게 최강의 동기부여는 욕망이야. 물질욕, 소유욕, 독점욕, 정복욕 등 세속적인 욕망뿐만 아니라 명예욕, 성취욕 등 고차원적인 욕망까지를 포함해서 말일세. 인간의 행동 하나하나를 욕망이라는 동기인자 없이 설명할 수가 없어. 적어도 그 행동이 창조이건 파괴이건 간에 적극적인 결과를 낳기 위해서는 욕망이 개입해야 한다는 거지. 수도승의 청빈낙도하는 삶이 물론 우리에게 정신적인 위안을 주긴 하지만 그들이 무엇을 창조해 내는 것은 아니지 않나.

자본주의는 인간의 물질적 욕망을 이용해서 최대의 생산력을 발휘하게 하는 가장 효율적인 체제일세. 국부창출의 과정이 언제나 도덕적이고 정당한 것은 아니지. 욕망의 이면에 감추어진 추악한 짓거리들을 어찌 말로 다 표현할 수가 있겠는가? 그러나 구더기 무서워서 장 못 담그는 어리석음을 버리고 구더기를 없애면서도 장을 담그는 지혜를 찾아야 하지 않겠는가? 자본주의는 구더기를 박멸하는 방법을 고민하면서도 계속해서 장을 담가 가는 체제야.

이에 반해서 자네가 이상향으로 그린 공산주의는 아예 장을 담그지 말자는 것과 다를 바 없어. 이것이 자네 사상의 한계이네. 현실 공산주의의 실패를 정치가들에게만 돌리지 말고 자네 사상이 근본부터 오류에 빠져 있지는 않은지 성찰해 보게. 자본가가 없어지면 노동자만 남는데 노동자들은 욕망이 없는가? 전혀 그렇지 않지. 노동자들도 자본가 못지않은 이기심의 덩어리이네. 자네 설마 그저 계급 대립구도에서 자본가들을 악마로 치부하다 보니 노동자들은 자동적으로 천사라고 착각한 것은 아니겠지?

소설과 영화에는 유산계급을 조롱하는 내용들이 많지. 우아하고 교양 있고 세련된 겉모습의 이면에 감추어진 위선, 욕망, 거짓을 들추어내서 웃음거리를 만드는 거지. 반면에 무산계급을 추악하게 묘사한 작품은 별로 눈에 띄지 않더군. 그들이 열심히 정직하게 살아도 가난을 벗어나지 못하는 것은 유산계급의 이익에만 봉사하는 사회제도 때문임을 고발하는 작품들이 흔하지.

과연 무산계급의 생활은 근면, 진실, 정직으로만 채워지고 있는가? 그렇지 않네. 그들 역시 거짓말하고, 있는 자에게 비굴하고 내로남불하는 것은 유산계급과 같아. 작품을 만드는 사람들은 부자를 웃음거리로 만드는 것이 빈자를 풍자하는 것보다 돈이 잘 벌린다는 점을 잘 알고 있는 거지. 그러니 부자는 나쁘고 빈자는 착하다는 틀린 이분법에서 벗어나게.

그리고 디지털 경제가 자본주의의 수명을 단축할 것이라는 암울한 예언은 전적으로 틀렸네. 소수의 전문직 일자리만 남고 나머지 노동은 인공지능 로봇이 수행하는 비인간적 세상이 온다고는 생각 안 해. 설령 기술적으로 가능하다고 해도 인간의 이성적 대응으로 회피할 수 있을 걸세. 원자폭탄을 수천 개 만들어서 가지고 있지만 실제로 전쟁에 사용되어 인류를 멸망시키는 참화를 막기 위해 인간들이 잘 대처하고 있지 않은가?

기술의지가 독립적으로 작용해서 노동을 비극적 상황 속에 빠뜨린다고 선동만 해서는 안 되네. 발생하지도 않았고 발생할지조차도 불분명한 현상을 놓고 마치 기정사실인 양 떠드는 것은 자네에 대한 좋은 평판에 흠집을 낼 걸세.

마르크스 자본가들은 인공지능 로봇을 적극적으로 고용할 걸세. 지속적으로 상승하는 임금과 끊임없이 강화되는 노동자보호조치에 대한 순응비용에서 해방되는 길이거든. 기술의지가 아니라 자본가의 이윤의지가 작용하는 것일세.

스미스 지금 세상을 자본가와 노동자의 이분법으로 나누는 것은 매우 시대착오적인 관념일세. 자본가 중에는 세상을 쥐었다 폈다 하는 힘을 가진 거대기업의 주인부터 자신의 노동으로 꾸려 나가는 영세 소상공인까지 천차만별 아닌가. 이들의 이해관계는 일치하지 않지. 자본가계급 내의 자-자 갈등이 결코 가볍지 않단 말일세.

오늘날 거대기업은 소유와 경영이 분리되는 추세에 있더군. 자본가인 주주는 경영을 전문가에게 위임한 채 배당금만 챙겨 가고 있지. 전문경영인은 자본가도 아니고 노동자도 아닌 회색지대에 위치하는데 그들이 자본가의 계급적 이익을 전적으로 대변하는 것은 아닌 것 같네. 주주배당을 늘리는 것보다 투자를 많이 해서 일자리를 늘리면 노동자의 이익에 부합하는 거지.

노동자는 어떤가? 공사장에서 삽을 들고 땀 흘리는 사람부터 거대기업의 전문직까지 역시 천차만별이지. 정규직과 비정규직, 공장노동자와 서비스노동자로도 나뉘고, 이들 간의 이해관계는 가늠할 수 없을 정도로 다르지. 디지털 세상에서는 지식자본이 물적자본 못지않은 가치를 발휘하더군. 지식자본가들은 비록 임금을 받고 고용되어 있다고는 하지만 고용주와 대등한 지위를 누리고 있어. 직장이 성에 차지 않으면 다른 직장으로 옮겨 갈 수 있는 이동의 자유를 가지고 있어. 자네가 보던 공장노동자와 어떤 공통점이 있는지 의문이 들더라고.

이처럼 극도로 분화된 세상을 외면하고 아직도 자본가가 노동자를 착취한다는 프레임에 갇혀서 디지털 경제의 노동시장을 평가하는 오류를 범하지 말게. 이질적인 노동의 성격에 맞추어 다양한 노동자보호정책이 요구된다고 보네.

마르크스 예리한 공격이군. 계급분화론은 사실을 비교적 정확하게 설명하는 것이네. 그러나 계급분화가 계급투쟁을 의미 없이 만드는 것은 결코 아니라는 점을 알아야 하네. 중소자본가들이 대기업과 갈등하곤 하지만 그들 역시 노동자와의 관계에서는 대기업과 같은 입장이지. 자영업자가 종업원을 노동자로 대우할 뿐 동업자로 여기지는 않지.

전문경영인들은 대부분 주식도 보유하고 있으니 자본가이기도 하지. 그들은 철저히 주주들의 이익을 추구하게 되어 있고 노동자의 편에 서는 일은 결코 없을 걸세.

지식노동자의 계급적 이해관계는 분명하지 않은 것 같네. 그들은 육체노동자와 동질감을 가지고 있지 않지만 그렇다고 해서 자본가는 더더욱 아니지. 육체노동을 얕잡아 보면서 자본가를 부러워하는 경계인 아닌가? 어쨌든 그들이 계급투쟁에서 중요한 비중을 차지하는 것은 아니지.

스미스 둘이 같이 다니면서 같은 세상을 보았는데 나는 자본주의가 계속해서 번성할 것이라는 믿음을 가지게 되었고 자네는 자본주의의 종말을 내다보면서 전혀 다른 새로운 공산주의사회의 출현을 꿈꾸고 있구먼. 먼 훗날에 우리 둘이 다시 세상을 돌아보는 기회가 온다면 누구의 예상이 맞았는지 드러나겠지. 아니면 우리의 예견이 모두 빗나가고 제3의 체제가 눈앞에 펼쳐지려나.

진화하는 자본주의,
화석이 된 공산주의

스미스　'절대권력은 절대적으로 부패한다'는 경구가 경험적 사실이듯이 만약에 공산주의의 위협이 없었더라면 자본주의가 내키지 않으면서도 복지를 제공하는 일은 일어나지 않았을 거라고 생각하네. 그런 의미에서 자네의 사상은 소금처럼 자본주의의 부패를 방지해 주었네.

그런데 이번 여행을 다니면서 자네와 나는 자본주의의 무한한 생산력을 목격하고 압도당했어. 자네는 일찍이 1848년에 『공산당선언』에서 격정적으로 토로했었지. "부르주아는 100년도 채 안 되는 계급 지배 동안에 과거의 모든 세대가 만들어 낸 것을 다 합친 것보다도 더 많고, 더 거대한 생산력을 만들어 냈다. 자연력의 정복, 기계에 의한 생산, 공업과 농업에서의 화학의 이용, 기선에 의한 항해, 철도, 전신, 세계 각지의 개간, 하천 항로의 개척, 마치 땅 밑에서 솟아난 듯한 엄청난 인구, 이와 같은 생산력이 사회적 노동의 태내에서 잠자고 있었다는 것을 과거의 어느 세기가 예감이나 할 수 있었으랴!"

그런데 지금 보니 어떤가? 자네가 보았던 공업의 놀라운 힘은 서막에 불과했어. 자네 사후 20세기는 공업이 활짝 꽃을 피웠던 때였어. 비행기가 하늘을 날아다니고 자동차가 도로를 가득 메우고 거대한 제철소에서는 쇳물을 끊임없이 쏟아 냈지. 21세기에 들어서는 우리가 듣도 보도 못했던 인터넷 혁명이 일어나서 남녀노소를 불문하고 스마트폰이라는 요술상자를 손에 들고 다니면서 세상 끝에 있는 사람과도 실시간으로 통화를 하고 동서고금의 쌓인 지식을 순식간에 찾아내곤 하지. 우리가 열심히 공부해서 어렵사리 습득한 지식을 어린아이도 요술상자를 몇 번 클릭하면 쉽게 끄집어내더라고. 그러니 지금은 새로운 지식을 창조하지 않으면 대접받지 못하는 세상이 되었어. 이미 있는 지식은 전문가의 전유물이 아니라 모두의 공유물이 되었으니까.

내가 인정하지 않을 수 없는 점은 자네가 자본주의의 특징을 예리한 눈으로 꿰뚫고 있었다는 거네. 정말 놀라운 일이야. 공산당선언에서 이렇게도 말했지. "부르주아는 생산도구를 끊임없이 변혁시키지 않고서는, 생산관계와 더 나아가 사회관계 전반을 혁신하지 않고서는 존재할 수 없다." 나도 국부론에서 핀공장의 예를 들어 분업이 노동자들의 숙련기술을 배양하고 새로운 기계를 고안해 내는 데 유리하다고 했는데, 자네는 새로운 생산도구를 계속해서 만들어 내지 않고는 자본주의가 존재할 수 없다고 했으니 더 날카롭게 자본주의의 혁신본능을 파악한 거지.

지금 자본가들이 이구동성으로 혁신해야만 살아남는다고 부르짖고 있던데 그들이 경원시하는 자네가 이미 170여 년 전에 같은 말을 했다고 하면 믿지 않을 걸세. 자네는 자본주의가 쉬지 않고 혁신해야만 살아남을 수 있는 바로 그 숙명 때문에 결국은 망할 것이라고 하지 않았나. 자네 말이 맞다면 자본가들이 자본주의를 망하게 하려고 혁신하는 셈이 되네 그려. 자본가들은 살아남기 위해서 혁신해야 하고 그 결과는 자본주의의 멸망으로 이어진다니 참으로 안타까운 딜레마일세.

자네가 자본주의의 미래를 정확하게 예측한 사항이 또 있는데 '세계화'가 바로 그것이네. 자네의 혜안은 자그마치 170여 년 전에 자본주의의 세계화까지도 내다보았더구먼. 공산당선언에서 또 인용해 보면 "부르주아는 세계시장을 이용하여 모든 나라의 생산과 소비를 범세계적인 것으로 만들었다. 부르주아는 공업의 민족적 지반을 발밑에서부터 허물어 버렸다. 예로부터 내려오던 민족적 공업이 파멸되고 있다. 새로운 공업은 현지 원료를 가공하는 것이 아니라 지구상의 가장 먼 지역에서 운반되어 오는 원료를 가공하고 그 나라 안에서뿐만 아니라 세계 각지에서 소비되는 공산품을 만든다. 새로운 공업을 도입하는 것이 모든 문명국가의 사활의 문제가 되고 있다"라고 했지.

자네는 오늘날 이슈가 되고 있는 국제분업과 무역, 국경을 넘어선 공급망사슬, 자유무역과 국내산업 보호의 상충관계 등이 자본주의의 속성이라고 간파한 거지. 자본주의를 파괴해야 한다고 주장한 자네가 자본주의의 신봉자인 나보다도 자본주의를 더 적확히 관찰하고 있었다니 아이러니 아닌가?

자본주의가 과시하는 놀라운 성취는 내가 주창했던 보이지 않는 손이 마력을 발휘하였기 때문일세. 기업가와 상인들이 돈을 더 많이 벌려고 별별 궁리를 다 하는데 그 결과는 자신은 물론이고 고객들까지 이익을 보는 상생으로 나타나고 있지.

우리가 저녁 식탁에서 맛있는 빵과 고기에 포도주를 곁들여 즐거운 담소를 나눌 수 있는 것은 빵장수, 고기장수, 포도주장수가 돈을 벌겠다고 저녁거리를 만들어서 우리에게 팔려고 애를 쓴 덕분이라네. 그들의 이기심 덕을 소비자들이 누리는 거지. 장사꾼들이 우리를 위한답시고 자선단체를 만들어서 빵과 고기와 포도주를 헐값에 제공한다고 해보게. 그들의 이타심이 아름답게 보이지만 오래 갈 수 있겠어? 요사이 말로 지속 가능하겠느냐고? 자선을 이어 가려면 자신의 재산을 탕진하든지 다른 독지가들에게서 기부를 끊임없이 받아야만 될 걸세.

이타심은 또 다른 이타심을 필요로 하고 모든 사람이 남의 이타심에 의존하게 되면 결국은 사회 전체의 생산력은 소진되고 말 거야. 힘들여서 생산하는 자들은 사라지고 남의 도움을 받으려는 자들만 남을 테니까.

물론 자네가 자본주의의 막강한 생산력, 창의적 혁신, 세계화를 꿰뚫어 보면서 자본주의를 찬양한 것이 아니라는 점은 잘 알고 있네. 바로 그러한 요인들이 낳은 눈부신 성공의 모순 때문에 자본주의가 멸망의 길로 들어설 수밖에 없고 또 멸망되어야 한다는 것이 자네의 논리적 귀결이었지. 엄청난 생산력에도 불구하고 해결되지 않는 노동자계급의 빈곤상태가 야기하는 계급모순이 자본주의를 멸망의 길로 안내하는 저주의 여신이라고 했지.

내 생각은 달라. 자본주의가 새로운 양상의 불평등을 낳았지만 그 이전에 비해서는 가난한 자들의 처지가 괄목할 만하게 좋아졌어. 오늘날 노동자들의 생활수준을 산업혁명 이전의 가난한 자들과 비교하면 하늘과 땅 차이만큼 잘 살고 있네. 의식주의 질이 몰라보게 높아졌어.

그렇다고 해서 자본주의가 모든 가난을 퇴치했다고는 여기지 않네. 절대적 가난을 줄이는 데에는 성공하였지만 상대적 가난은 여전히 풀어야 할 숙제로 남아 있지. 상대적 가난이란 예를 들어 지금의 선진자본주의에서 마땅히 누려야 할 생활수준보다 밑에 있는 사람들의 처지를 의미하지. 건강을 해치지 않는 수준의 의식주, 기본적인 자녀 교육과 의료, 최소한의 문화생활을 영위하기에 쪼들리지 않는 수준이라고 내 나름대로 정의를 내리고 싶네. 여기에는 스마트폰도 포함되지. 디지털 사회에서 스마트폰은 다른 사람에게 뒤처지지 않기 위해 반드시 있어야 할 기기이거든.

현대 자본주의 국가들이 복지분야에서 정부의 역할을 키우고 있는 것은 필요하고 바람직하네. 내가 작은 정부를 옹호했지만 복지를 정부의 새로운 기능으로 추가하는 데 주저하지 않겠네. 복지를 긍정하니까 나를 진보라고 불러도 좋네. 골수 보수들이 나를 변절자, 배반자로 손가락질하지 않을까 신경이 쓰이는 것도 사실이네. 그러나 나는 자본주의의 진화과정에서 복지는 피해 갈 수 없는 여정이라고 확신하네.

자유경쟁은 더 많은 사람들이 참여의 기회를 가질 때 그 이익도 더 커지거든. 소수의 사람만 경쟁 무대에 올라갈 수 있으면 무대 밑에 있는 사람들은 경쟁의 이익을 취할 기회조차 갖지 못하지. 기업뿐만 아니라 개인도 마찬가지야. 질병, 사고, 무식은 경쟁 참여의 기회를 박탈해. 건강을 해치지 않도록 기본적 의식주의 조건이 갖추어져야 하고 의료, 교육에의 접근성을 보장하며, 재해로부터의 보호가 제공되어야 하는 거지. 이 정도의 소극적 복지마저 반대한다면 나는 기꺼이 보수에서 멀어질 용의가 있네.

나는 자본주의의 결함을 상대적 불평등 이외의 다른 곳에서도 찾고 싶어. 생산력의 대약진으로 사람들의 물질적 풍요가 넘쳐나는 광경을 보면서도 '그들의 정신세계 역시 풍성해졌는가?' 하는 의문을 갖기 시작했네.

지금 세상은 움직이는 속도가 너무 빨라서 눈알이 핑핑 돌고 정신을 잃을 지경이야. 우리가 비행기로 대양을 건너는 데 하루의 절반도 안 걸렸어. 우리가 살았던 시절에 기선을 타면 한 달은 족히 걸렸지. 현대인들은 이동에 걸리는 시간이 우리가 상상하지 못했을 정도로 빠르니까 여행을 하면서 더 많은 것을 보고 경험하고 더 넓고 깊은 지식을 얻을 것이라고 흔히 생각하지.

내 생각은 달라. 내가 1764년에 영국 귀족인 버클로 공작의 가정교사를 하면서 2년 반 동안 함께 파리, 프랑스 남부, 제네바 등을 여행했어. 그 대가로 글래스고 대학 교수 연봉의 두 배에 달하는 연간 보수에다가 평생 그만큼의 연금을 주겠다는 파격적인 대우를 받았지. 당시의 귀족들은 자녀교육의 필수적인 과정으로서 저명한 학자들을 가정교사로 삼아 세상 견문을 넓히게 했지.

마차를 타고 다녔는데 눈앞의 들판, 성당의 첨탑, 고성의 풍경이 지금의 자동차나 기차 속에서 느끼는 속도에 비하면 슬로우 모션처럼 스쳐 지나갔어. 시간은 느리게 지나갔지만 머릿속에 기억되는 지식과 마음속에 새겨지는 느낌은 지금보다도 훨씬 더 분명했어. 빠르면 겉만 훑어 보게 되지만 느리면 속까지 꿰뚫어 볼 수 있거든.

나와 제자는 마차 속에서 역사, 지리, 종교, 철학에 대해서 이야기를 나누고 그리스, 로마의 고전을 읽으면서 토론하곤 했어. 저녁 식탁에서는 그날 보았던 건축물과 사람 사는 풍습에 대해 서로의 경험을 공유했지.

지금 그 제자를 동행해서 일 년 동안 여행 다니는 광경을 상상해 보겠네. 그때에는 일 년이라고 해 봐야 프랑스와 스위스의 일부 지역만을 둘러볼 수 있는 시간이었지만 지금은 전 세계를 구석구석 돌아다닐 수 있는 긴 시간이지. 비행기와 자동차 속에서 두 사람은 대화하기보단 스마트폰을 들여다보는 데 더 많은 시간을 보낼 거야.

내가 젊은이에게 스마트폰은 놔두고 마주 보며 소통하자고 하면 뜨악한 표정으로 쳐다보며 꼰대라고 싫어하겠지. "스승님의 해박한 지식은 구글과 유튜브를 검색하면 모두 나오는데요" 하면서 말야. 한국 학생이라면 "스승님의 가르침은 고상하고 값지지만 취업에는 도움이 안 되니 시간낭비입니다. 용서해 주세요"라고 말하면서 매우 죄송스러운 표정을 지을 거야. 나도 속으로 "그래, 좋아. 널 가르치지 않아도 네 아버지가 약속한 돈은 꼬박꼬박 줄 텐데, 차라리 잘 됐지 뭐. 이참에 밀렸던 논문이나 쓸란다"라고 웅얼거리겠지.

현대인들이 눈부신 물질문명을 누리면서 갖가지 문명의 이기를 끼고 살지만 세상 이치에 대한 직관과 통찰력은 이전보다 못하다고 생각해. 편리함이 수고를 덜어 주지만 참을 수 없는 존재의 가벼움이 진지한 사고와 진리탐구 정신을 갉아먹고 있다고 생각해.

지금 세상은 나의 국부론이나 자네의 자본론에 필적하는 대작을 기다리고 있는 것 아닌가? 나의 낙관적 발전관은 경제는 물론이고 정치와 사회의 양극화로 치닫고 있는 현실 앞에서 빛이 바래고 있다는 자괴감이 드네. 자네의 자본주의 멸망론과 공산주의 이상론도 탁상공론에 그쳤다는 비판으로부터 자유로울 수 없지. 시대가 요청하면 영웅이 출현한다고 하던데 제2의 국부론, 제2의 자본론은 왜 안 나오지?

지금 사회과학의 지식생태계가 지나치게 분절화, 파편화되어 있기 때문에 학자들이 나무 한 그루 한 그루의 특징을 살피는 데만 관심을 쏟고 숲 전체를 보는 데에는 소홀하다는 문제가 있어. 국부론이 경제학의 세계를 열었다고 찬사를 받고 있는데 그 내용은 신학, 철학, 윤리학, 법학을 아우르는 학제적 연구이고 종합 학문이거든.

내가 어릴 때부터 가정과 학교에서 여러 분야를 아우르는 교육을 받지 못하고 깊은 학문적 통찰력을 갖춘 석학들과 교분을 나누지 않앉더라면 국부론을 쓸 수 없었을 거야. 나는 인간의 본성에 대해서 생각을 많이 했어. 태생적으로 선한 존재인가, 악한 존재인가를 끊임없이 성찰하고 실제로 나타나는 행동거지를 관찰하면서 답을 구하려고 했지. 인간 본성에 대한 깊은 이해 없이 어찌 사회현상을 이해하고 사회적 병리를 치유할 지혜를 얻을 수 있겠는가?

오늘날은 여러 학문분야를 넘나드는 연구가 거의 불가능하지. 좁은 분야를 깊이 파는 논문이 아니면 유명 학술지에 게재되기도 어렵지. 물론 세상의 구체적인 문제해결에 도움이 되는 지식을 얻기 위해서는 거대담론으로 현학적 논쟁을 하는 것보다는 특정한 문제에 초점을 맞춘 실증적 연구에 집중하는 것이 유익하지. 나의 핵심 논점은 지금의 자본주의, 자유시장경제가 직면하고 있는 사활적 도전에 응전하기 위해선 미시적 연구만으로는 한계가 분명하다는 거야.

미시적 연구가 구슬이라면 그걸 꿰어서 멋진 목걸이로 만들어 내어야만 한다는 거지. 국부론은 겉으로 보기에는 국가의 부를 증대시키는 거시적 답을 추구하는 것으로만 보이지만 내용은 미시적이고 구체적인 실증적 사례들로 채워져 있거든. 그래서 학문세계만의 논쟁거리로 남지 않고 실제로 경제가 어떻게 돌아가는지 이해하고 문제해결을 위한 정책을 수립하는 데 도움을 주고 있지. 이렇게 본다면 오늘날의 지적 토양이 편식으로 인한 영양 불균형의 중병을 앓고 있는 것은 아닌지 의구심이 드네.

마르크스 스미스, 자네는 의기양양해 보이네, 그려. 꿈에 그리던 자본주의 자유시장경제가 인류 보편적인 경제체제로 굳건히 자리 잡았으니 그럴 만도 해. 자본주의의 필연적 멸망을 예언했던 나 자신이 부끄러워지네.

공산당선언에서 부르주아가 이윤을 좇아 새로운 기계를 발명하고 생산력을 늘리고 세계무대로 진출할 것이라고 예언한 것은 맞아떨어졌지. 반면에 공산주의가 역사발전의 최종단계라고 한 예언은 틀렸어. 이 칼 마르크스가 자본주의의 번성은 예언하면서도 공산주의의 멸망은 내다보지 못한 사람으로 전락해 버렸다고 비난하고 싶은 겐가?

자본주의는 대성공의 대가로 반복되는 공황, 나아지지 않는 노동자의 삶, 격화되는 계급대립의 큰 비용을 치를 수밖에 없었네. 산이 높으면 골이 깊은 자연의 이치와 같은 거지. 자본주의 역사가 이제 200년 하고도 한참 지났어. 길다면 길고 짧다면 짧은 기간인데 그동안 자본주의가 걸어온 길을 되돌아보면 결코 번영의 탄탄대로가 아니었네. 체제변환의 위기를 몇 차례나 겪으면서 겨우겨우 소생하곤 했지.

앞날도 낙관을 불허하지. 생산력의 분출이 기후위기를 야기했어. 홍수와 가뭄, 여름의 혹서와 겨울의 혹한, 지진과 해일은 이미 지구적 재앙을 불러오고 있지 않은가. 그 고통은 고스란히 가난한 자들에게 가해지고 말지. 기술혁신이 멈추지 않고 있는 것은 사실이야. 그러나 인공지능 로봇이 노동을 배제할 것이라는 우려는 단연코 과장이 아니라고 보네. 자본가들이 비용은 많이 들고 다루기 어려운 노동자보다 초기투자 이후의 비용이 저렴하고 고분고분 순응하며 갈수록 인간의 지능을 닮아가는 로봇을 더 선호하지 않겠는가? 세계화는 이미 한풀 꺾였네. 세계화를 이끌었던 미국이 자국우선주의로 돌아서고 무역보호주의, 기술보호주의, 투자민족주의적인 입장을 갈수록 노골화하고 있지.

지금은 정치가 경제를 지배하고 있더군. 미중 간의 패권다툼과 국내정치의 좌우 양극화 현상은 경제 양극화 현상과 맞물리면서 경제논리보다는 대중적 정치논리가 우위에 서게 되었지. 내가 하부구조인 경제가 상부구조인 정치를 쥐고 흔든다고 했는데 자본주의 국가에서는 반대 현상이 일어나고 있지. 경제의 정치화는 자네의 보이지 않는 손을 묶어서 구속하고 자본주의의 생산력을 약화시킬 것이네.

공산주의가 반짝 등장했다가 역사의 무대에서 자취를 감춘 것은 사실이네. 그러나 그 공산주의는 절대로 내가 그렸던 공산주의가 아니었네.

1917년에 제정 러시아가 무너지고 소련이라는 공산주의 정권이 들어섰을 때 나는 기다리고 또 기다리던 노동자혁명이 마침내 성공했다는 현실 앞에서 환희의 갈채를 보내지 않을 수 없었네. 세계가 드디어 노동자들이 인간적인 대우를 받고 자본의 억압으로부터 해방되어 진정한 자유를 누리는 유토피아를 실현하기 시작했구나 하는 생각이 드는 순간 온몸에 전율을 느꼈지.

그리고 1945년에 2차 세계대전이 끝난 후 동유럽이 공산주의체제로 전환하는 광경을 목격하면서 나의 예언이 이제 본격적인 실현 단계에 접어들었다는 믿음을 가지게 되었어. 또다시 1949년에 중국에서 공산주의가 승리했을 때는 지구의 거의 절반이 공산주의로 색칠해졌고 나머지 절반마저 붉은색으로 칠해지는 것은 오직 시간문제라는 확신이 들었어. 그 확신은 1959년에 미국의 턱밑에 있는 쿠바가 카스트로의 공산혁명군에게 넘어갔을 때 의심할 나위 없는 사실로 다가왔지. 부패한 정치, 대지주들의 발호, 탐욕스러운 자본가들의 세상인 중남미국가들은 공산주의의 역사적 대의 앞에서 무너질 수밖에 없을 것으로 보였거든.

나의 믿음이 한낱 헛된 꿈으로 드러난 지금, 나는 참담한 심정이네. 무슨 이유로 공산주의 국가는 자취를 감추었는가? 나의 자본주의 분석과 예언이 오류였나? 아니면 나의 이론을 잘못 해석하고 더 잘못 적용한 혁명정치가들의 탓인가? 이 무거운 주제는 다음에 다루기로 하고 자네의 '보이지 않는 손'에 대해서 얘기 좀 해야겠네.

보이지 않는 손을 마치 보이듯이 여실히 묘사해 낸 자네의 치밀한 관찰력과 논리구성에 박수를 보내네. 모든 사람들에게 친숙한 빵, 고기, 포도주의 예를 든 것도 독자들에게 친근하게 다가가겠다는 자네의 이기심이지. 알기 쉽게 설명한 덕분에 국부론이 학자들의 읽을거리에 그치지 않고 현실의 정책에도 반영되었고 학문적 명성뿐만 아니라 부와 지위도 얻지 않았나. 독자들은 경제 돌아가는 이치를 이해하게 되고 자신들의 상행위와 일상생활을 시장친화적으로 적응시켜서 역시 이익을 보게 되었지. 책을 매개 삼아 자네도 이익을 보았고 독자들도 이익을 보게 했으니 보이지 않는 손을 몸소 실천한 학자로서 존경받을 만해.

그런데 내가 보기에는 보이지 않는 손은 끊임없이 보이는 손에 의해서 교란당하고 유린당했어. 보이지 않는 손이 절제된 이기심이라면 보이는 손은 고삐 풀린 이기심이야. 절제된 이기심은 남을 의식하는 욕심이고 고삐 풀린 이기심은 자기만 염두에 두는 탐욕이지. 절제된 이기심은 남에게 피해를 끼치지 않으면서 자신의 이익을 취하겠다는 태도이고 고삐 풀린 이기심은 남이야 피해를 보건 말건 아랑곳하지 않고 자기 잇속만 챙기는 태도야.

인간은 자연상태에서 어떻게 행동할까? 이기적이지만 스스로 관리할까? 아니면 무한 질주할까? 내 생각으로는 무한 질주에 가깝네. 욕망이 더 큰 욕망을 부르고 남을 짓밟고 올라서서 자신의 이익을 좇는 거지.

빵장수 중에는 값싼 밀가루를 쓰고 유해한 첨가물을 사용하여 헐값에 팔아서 이윤을 남기는 악덕 업자가 있을 거야. 좋은 밀가루를 쓰고 위생적으로 만드는 양심적인 업자는 가게 문을 닫든지 악덕업자를 따라 하게 되겠지. 스미스 자네도 이러한 인간 본성을 꿰뚫어 보았기 때문에 이성의 가르침과 도덕적 양심과 엄정한 법집행이 있어야만 자유방임의 시장경제가 제대로 작동할 것이라고 하지 않았나.

보이지 않는 손의 딜레마는 무한 욕망과 유한 욕망의 균형을 잡는 것이 지극히 어렵고 미묘하다는 거네. 욕망의 폐해를 없애려고 하면 할수록 정부간섭을 통한 보이는 손의 비용이 늘어나고 보이지 않는 손의 신통력이 떨어지거든. 보이는 손의 극단이 공산주의의 생산력 실종이었지. 보이지 않는 손의 극단은 천민자본주의네. 모든 사람이 돈의 노예가 되고 불평등이 극에 달하는 사회가 되는 것이지.

자네가 보이지 않는 손의 승리를 자축하고 있네만 내가 볼 때는 지금 세계가 2세대 천민자본주의를 향해서 나아가고 있는 것 같네. 1세대 천민자본주의는 산업혁명 직후의 영국과 남북전쟁 후의 미국에서 나타났지. 영국에서 공장노동자들이 비참한 대우를 받았다는 사실은 널리 알려졌으니까 미국 이야기를 조금 하겠네.

남북전쟁으로 북부 공업자본주의가 남부의 농업자본주의를 패배시킨 19세기 후반부터 20세기 초에 걸쳐서 미국의 자본주의는 좋게 말하면 꽃을 활짝 피웠고 나쁘게 말하면 벼락부자, 졸부들의 세상이 되었지.

이 기간 동안 미국경제는 급속한 성장 가도에 진입하였고 1893년에 공황이 발발할 때까지 지속되었지. 대륙횡단철도가 부설되어서 서부 개척이 본격적으로 이루어졌고 공업생산이 비약적으로 늘어나서 세계 제1의 제조업 대국으로 부상했어. 철강왕 카네기, 석유왕 록펠러, 철도왕 밴더빌트, 광산왕 구겐하임 등 우리 귀에 익은 대부호들이 출현한 시기이기도 했지. 화려한 성공의 이면에는 정치적 부패, 자본과 권력의 결탁, 가난한 하층민 등의 어두운 그림자가 짙게 드리웠어.

이 시대를 '도금시대'라고 부르는데, 그 유래는 마크 트웨인의 소설 『The Gilded Age: A Tale of Today』에서 "이 시대는 진정한 황금시대(Golden Age)가 아니라 단지 황금처럼 보이도록 겉만 번지르르하게 도금한 시대"라고 풍자한 데서 비롯되었다고 하지.

그 후 세계는 자본주의와 공산주의의 이질적인 체제로 갈라졌고 두 진영 간에 냉전이라고 불린 총칼 없는 이념경쟁이 펼쳐지지 않았나. 천민자본주의는 공산주의의 평등공세 앞에서 국민지지를 확보하기 위해서는 싫어도 변화하지 않으면 안 되게 되었어. 자본가들이 노동조합운동을 인정하고 복지를 제공하는 것이 내키지는 않았지만 공산주의에게 모든 것을 빼앗기는 것보다는 득이 되는 것이었지. 적어도 겉으로는 인간의 얼굴을 한 자본주의의 가면을 쓸 수밖에 없었던 거야.

그러다가 20세기 말경에는 잠복해 있던 천민자본주의의 옹호자들이 대반격을 감행하기 시작했는데 그 선두에는 영국의 대처 수상과 미국의 레이건 대통령이 버티고 있었지. 그들이 내건 명분은 죽어 가고 있는 자본주의를 살려 내자는 것이었어. 복지, 세금, 규제의 삼중고에 억눌려서 질식의 위기에 처한 자본주의의 생산력을 회복하자는 것이었지.

신자유주의의 선명한 기치를 내건 대반격은 정치적 승리를 거두었고 소련의 몰락과 중국 공산주의의 자본주의에로의 전향은 2세대 천민자본주의 시대를 여는 개선행진곡이었어. 자네 말대로 자본주의의 부패를 막아주는 소금의 역할을 해 주던 공산주의의 견제구가 사라지고 나니까 자본가들의 탐욕이 자유방임의 기류를 타고 거침 없이 분출하고 불평등은 날이 갈수록 깊어질 수밖에 없었어.

2세대 천민자본주의는 세계화의 조류를 타고 전 세계로 퍼져 나갔고 거침없는 진군 앞에서 노동자해방운동은 숨 쉬기도 어려울 정도로 억압당하게 되었어. 프랜시스 후쿠야마라는 정치학자는 『역사의 종언』이라는 저서에서 "공산주의, 사회주의는 역사에서 영원히 사라지고 자본주의가 세계를 풍미할 것"이라는 입바른 소리를 해댔지.

그의 안목은 한동안 맞아떨어지는 것 같았어. 그러나 2008년에 천민자본주의의 안방인 미국에서도 구들목인 월가에서 미증유의 금융위기가 발발하면서 신자유주의는 위기에 처하게 되었지. 기업파산의 책임과는 무관한 수많은 노동자들이 직장을 잃고 집을 압류당해 거리의 노숙자로 전락했지.

극명한 대조를 이룬 것은 파산의 책임을 져야 할 자본가들이 책임을 지기는커녕 국민들의 세금으로 구제받고 거액의 퇴직금을 챙기는 몰염치를 한치 부끄러움도 없이 적나라하게 보여 준 것이야. 이것이 보이지 않는 손의 민낯이네. 스미스 자네는 이런 걸 보면서도 보이지 않는 손을 신봉하고 전파하겠는가? 자네가 이런 희화적 비극이 벌어지는 생생한 현장에 있었더라면 자본주의가 노동자들의 삶을 풍요롭게 만들어 주었다고 스스로 칭찬하지는 못할 걸세.

스미스 자네는 부분적 잘못을 침소봉대해서 전체를 부정하는 편향된 취향을 가지고 있네. 노동자들이 땀 흘려서 만들어 낸 잉여가치를 착취해서 호의호식하는 자본가들을 없애야만 노동자들이 잘 살 수 있으니 계급혁명을 일으켜야 한다고 선동할 때부터 쭉 그랬어.

보이지 않는 손이 무결점의 완전체는 아니라는 것을 나도 충분히 인지하고 있네. 이 점은 나의 경제학을 발전시킨 후세의 경제학자들이 알기 쉽게 정리해 놓았더라고. 그들은 완전경쟁상태하에서만 보이지 않는 손이 온전히 기능을 수행한다고 했더구먼. 완전경쟁이 성립하기 위해서는 독과점이 전혀 없어서 어떤 기업도 가격결정력을 가지지 못하고 시장에서 결정된 가격을 피동적으로 받아들이기만 해야 하지. 즉 개별기업은 수많은 경쟁기업 중의 하나에 불과하기 때문에 그의 행동은 시장에 아무런 교란이나 충격을 주지 않는다는 거야. 쉽게 말하면 수많은 중소기업들끼리 경쟁할 뿐이고 대기업은 없다는 거지.

완전경쟁상태에서는 특정 중소기업이 임금을 착취하고 근로조건이 열악하면 노동자는 더 나은 경쟁기업으로 옮겨 갈 수 있기 때문에 부당노동행위가 억제되네. 즉 보이지 않는 손이 작용하는 거지. 완전경쟁상태에서는 경제위기도 발생하지 않네. 개별기업이 파산해도 파급충격이 미미하니까. 글로벌 초대형 금융기관인 리먼 브라더스가 파산하니까 월가 전체가 위기의 나락으로 추락한 것과는 다르지.

완전경쟁에서는 독점이윤, 초과이윤이 없고 약간의 정상이윤만 존재할 수 있네. 초과이윤이 발생하면 새로운 기업이 경쟁에 뛰어들어 공급이 늘어나고 가격이 떨어져서 다시 정상이윤으로 복귀하게 되어 있단 말일세. 그러니 자네 이론의 핵심인 잉여가치가 실현되지 않는다고 보네. 자네 주장대로 생산과정에서 노동자의 임금을 초과하는 잉여가치가 발생한다고 해도 완전경쟁에서는 교환과정에서 잉여가치가 실현될 수 없는 거지. 그렇다면 잉여가치가 자본주의의 중추적인 운동법칙이라는 자네 주장도 한낱 가설에 그치고 마는 것 아닌가?

마르크스 자네의 학자적 순진성과 현실로부터의 격리감이 생생하게 드러났군. 이런 터무니없는 말을 눈 하나 깜짝하지 않고 늘어놓는 자네를 보면 화성에서 온 사람 같다니까. 완전경쟁이 현실에서 찾아볼 수 없는 신기루 같은 건데 그걸 놓고 보이지 않는 손을 믿으라는 건가? 완전경쟁을 상정한 경제학자들조차도 그것은 일종의 이상형이라고 했다는데?

이번 여행에서 우리 둘이서 같이 목격한 현실이 어떻던가? 완전경쟁에 가깝던가? 아니면 독과점에 근접하던가? 글로벌기업들이 독과점력을 마음껏 누리면서 천문학적인 초과이윤을 누리고 있는데 그 원천이 노동자로부터 착취한 잉여가치 아닌가.

스미스 그건 나도 알아. 그런데 그 초과이윤의 원천이 자본가겸 기업가의 창조적인 혁신이라는 생각은 안 해 보았는가? 빌 게이츠나 일론 머스크가 쌓아 올린 막대한 부(富)가 그들의 천재적인 발상과 실천력에서 나오는 것이지, 노동자들에게 저임금을 주고 착취한 결과는 아니라고 보는데.

그러나 보이지 않는 손이 고삐 풀린 욕망을 규제하기 위해서 좀 묶인다고 해도 국가가 보이는 손으로 경제를 좌지우지하는 공산주의보다는 훨씬 더 효율적이고 생산적이라는 점은 자네도 인정하는 바이고 역사적으로 이미 증명되지 않았나?

내가 국부론을 저술하던 시대의 영국은 완전경쟁에 가까운 경제구조였어. 오늘날과 같은 거대 기업도 없었고 막강한 힘을 행사하는 노동조합도 존재하지 않았지. 그러니 보이지 않는 손이 사회가 필요로 하는 재화를 필요한 만큼 적절한 가격에 생산하게끔 인도하였지.

이번에 본 세상은 상전벽해보다도 더 넓고 깊게 변화하였더라고. 글로벌기업과 산업별 노동조합이 원자적 경쟁을 가로막으면서 시장을 이끌어 가고 때로는 거스르기도 하고 있더군. 그러니 정부의 간섭과 통제가 늘어나고 보이는 손이 보이지 않는 곳이 없더구먼. 만약에 내가 국부론을 다시 쓴다면 이러한 변화를 반영해야 되겠다는 생각이 들어.

마르크스 나는 자본주의의 분배실패를 지적하고 있는데 자네는 효율의 성공만 앵무새처럼 되풀이하는구먼. 분배 없는 효율은 앙꼬 없는 찐빵 같은 거야. 효율의 과실이 자본가에게 독점되면 그 효율은 아무짝에도 쓸모가 없어. 효율은 공정한 분배를 전제로 할 때에만 존재의미를 갖는 거라네.

공산주의가 효율을 질식시켰다고 했는데 정확히 말하면 중앙계획경제가 그리했지. 공산주의가 국가독점의 중앙계획경제뿐인 것은 아니야. 중앙계획경제는 소련과 모택동의 중국에서 나타난 특수한 제도였을 뿐이야. 나는 자본론 어디에서도 그러한 특수한 제도를 제시하거나 옹호하지 않았네. 내가 기대했던 것은 노동자들이 자치적으로 공동생산제도를 만들고 직접 운영하는 것이었지. 조금 후에 구체적으로 설명하겠네.

스미스 분배 없는 효율이 앙꼬 없는 찐빵이라면 효율 없는 분배는 먹을 수 없는 찐빵이네. 한 개 남은 찐빵을 고루고루 나누다 보면 부스러기도 얻어걸리기 어렵지. 공산주의가 파이를 나누는 데에만 전념하고 파이를 키우는 제도를 만들지 못한 것은 치명적인 결함이었지. 자네가 효율적인 공산주의를 설명하겠다니 빨리 듣고 싶네.

눈먼 욕심이 보이지 않는 손을 더럽힐 가능성을 나도 충분히 알고 있었네. 그래서 삼중의 안전망을 쳐 놓았었지. 일차적인 안전장치는 인간이성의 힘이지. 자연과 우주가 신의 뜻에 따라서 정연한 질서대로 움직이듯이 인간의 이기심을 이성의 목소리에 맞추면 경제현상도 질서와 조화를 이룰 걸세. 이것이 자연조화설이지.

그다음의 안전장치는 윤리와 도덕이네. 사람은 부끄러움과 염치를 아니까 짐승과 구별되지. 돈에 눈이 멀어서 부끄러운 짓을 부끄럽지 않게, 눈 하나 깜짝하지 않고 하면 짐승이 되어 버리는 것 아닌가? 사람을 사람답게 해 주는 것이 도덕이야. 도덕은 배워서 알게 되는 것이 아니고 어머니 배 속에서부터 갖고 나오는 것이지. 유전자 속에 내재되어 있어서 인공적으로 떼어 낼 수도 없어. 그렇다고 해도 온갖 부조리와 모순이 판치는 세상을 살다 보면 도덕심이 때가 묻고 빛을 잃게 되니까 가르침을 통해서 끊임없이 닦아주고 바로 세워 주어야지. 부모의 가정교육, 학교교육, 그리고 사회의 집단적인 도덕적 분위기가 중요하지.

나는 국부론을 저술하기 훨씬 이전에 출판한 『도덕감정론』에서 인간이 이기적이기만 한 존재가 아니라 다른 사람의 고통을 이해하고 공감하며 연민을 느끼는 이타적 존재이기도 하다고 했어. 인간이 남에게 해를 끼쳐서라도 자기 이익을 챙기려고 할 때에는 자신의 마음속에 있는 '공정한 관찰자(impartial spectator)'가 두 눈을 부릅뜨고 양심을 일깨운다고 했지. 인간 본성에는 욕망의 자기억제가 내재되어 있어.

마지막 보루는 엄정한 법집행이네. 이성에 대한 믿음이 깊고 윤리의식이 투철하면 법 없이도 살 수 있는 사람이지. 이런 사람이 많아지도록 하는 것이 최선이네. 그러나 현실은 결코 녹록하지 않거든. 이성의 힘을 믿지 않고 이익 앞에서 도덕을 코웃음 치면서 내팽개치는 나쁜 사람들이 많아. 이런 사람들은 정의의 칼을 든 법을 엄정하게 집행해서 처벌하는 수밖에 없네. 사회로부터 격리시키고 처벌의 고통이 비도덕적 행위로부터 얻는 이익을 능가하게 해야 돼.

마르크스 보이지 않는 손의 한계를 알면서도 애써서 옹호하는 것을 보면서 불현듯 이런 생각이 떠올랐네. 보이지 않는 손의 위력을 확신한 것이 아니라 중상주의의 경제적 쇠사슬을 깨부수어야 한다는 대의의 실현을 위해서 내건 슬로건이라는 거지. 그러니 자네도 속으로 찔렸는지 삼중의 안전장치를 마련해 놓고 보이지 않는 손이 실패하는 경우의 책임추궁을 피해 가려고 했다는 의심이 든단 말일세.

의심이 드니까 자네의 훈계에 왠지 진정성이 부족한 것 같아. 흔들림 없는 이성의 힘으로 유혹을 물리친다는 가르침은 강단에서나 하게. 내가 겪은 세상은 자네가 주장하는 아름다운 조화가 아닌, 추악한 갈등이 지배하는 세상이네. 자네같이 평생을 고매한 자세로 학문을 연마하고 후학을 가르치는 정신노동에 종사한 책상물림의 눈에는 보이지 않는 다른 세계가 존재한다네. 그 세계에서는 가진 자들이 더 갖기 위해서 약자를 찍어 누르고, 몸밖에는 가진 것이 없는 약자들은 오로지 살아남기 위해 몸부림치는 살벌함이 드리우고 있지.

도덕심은 이익 앞에서 맥을 못 추고 무너지지. 그래도 좀 양심이 있는 사람은 갈등하지만 그 순간만 넘기면 부귀영화를 누릴 수 있다는 악마의 유혹 앞에서 흔들리지 않는 자들이 과연 몇이나 될까? 더욱이 욕망의 화신인 자본가들에게 도덕심을 요구하는 것은 고양이에게 생선 먹지 말라는 것보다도 더 희극적이야.

소설 레 미제라블에 나오는 장 발장은 배고픔을 못 이겨서 빵조각을 훔친 죗값으로 부당하게 긴 감옥생활을 한 후에 사회에 대한 증오와 반감으로 심성이 비뚤어지지. 수도원에서 그를 받아 준 신부의 은총을 배반하고 은촛대와 은식기를 훔치지. 경찰 앞에서 그의 절도를 부인해 준 신부의 은혜에 감화받은 그는 신분을 세탁하고 중소도시의 시장이 되어서 유리장식 공장을 세워 번영시키지. 그 공장의 노동자들은 억압과 학대를 받지 않고 노동에 대한 정당한 대가를 지급받는데 장 발장은 온 시민들의 지지와 추앙을 받게 돼.

어느 날 그는 무고한 사람이 자기가 훔쳤던 은촛대의 절도범으로 체포되었다는 소식을 듣고 고민에 빠지게 되지. 자수하면 존경받는 시장직에서 쫓겨나서 다시 끔찍한 감옥으로 돌아가야 하고 침묵을 지키면 죄 없는 사람을 대신 감옥으로 보내고 자신은 평생 호사를 누릴 수 있는 상황에 처한 거지. 밤새 고민에 고민을 거듭한 그는 머리가 하얗게 세어 버리는데 역시 자수하기로 결심함으로써 조마조마하던 독자들을 감동시키지. 장 발장만큼 훌륭한 사람이 실제로 있을 것 같나? 별로 없을 거라고? 거의 없을 거야. 세상을 등지고 은둔해서 사는 사람들 중에는 높은 신앙심과 도덕심을 지닌 존경받아 마땅한 사람들이 더러 있기는 하지. 그러나 돈과 권력과 명예를 좇는 세속인 중에는 거의 없다고 봐.

엄정한 법집행? 법을 누가 만드는지 따져 봐야지. 결국은 힘 있는 자들이 만드는 것 아닌가? 그들이 자신들의 이익에 반하는 법을 만들 것 같은가? 정치와 법은 사회의 상부구조로서 하부구조인 경제체제의 종속변수이고 경제를 지배하는 자본가계급의 이익에 봉사하는 수단에 불과해. 지금도 노동자들이 파업하면 엄정한 법집행을 하겠다고 엄포를 놓더군. 엄정한 법집행으로 정의를 실현하는 것이 아니라 불의를 실행하는 경우가 비일비재하지.

부르주아지는 혁명 이후에 부르주아 계급독재를 펼쳤지. 유산계급인 남성들만 투표권을 가졌으니 아주 대놓고 독재를 자행했지. 부르주아혁명이 자유민주주의의 승리였다고 찬양하는 것은 역사를 조작하는 것이네. 부르주아가 부르짖은 자유는 봉건 특권계급의 속박으로부터의 자유였고 평등 역시 봉건 특권계급이 누리던 부와 권력을 자신들도 누리겠다는 것이었어. 철저히 계급적 이해에 충실했던 것이지.

그들은 노동자들이 요구한 자유와 평등은 무시하고 탄압했어. 자신들의 계급적 이익에 역행하는 것이었으니까. 영국의 노동자들이 선거권을 요구하는 청원을 의회에 여러 번 제출하였으나 모두 좌절되었지. 1848년 무렵에 반봉건의 혁명이 유럽을 휩쓸었을 때도 부르주아지는 자신들의 이익을 위해서 봉건세력에 붙었다가 노동자편에 붙기도 하는, 간에 붙었다가 쓸개에 붙는 이중적 행동을 보여 주었지. 그해에 나와 엥겔스가 공산당선언을 선언한 것은 우연이 아니네. 반봉건혁명의 과실을 부르주아지가 낚아채 가고 혁명동지인 노동자를 배반하는 짓거리를 두 눈으로 똑똑히 보면서 어찌 노동자들에게 봉기하라는 격문을 쓰지 않을 수 있었겠는가?

오늘날은 누구에게나 투표권이 주어지니까 부르주아 독재는 역사의 유산일 뿐이고 진정한 민주주의가 성취되었다고? 노동자를 비롯한 사회적 약자들은 투표권만 행사할 뿐이고 실제 정치과정에서는 철저히 소외되어 있어. 이에 반해서 자본가는 의회와 행정부는 물론이고 사법부에까지 로비의 검은 손길을 뻗치고 있지. 그들은 자신의 이익을 지키고 키우기 위해서 돈맥과 인맥을 이용하고 있지 않은가?

자네의 보이지 않는 손과 자연조화는 지극히 비현실적인 전제 위에 서 있는 모래성 같은 거야. 지금의 세상이 자네 눈에는 조화롭게 보이나? 자네가 이성, 윤리, 법의 삼중의 철책을 쳐 놓았다는 것은 인간의 이기심을 제어하는 것이 지극히 어렵다는 것을 인정하는 것이고 또 삼중 철책으로도 이기심을 막아 내기가 힘에 부친다는 것을 반증한다고 보네.

스미스 권력을 쥔 부르주아지가 법과 정의의 이름을 빌려서 소수 부자들의 기득권을 보호하고 다수 노동자들을 억압한다고 했는데 전혀 그렇지 않다고 깡그리 부정하지는 않겠네. 역사적으로 그런 적이 있었고 오늘날에도 찾아볼 수 있지.

그러나 민주주의가 발전함에 따라 법의 내용과 집행이 끊임없이 공정해지고 있어. 좌파정당과 사회주의 정당의 의회 진출과 집권, 언론의 감시기능 강화, 시민단체의 정치적 비중 증대는 기득권층이 법을 빙자해서 자신의 이익을 옹호하는 불의를 견제하고 있지 않은가.

정작 법정의를 유린하는 작태는 공산주의 독재 권력이 대놓고 자행하지 않았는가. 법은 독재 권력을 유지하기 위한 수단으로 전락했고 독재에 저항하는 노동자들을 가차 없이 억압하는 도구에 지나지 않지.

자본주의사회에서 노동자들이 정치과정에서 소외되고 있다고 했는데 오늘날의 거대 노동조합은 좌파정당과의 연대를 통해서 자본가 못지 않은 영향력을 행사하고 있던데. 기대와는 달리 거대 노동조합이 소외된 비조합 노동자들의 이익을 충실히 대변하고 있지 못하지. 정규직 노조가 비정규직 노동자들을 차별하는 일이 비일비재하지 않은가?

자네의 독설은 여전하네. 자네는 과장으로 자기주장의 옳음을 증명하겠다는 이기심을 억제해야 하네. 삼중의 방책은 자본가보다도 자네에게 더 필요해. 공산주의는 합리주의를 부정하고 윤리와 도덕을 부르주아적 위선이라고 매도하고 법을 오직 지배의 수단으로만 비하하고 있으니 하는 말일세.

내가 역설한 보이지 않는 손과 자연조화설이 한낱 잠꼬대에 지나지 않는다고 모욕했는데 그전 세상과 비교하면 분명히 나아지지 않았나? 중세의 농민, 근대 절대왕정시대의 농민과 수공업자의 생활에 비해서 자네가 지금 관찰하고 있는 노동자의 생활이 훨씬 더 유복해진 것으로 보이지 않나? 지금의 자본주의가 불평등의 확대로 신음하고 있는 것은 나도 인정하겠는데 중산층이 두터워져서 자본주의 이전의 양극구조에 비하면 훨씬 더 평등해졌지.

러시아와 중국에서 공산혁명이 성공했지만 자본주의가 고도로 발달하여 계급모순의 무게를 감당하지 못해서가 아니라 중세 봉건시대의 구습인 대지주와 소작농 간의 계급대립이 혁명의 주된 동인이었지. 자네의 역사발전 단계가 맞다면 공산혁명이 아니라 부르주아혁명이 일어났어야 할 단계였는데 이를 뛰어넘고 곧장 공산주의로 넘어가 버렸단 말일세. 하기야 당시에는 자유를 갈망하는 부르주아계급의 세력이 혁명을 주도하기에는 턱없이 미약했지.

러시아와 중국에서 공산혁명의 주역은 공장에서 일하는 노동자계급이라기보다는 소작농과 다양한 도시 빈민층이었다고 보네. 이들은 절대군주와 토지귀족의 압제와 배고픔에 시달리다가 토지를 나누어 주고 배불리 먹게 해 주겠다는 공산주의자들의 감언이설에 속아 넘어간 것이지. 혁명을 성공시키고 나서 이들에게 들이닥친 세상에서는 토지는 공산당이 빼앗아 가고 배고픔은 나아지지 않고 국왕의 압제가 공산당의 억압으로 바뀌는 비극이 벌어졌었지.

자네는 부르주아혁명을 부르주아독재로 폄하했는데, 일시적으로는 그랬지만 역사의 진보는 모든 국민들이 투표권을 행사하는 보편적 민주주의의 도래를 맞이하게 했지. 만민은 평등하다는 선언이 그 이전 시대에는 꿈속에서나 바랐을 뿐이지만 부르주아혁명으로 신분적 차별과 예속은 사라지고 흙수저도 금수저로 신분이 상승하는 기회의 문이 활짝 열렸지.

공산주의에서는 만민이 평등한 것이 아니라 공산당이 시행하는 출신성분자격심사를 통과한 노동자만이 공산당이 베푸는 시혜적 자유와 평등을 누릴 수 있었지. 자네가 과도기적으로만 인정하였던 프롤레타리아독재는 엘리트 프롤레타리아독재로 둔갑해서 아직까지도 지속되고 있더군.

자본주의가 발달할수록 공산혁명의 기회는 사라지지. 오늘날 선진 자본주의 국가에서 노동자폭동이 거의 사라진 반면에 후진 자본주의 국가에서는 아직도 유혈시위가 발생하고 있지. 즉 역사의 긴 호흡으로 보면 내가 역설한 보이지 않는 손과 자연조화설이 불완전하게나마 실현되고 있다는 얘기네.

자네가 노동자해방을 위해서는 자본주의를 부수어 버려야 한다고 했지만 내가 보기에는 자본주의를 더 발전시키는 것이 실질적으로 노동자의 삶을 향상시키는 거네. 지금 필요한 것은 국제공산주의운동이 아니라 국제자본주의운동이네.

마르크스 자네와 나는 성격이 정반대네. 자네는 긍정적, 낙관적이고 나는 부정적, 비관적이야. 자네는 컵의 절반이나 물이 찼다고 하고 나는 컵의 절반이나 물이 비었다고 하네.

자본주의 세상이 이전 세상보다는 살기 좋아졌고 노동자의 삶도 당연히 향상되었다는 자네의 평가가 전적으로 틀린 것은 아니네. 미국 노동자들이 자가 주택에서 살고 자가용을 타며 자녀들을 학교에 보내고 어느 정도는 먹고 싶은 것으로 배를 채우지.

이걸 두고 어느 학자가 지금 미국의 평균적 노동자가 누리는 삶은 옛적 귀족들이 누리던 삶보다 더 풍족하다고 했다더군. 그는 아마도 귀족들의 마차와 노동자의 자가용을 비교하고 귀족들이 갖지 못했던 가전제품과 심지어는 스마트폰을 노동자들이 당연히 가졌으니 그렇게 말하지 않았을까 싶네만, 이 비교가 코미디같이 들리지는 않나? 아무리 자본주의가 물질적 풍요를 가져왔다고 해도 비교할 거를 비교해야지.

미국의 평균적 노동자의 생활은 항상 빠듯하고 여유가 없어. 한 달 수입은 정확히 고정되어 있는데 월급날 자동적으로 빠져나가는 주택과 자동차 할부금, 의료보험료, 필수적 식품비와 에너지 비용을 제하고 나면 저축의 여력이 거의 없을 거야. 월급날이 통장이 가득 채워지는 날이 아니라 통장의 마이너스가 영(零)으로 되는 날인 거야. 서글프지.

마이너스와 영(零)을 오가는 가계부는 가족 중 누군가가 불의의 사고를 당한다든가, 중한 병에 걸리면 대양의 조각배가 바람 앞에 위태로워지듯이 급격히 악화되는 거야. 미국 국민 중에서 개인 의료보험이 아예 없는 자가 수천만 명에 달한다니 믿을 수 없어. 물론 국가의 빈민 의료보험제도가 있지만 이것만으로 충분한 의료처치를 받을 수 없다는 거지.

2차대전 이후에 미국 경제가 제조업 중심으로 타의 추종을 불허할 때에는 제네럴 모터스 등 굴지의 대기업들이 종업원과 그 가족들에게 의료보험을 제공하고 은퇴 후까지도 혜택을 제공했다는 거야. 그러다가 세계화의 격랑이 밀어닥치고 일본과 한국 등의 후발국들이 추격해 오면서 기업이 어려워지니까 그 혜택을 없앴다는 거지.

시장자유주의자들 중에는 제네럴 모터스가 경영난에 빠진 이유가 방만한 종업원 복지혜택 때문이라고 목소리를 높이는 자들이 있더군. 그들이 말하길 1등만 살아남는 무한경쟁하에서는 회사가 종업원 의료보험을 제공하는 것은 사치이기 때문에 당연히 없애야 한다는 거야. 그럼 최고경영자를 비롯한 임원들의 어마어마한 연봉, 막대한 상여금, 스톡옵션은 필수품인가? 호황일 때의 과실은 자본가들이 먼저 따 먹고 불황일 때의 책임은 힘없는 노동자들에게 먼저 뒤집어씌우고 있어.

자본주의는 피도 눈물도 없는 수전노들이 판을 치는 세상을 만들어. 자본가들은 자신의 이익을 지키기 위해서 그런다 치고 소위 자유시장주의자로 자칭하는 지식인들은 무슨 이유로 복지를 불필요한 악으로 치부하면서 줄이고 없애야 한다고 떠들면서 잘난 척하는지 꼴불견이라니까. 그러면서도 자신들은 사회적 존경과 경제적 대우를 당연히 받아야 한다고 정색을 하곤 하지.

스미스 자네가 말하길 산업혁명으로 소득이 늘어나니까 범죄가 줄어든다고 했지. 산업혁명이 먼저 시작된 런던의 범죄율이 여전히 중상주의에 머물러 있는 파리의 범죄율보다도 낮다고 관찰하였지. 그렇다면 소득이 몇 십 배, 몇 백 배 증가한 오늘날에는 범죄가 거의 없는 안전한 세상이 되어야 마땅하지만 현실은 전혀 딴판이지. 각종 범죄가 기승을 부리고 있지 않나.

가난이 낳는 생계형 범죄가 여전히 발생하고 있고 더 많은 돈을 벌어 보겠다는 화이트칼라 범죄가 크게 늘어났지. 나는 상대적 빈곤이 고소득사회 범죄의 중요한 원인이라고 생각하네. 헤아릴 수 없는 물질적 혜택을 골고루 누리는 상류층에 대해서 기본적인 물질적 욕구를 충족하는 데 급급한 하류층이 느끼는 박탈감은 직접 겪어 보지 않고서는 실감하기 어려울 거야. 이걸 두고 배고픈 것은 참아도 배 아픈 것은 못 참는다고 비아냥거리지는 말게.

스미스 그럼 자네는 아직도 선진자본주의 국가에서 상대적 빈곤 때문에 공산혁명이 일어날 수 있다고 생각하나? 내가 보기에는 언감생심이지. 선진자본주의는 정치적 민주주의가 뿌리를 내렸어. 불평등이 심하다고 해도 자유의 맛을 한껏 본 노동자들이 공산독재를 원할 리는 손톱만큼도 없지.

개발도상국이나 신흥개도국은 어떨까? 많은 나라들이 민주주의의 허울 아래 독재정치나 권위주의적 통치를 자행하고 있고 빈부차이는 큰데 복지정책은 엉성하니까 보기에 따라서는 자네의 선동이 먹혀들 소지가 있을 것 같기도 하고.

마르크스 솔직히 말하면 어려울 거야. 근데 그 원인에 대해서는 자네와 달라. 자네는 상대적 빈곤이 심각하더라도 절대 빈곤층이 소수인 선진자본주의에서는 혁명에 필요한 다수 인민들의 호응이 미약하다고 생각하지. 내가 보기에는 그게 아니라 소련, 모택동 중국, 쿠바, 북한 등에서 현실 공산주의가 실패하였기 때문이야. 실패한 혁명을 다시 일으켜야 한다고 아무리 선동해도 먹히질 않아. 현실 공산주의혁명은 1959년에 카스트로와 게바라가 쿠바에서 성공한 이후로 전무하고 앞으로도 없으리라고 생각하네. 계급 없는 이상향을 향한 나의 꿈은 변함이 없으나 과거 방식을 답습해서는 실현 불가능하다는 점을 나도 인정해. 그래서 나는 현실 공산주의의 실패 원인과 진짜 공산주의의 실현에 관심이 많네.

자네가 흥미 있는 문제를 제기했어. 제2의 국부론, 자본론이 필요한데 지금의 지적 풍토가 척박해서 나올 것 같지가 않다고? 내 생각에는 지적 풍토가 황폐해졌다고 탓할 것이 아니야. 우리가 직접 써야 할 책임이 있어. 지금 세상은 자네가 국부론에서 제시했던 방향에서 한참 벗어나 있어. 국부는 축적되었으나 그 혜택은 소수의 사람들에게만 집중되고 있지. 그렇다고 해서 내가 자본론에서 꿈꾸었던 공산주의가 실현된 것도 아니야. 노동자들은 여전히 억압받고 상대적 빈곤에 시달리고 있지.

자네와 내가 직접 제2의 국부론, 자본론을 쓰는 것은 어떤가? 국부론이 나온 지 200년 하고도 절반 가까이 지났고 자본론 제1권이 나온 지도 150여 년이 지났으니 전면 개정판을 내어야 할 때가 한참 지났지. 우리 저승으로 돌아가서 다른 소일거리를 전부 포기하고 오로지 집필에 전념해 보자고.

스미스 내가 이승을 떠날 때 조문객들이 애도하는 가운데 목사님은 나의 영혼이 주님의 품 안에서 영원한 안식을 찾을 것이라고 기도해 주셨어. 그런데 다시 그 힘든 저술작업을 하라는 건가? 싫은 생각이 먼저 드네. 그런데 곰곰이 생각하니 자네 권유가 일리는 있네. 지금 세상에서 벌어지고 있는 잘못된 현상에 대해 어느 정도 책임이 있으니까 해결책을 찾아봐야 할 의무도 있는 것 같네.

마르크스 국부론 전면 개정판에는 어떤 내용을 담을 겐가?

스미스 아직 깊이 생각해 보지는 않았네만 얼핏 떠오르는 구상은 있네. 내가 국부론에서 인간의 탐욕을 제어하는 3대 억제제로서 이성, 윤리, 법을 내세웠거든. 그런데 지금 세상을 보니 냉정한 이성보다 뜨거운 감정을 앞세우는 일이 비일비재하더라고. 유튜브에 차고 넘치는 가짜뉴스를 맹신하는 사람들이 부지기수거든. 윤리는 가정과 학교에서 어릴 때부터 마음속에 심어 주어야 하는데 부모와 자식 간의 소통이 별로 없더라고. 아이들은 휴대폰과 소통하느라고 바쁘고 부모는 맞벌이하느라고 분주하더군. 이성과 윤리가 제구실을 못 하다 보니 법이 최후의 해결자로서 나서고 있더구먼. 모든 문제를 법으로 해결하려고 하다 보니 기업을 옥죄는 사슬은 늘어만 가고 있더라고.

내가 학문적 정열을 다 바쳐서 보호하려고 했던 경제적 자유가 엄청나게 훼손되고 있더군. 그럼에도 불구하고 빈부의 경제적 격차는 점점 더 벌어지고 있으니 그걸 또 법으로 해결하려고 덤비고 있어. 국부론에서 자본가의 이익이 사회 전체의 이익으로 귀결되는 마법을 부렸던 보이지 않는 손이 날이 갈수록 정치가들의 보이는 손에 가려지고 있어서 안타깝기 그지없어.

내가 보기에 지금 자본주의는 위기에 빠져 있어. 반복되는 경제위기와 깊어지는 양극화는 자유시장경제에 대한 불신과 반발을 키우고 있단 말일세. 대중의 신뢰를 받지 못하는 자본주의는 번성할 수가 없고 자발적인 변화를 이루어 내지 못하는 자본주의는 타율에 의해서 손발이 묶이게 될 것이야.

내가 만약에 국부론 개정판을 쓴다면 현대 자본주의의 적나라한 모습을 있는 그대로 분석해서 고장 난 곳이 있으면 어떻게 고칠 것인지를 제시하고 싶네. 지금 머리에 떠오르는 상념이 있는데 자본주의의 주인이 인간인가, 아니면 자본인가 하는 것일세.

생뚱맞은 질문 아니냐고? 그렇지 않아. 2008년에 세계 금융위기가 지구촌 경제를 강타했는데 그때 카지노자본주의라는 말이 유행했더군. 대형투자회사들이 파생상품을 비롯한 고위험-고수익 금융상품에 묻지마투자를 해서 큰돈을 벌어들이고 투기 붐은 일반인들까지 끌어들였다는군. 그뿐만 아니라 투기의 대상도 주택과 상업용 부동산까지 뻗쳐서 투기 안 하는 사람이 상대적 박탈감에 빠졌다는군.

인간의 합리성을 전제로 하는 경제학 이론이 내팽개쳐지고 사람보다 돈이 먼저인 모양새가 되어 버렸지. 카지노의 돈 놓고 돈 먹는 촌극이 경제의 심장인 금융계에서 벌어지고 급기야는 미증유의 위기를 초래하여 헤아릴 수 없이 무고한 사람들이 실직의 나락으로 떨어진 거 아닌가?

자본주의를 비하하는 용어가 많다는 것을 알고 충격받았네. 정글의 법칙, 승자독식, 무한경쟁, 약육강식, 쩐의 전쟁, 돈의 노예, 인간소외, 부품화한 인간 등등… 자본주의에서 인간적인 면모는 실종되어 버리고 말았어. 인간은 그저 자본의 논리 앞에서 이리저리 치이는 가련한 존재로 전락하고 말았더군.

나는 '자본주의'라는 용어를 쓴 적이 없네. '자유시장경제'라는 용어가 나의 사상을 상징하는 것이네. 자유시장경제의 주체는 자유로이 경제활동을 하는 인간이지. 자본가뿐만 아니라 노동자와 소비자를 포괄하는 것이지. 자유시장경제는 자본주의가 아니라 인간주의라고 불러야 한다고 생각하네. 봉건적 신분제도와 위계적 질서하에서 창살 안의 짐승처럼 갇혀 있던 인간의 자유로운 개성이 마음껏 발휘되는 세상을 희구하였으니까.

마르크스 자네는 추상적으로 얘기하는데 직설적으로 표현하면 자유시장경제가 바로 자본주의이네. 그리고 자본주의는 문자 그대로 자본이 근본이 되는 체제이지. 자본이 이익을 낼 수 있도록 제도를 갖추어 놓고 자본의, 자본에 의한, 자본을 위한 경쟁을 부추기는 것이네. 여기에 인간이 설 자리는 없네.

자네가 부르주아지에게 경제적 자유를 주어야 한다고 했을 때 그 부르주아지가 자본가였고 자본가는 자본을 사적으로 소유해서 이익을 추구하는 자들인데 자본주의라는 용어를 쓰지 않았다고 뭐가 달라지겠는가? 그리고 자본이 사람 위에 군림하는 대표적인 경우가 자본이 노동을 착취하는 것이네. 자본의 이익을 자유로이 허용하면 사회 전체의 이익이 동시에 달성된다는 자연조화설이 자네 사상의 핵심이지만 나타나는 결과는 사회 전체의 이익이 아니라 자본만의 이익이 중시되는 사회가 된 것이네. 자네가 예상하지 못했다면 자본주의의 운동원리와 자본축적의 경로를 정확히 꿰뚫어 보지 못한 것이지.

지금 세상을 보면서 믿음이 흔들리고 뭔가 꺼림직한가 본데 국부론을 다시 쓸려면 전면 개정이 불가피할 것이네. 자네가 오늘날 자본주의에서 국부론을 쓸 당시에는 예견하지 못했던 문제들, 예컨대 부의 양극화와 과도한 정부 간섭을 목격하고 충격을 받았다고 했는데, 그 바탕에는 부르주아계급의 구성과 기능의 변화가 있음을 알아야 하네. 초기 부르주아는 오늘날로 치면 중소규모의 공장을 소유한 자본가들이었지. 엄청난 규모의 대기업이 아니었어. 보기에 따라서는 유통업을 영위하는 중소상인들을 포함할 수도 있었을 거야.

거대한 독과점 기업이 출현하기 전이니까 시장에서의 경쟁이 치열했고 어느 정도 자네가 동경했던 완전경쟁상태에 근접했다고도 할 수 있겠지. 이런 상태에서는 종교와 윤리, 그리고 가차 없는 법집행을 통해서 탐욕의 과잉을 억제하고 보이지 않는 손이 비교적 무난하게 작용할 수도 있었을 것이라는 생각이 드네.

오늘날은 거대기업의 독과점력이 국내시장을 넘어서 세계시장을 무대로 막강한 경제력을 휘두르고 있지. 고래가 많아지면 새우의 생태계적 생존이 위협받듯이 거대기업의 그늘에 가려서 중소기업은 생명력을 잃고 시들어 가고 있다고 보네. 그 결과는 노동시장의 양극화, 자산과 소득의 양극화, 사회적 갈등으로 나타나고 있지.

지금의 거대기업은 부르주아혁명 당시의 부유한 상인처럼 기득권을 지키기 위해서 권력과 결탁하여 신흥기업의 등장을 교묘한 수법으로 훼방 놓고 있어. 중소기업은 실질적인 경제적 자유를 구속당할 수밖에 없지. 그러니 선진자본주의 국가에서 노동자혁명이 일어나기 어렵다고 치더라도 차선책으로나마 제2의 부르주아혁명이 요구된다고 보네. 거대기업과 그들의 이익을 감싸고 도는 부르주아 정부를 타도하고 진정한 자유경쟁이 보장되는 체제를 찾아와야 하네. 그래야만 보이지 않는 손이 제대로 된 역할을 할 수 있고 상생의 자본주의가 이루어질 수 있다고 보네.

양극화와 독과점 외에 자본주의의 문제점이 또 있는데 다름 아닌 금융시장의 투기놀음이지. 2008년에 월가에서 벌어진 초대형 투기판은 카지노를 무색하게 하지 않았던가. 자네의 보이지 않는 손을 비판했던 케인스는 일찍이 1936년에 쓴 일반이론에서 금융투기의 폐해를 지적하기도 했어.

스미스   자네가 자본주의의 개혁 방향을 제시해 주니 고맙기도 하고 당황스럽기도 하네. 자네 충고를 따르면 공산주의가 발붙일 틈이 더욱 작아질 텐데 그걸 무릅쓰고 적을 이롭게 하는 방책을 말해 주는가? 제2의 부르주아혁명 운운은 동의하지 않지만 부르주아계급의 분화현상은 국부론을 다시 쓰게 된다면 많은 참고가 될 것이네.

마르크스   또 한 가지 구체적인 사항을 얘기해 주겠네. 자네의 묘비 앞 바닥에 다음과 같은 글귀가 새겨져 있더군. "사람의 노동력은 다른 모든 재산을 만드는 본원적 기초이기 때문에 가장 신성하고 침범할 수 없는 것이다." 그 글을 보는 순간 내 눈을 의심했어. 노동자를 존중하는 글을 묘비에까지 옮겨 적을 정도면 스미스야말로 진정한 노동가치설의 창시자임이 틀림없다고 믿었네. 그런데 국부론 어디에도 현실의 노동자들이 과연 존중받고 있는지, 그들이 무슨 이유로 가난하고 멸시받는지에 대해서 고민한 흔적은 없더군. 전면 개정판에서는 분배문제를 반드시 포함해 주기 바라네.

스미스   인간의 노동력이 생산의 본원적 기초라는 인식은 지금도 변함이 없네. 로봇이 상품을 만드는 시대가 되었으니 로봇의 노동력이 신성하지 않느냐고 반문하겠지만 로봇을 만드는 노동력 역시 인간에게서 나오는 것이 아니겠는가? 로봇이 로봇을 만들 수도 있지만 거슬러 올라가면 최초의 로봇은 인간이 만들었겠지.

노동력이 생산물의 본원적 기초이고 생산의 필요불가결한 요소라면 노동력을 제공하는 노동자는 당연히 소중한 존재이고 그에 합당한 대우를 받아야겠지. 구체적으로 설명하자면 생산물의 본원적 기초가 아니고 부수적 기초인 자본과 토지에 우선해서 생산에 기여한 몫을 가져가야겠지. 그런데 현실은 다르게 돌아가고 있지 않은가?

이 문제는 현대 자본주의에서 분배가 실제로 어떠한 원리를 따라 이루어지는지에 대한 면밀한 관찰과 깊은 통찰이 필요할 걸세. 분배에 대한 연구로 노벨경제학상을 수상한 학자도 나올 정도로 이미 많은 연구가 이루어지고 있으니 내가 어느 정도 기여할 수 있는지는 모르겠어. 그러나 분배문제가 국부론에서 소홀히 취급된 것은 사실이니까 제대로 들여다보겠네. 자네의 좋은 지적에 고맙네.

마르크스 이왕 노동가치설이 언급되고 있으니 한 가지 더 지적하겠네. 자네는 임금이 노동자가 노동력을 재생산하는 데 필요한 수준에서 결정된다고 하지 않았나? 즉 육체적으로 일을 계속할 수 있을 정도의 수준이라는 거지.

임금이 최저생계비를 벗어나지 못하니까 노동자의 삶도 평생 허덕이는 지경을 벗어나지 못하게 되지. 자네는 노동이 신성하고 침범할 수 없는 가치를 지닌다고 확언해 놓고 나서는 정작 임금은 그저 생존에 필요한 수준에서 결정된다고 했으니 도대체 자네의 노동 신성불가침은 무엇을 의미하는가? 앞뒤가 전혀 안 맞으니까 지적하지 않을 수가 없네.

스미스　노동력도 상품이니까 그 가격은 수요공급에 의해서 결정되는데 노동공급은 임금이 올라가면 그 즉시 늘어나서 임금을 끌어내린다고 보았네. 내 생전의 영국에서는 농촌과 도시빈민층의 노동력이 거의 무한대로 공장노동자로 공급될 수 있는 상황이었지. 그러나 장기적으로는 국부의 축적과정에서 임금은 올라갈 것이라고 생각했네.

노동자들이 겨우겨우 살아가야 한다고 주장한 것은 아니네. 나는 노동자들이 노동생산물 중 자신의 몫으로 그런대로 양호한 의식주의 생활을 영위해야만 공평하다고 생각했네.

마르크스　자네의 노동가치설은 모호하고 노동자의 몫이 어떻게 결정되어야 하는지에 대해서도 사람들을 혼란스럽게 하는구먼. 아마 노동자의 고통스러운 현실을 목격하면서도 남 일인 양 무관심했거나, 자본의 고유한 축적본능에 밀려서 희생당한다는 인식을 명확히 하지 못했거나, 아니면 국부의 증대에 몰두하다 보니 분배는 뒷전으로 밀렸거나 등 여러 가지 이유가 있었겠지.

여하간에 노동을 상품으로 취급하면서 무슨 신성불가침 운운하는가? 내가 자본주의의 운동법칙이 자본가가 노동의 잉여가치를 몽땅 차지하여 자본의 무한증식을 도모하는 것이라고 했는데 자네의 노동관이 노동력을 상품 취급한다니까 내가 옳았다는 것을 새삼 깨달았네.

스미스   자네가 다시 케케묵은 잉여가치론을 들고나오는 것을 보니 나와 같이 여행하면서도 자네가 원하는 것만 보고 좋아하는 것만 듣는다는 느낌을 지울 수가 없네. 선진자본주의 국가에서는 노동시간이 계속 줄어들고 임금은 생존임금을 훨씬 상회하고 있으니 잉여가치는 더 이상 자본가이윤의 원천이 아니네. 디지털 경제에서 이윤의 원천은 노동에서 기술혁신으로 옮겨 가고 있지 않은가? 오늘날 세계를 풍미하는 IT 거대기업의 천문학적인 이윤이 저임금으로 노동자를 등쳐먹은 대가가 아닌 것은 자네도 눈으로 보았을텐데?

이윤이 정상수준을 넘어서면 신규기업이 진입해 경쟁이 치열해지면서 초과이윤이 사라지네. 초과이윤을 지속하려면 끊임없는 혁신을 통해 독과점력을 유지해야만 하지. 자본가들이 막대한 이윤을 챙기는 것은 혁신의 결과이지, 임금을 적게 주어서 잉여가치를 착취하는 결과가 아니란 말이네.

마르크스   노동시간의 단축과 임금의 상승은 노동자들이 피 흘려 투쟁하여 쟁취한 것이네. 자본가가 개과천선해서 베풀어 준 것이 아니라고. 자네 후학들과 기득권 경제전문가들은 지금도 노동시간을 줄이고 임금을 올리자고 하면 기업의욕을 위축시킨다고 반대하는 목소리를 내는데 그 이유는 다름 아니라 바로 잉여가치가 줄어드는 것을 두려워하는 것이지.

이윤의 원천이 기술혁신이라고? 기술혁신이 이윤으로 실현되기 위해서는 노동자들이 상품을 만들어야 하지 않나. 새로운 상품을 만들어서 높은 가격에 팔아 큰 이윤을 남겼다면 노동자에게도 합당한 몫을 분배해야 하는데 그걸 왜 자본가가 전부 차지하느냐고? 그리고 혁신의 주역도 자본가가 아니라 전문경영인과 과학자, 기술자가 아닌가?

혁신기업이 상품을 제조하는 장소는 저임금국가들이지. 국내에서 잉여가치를 실현하는 것이 날이 갈수록 어려워지니까 해외의 저임금국가로 공장을 옮겨서 저임금노동자의 잉여가치를 착취하고 있더군. 중국은 마르크시즘을 표방하면서도 노동자를 착취하는 자본주의 기업을 유치해서 자본가들의 잉여가치 착취를 방조하고 있더군. 내가 기가 차서 말이 안 나오네.

스미스 탁상공론 그만하고 현실을 직시하게. 이윤을 성과급으로 노동자에게도 나누어 주고 있지 않은가. 주식회사에서는 전문경영인이 주주이기도 하고 직원들이 주주인 경우도 흔하고 기술자에게도 지식재산권의 일부를 인정해서 혁신의 과실을 나누어 주기도 하지 않던가. 노동가치설과 잉여가치설을 신주 떠받들 듯이 하면서 자본과 노동의 대립구도를 악화시키지 말게.

선진자본주의에 대한 견문을 넓혀 가다 보니 유럽국가들은 계급대립보다는 계급협력을 통해서 공존과 상생을 이루어 나가고 있더군. 반면에 미국에서는 계급 간의 긴장이 갈수록 더 팽팽해지는 것 같아. 유럽은 미국에 비해서 노동시간이 짧고 임금은 높으니 자네식대로 하면 잉여가치도 미국보다 작을 수밖에 없지.

미국에 글로벌 대기업이 더 많고 기업이윤도 막대한데 자네식대로 하면 낮은 임금과 긴 노동시간에 의존해서 잉여가치를 착취하는 결과에 불과하지. 나는 미국기업의 이윤증가가 선도적인 기술혁신의 결과라고 보네. 거대한 기술기업들이 저임금과 장시간 노동이 아니라 고임금과 유연한 노동시간을 적용하면서도 이윤을 창출할 수 있는 것은 최초로 신상품을 출시하여 수요를 창출해 내는 혁신능력이 뛰어나기 때문이지.

중국이 저임금의 매력을 앞세워서 세계의 공장으로 부상한 것은 역설적이기도 하네. 자본주의국가에서야 경제발전의 초기단계에서 저숙련-저임금의 장점을 살려서 노동집약적인 상품을 만들어 내는 것이 보편화되었지. 그런데 마르크시즘과 모택동 사상을 떠받들고 공산당이 지배하는 중국에서도 선진자본주의 국가가 걸었던 길을 답습한다는 점은 이해하기 어려워. 그들은 성장을 어느 정도 포기하더라도 노동자복지를 앞세워야 하는 것 아닌가. 선성장-후분배는 자본가의 논리일 뿐이지. 결국 중국 공산당의 경제발전 목표는 노동자의 계급적 이익을 추구하는 것이 아닌 독재권력의 이익을 위한 것이라는 의구심을 지울 수가 없네.

마르크스 중국에 대한 자네의 비판은 나도 동감이니 긴말 하지 않겠네.

미국의 경제체제가 아직도 자본주의의 원형에 가장 가깝지. 기업에 대한 사회적 규제가 덜하고 노동조합도 유럽에 비해서는 힘을 못 쓰고 있으니까. 그래서 나는 미국의 자본주의경제에 대해서 점점 더 우려가 되네. 결코 앞날을 낙관할 수 없다는 것이지.

거대기업의 독과점, 무역과 재정의 쌍둥이 적자, 반복되는 경기변동과 경제위기 등을 달러 패권을 앞세워서 경제적으로는 그럭저럭 대응해 나갈 수는 있을 거야. 그러나 점점 커지는 소득과 자산의 격차는 계급 간, 계층 간 긴장을 높이고 있고 결국은 사회적 갈등과 대립으로 비화할 수밖에 없네. 사회적 대립은 방치하면 자본주의를 무너뜨릴 수도 있는 폭탄이지. 폭탄의 뇌관을 뽑기 위해서는 유럽이 걸어갔던 길을 미국도 따라가지 않을 수 없을 거야. 그러면 미국경제의 혁신능력은 위축될 수밖에 없지.

스미스 그렇다면 자본주의는 사라지는 것이 아니라 변화하고 수정되면서 고유의 생산력은 약화되는 반면에 사회적 통합은 진전되는 방향으로 움직인다는 것인가? 자네의 유물론적 변증법이 예언하는 자본주의의 내생적 소멸의 방향과는 전혀 다르지 않은가?

여하튼 자본주의는 앞으로도 더 좋은 체제로 진화해 나갈 걸세. 자네만 자본주의의 소멸을 예언하지는 않았으니 너무 자책하지 말게. 슘페터는 자본주의가 성공을 거듭하다 보면 성공의 동력인 창조적 파괴가 시들어져서 소멸한다고 했네. 대기업 조직이 관료화되고 사회 전체적으로도 관료적 타성에 젖게 되어서 기업가들이 혁신을 수행하는 데 동력이 되는 야성적 충동이 길들여지게 되고 결국은 자본주의의 역동성이 사그러든다고 본 거지.

자네는 공산당선언에서 자본가는 끊임없이 새로운 기계를 발명하고 새로운 시장을 개척해야만 살아남는다고 갈파했는데 그것이 바로 슘페터의 창조적 파괴의 핵심이니까 슘페터는 자네의 이론을 더 정교하게 다듬었다고 볼 수 있지.

슘페터는 자본주의가 관료화, 복지부담, 규제 때문에 생산력을 무한히 늘려 나가는 확장에 제동이 걸려서 소멸한다고 본 반면에 자네는 생산력의 무한 확장이 분배실패와 계급충돌을 야기해서 소멸한다고 본 거지.

하지만 자본주의는 주식회사 제도를 만들어서 전문경영인에게 기업을 맡긴 후 기업실적이 만족스럽지 못하면 갈아 치우는 묘수를 써서 대기업의 관료화를 예방했네. 또 새로운 기업이 계속해서 창업되어 창조적 파괴가 이어지게 함으로써 생산력 확대를 지속해 온 거지.

분배실패에 대한 대응으로서는 우리가 열띤 논쟁을 벌였듯이 복지를 도입하여 더 평등한 분배시스템을 만들고 노동자들의 혁명의식을 순치시켰지. 자본주의가 이처럼 현명하게 밀려오는 파도를 헤쳐 나가다 보니 슘페터나 자네 같은 명석한 학자들의 비관적 예언이 빗나갈 수밖에 없는 거지. 자네는 디지털혁명이 자본주의의 새로운 위기를 만들어서 지금까지 틀렸던 자네의 예언이 언젠가는 들어맞을 것이라고 희망적으로 예상했지만 이번에도 자본주의는 내재적인 유연성을 발휘해서 잘 극복해 나갈 것이네.

마르크스 자네의 보이지 않는 손은 내가 볼 땐 시장의 무정부상태이네. 보이지 않는 손이 작용해서 누이 좋고 매부 좋은 조화가 이루어지는 것이 아니라 사람마다 자기 이익을 좇다 보니 혼란을 피할 수가 없는 거지. 자본주의를 괴롭히는 공황이 시장의 무정부상태를 증거하는 것이네.

자본주의 역사를 보면 공황, 대공황, 대침체 등의 경제위기가 끊임없이 반복되어 내가 예언한 대로 안에서부터 곪아 터져서 무너지게 되어 있었네. 그런데 마지막 가쁜 숨을 몰아쉬면서 종언을 고하려고 할 때마다 부르주아 정부가 나서서 심폐소생술과 인공호흡기로 살려 놓곤 했지.

이미 19세기가 끝나갈 무렵부터 공황이 발생하기 시작했지. 자본가들이 욕심을 채우려고 생산을 끊임없이 늘리는데 소비가 못 따라간 것이 그 이유였지. 자네가 그렇게도 자랑하는 보이지 않는 손이 제대로 작동했다면 공황이 발생해서는 안 되는 것이었지 않은가? 공황의 발생이야말로 시장가격 기구가 수요공급을 일치시키는 균형추 역할을 해내지 못했다는 증거이지.

공황이 발생하면 노동자들이 가장 먼저 가장 큰 타격을 받을 수밖에 없네. 임금 이외에는 벌어 놓은 재산이 없으니 실직의 충격이 그 즉시 다가오는 거지. 자본가들이야 축적해 놓은 재산이 있으니까 생활에는 지장이 없었을 뿐만 아니라 국민세금으로 구제금융을 받고 여전히 잘 살아가더구먼.

특히 1929년의 대공황은 끔찍했지. 미국의 실업률이 25%까지 치솟고 식량배급을 받으려고 길게 줄을 서 있는 남루한 옷차림의 노동자들 행렬을 보면서 드디어 내 예언이 맞아 들어가고 있다는 희열을 느꼈지. 그런데 영국의 케인스라는 비주류 경제학자와 미국의 프랭클린 루스벨트 대통령이 나서서 막대한 재정을 투입하여 자네의 고장 난 보이지 않는 손을 제치고 보이는 손을 뻗어서 빈사에 처한 자본주의를 구원하였더군.

정부가 금고를 열어 부족한 유효수요를 메꿔서 경기회복을 이루어 내는 혁명적인 성과를 내었더군. 그 이후로 정부의 거시경제정책은 뉴노멀이 되었고 자네의 후학 경제학자들도 그 필요성을 인정한다는군. 그런데 일부 극우적 학자들은 케인스를 사회주의자라고 매도하기도 한다지. 뭐 그가 복지정책의 필요성을 강조하였다나. 여하튼 자네의 보이지 않는 손은 어디로 사라졌는지 궁금하지 않은가?

2008년 대침체 때에는 대공황 당시의 경험을 되살려서 한층 더 정교하고 체계적인 정책을 펼쳤지. 미국 월가에서 시작된 금융위기가 삽시간에 전 세계로 번져 나가니까 미국이 주도해서 G20이라는 선진국 협의체를 동원해서 정책공조를 실시하였지. 위기를 만들어 낸 대형 금융회사를 국민들의 혈세로 구제해 주고 달러나 유로 유동성이 부족한 국가들에게 유동성을 지원했지.

자네의 후학들은 자본주의를 떠받치는 금융시스템이 붕괴할 조짐이 있을 때 정부가 뒷짐을 진 채 보이지 않는 손이 알아서 잘 수습해 주기를 기다리다가는 자본주의가 통째로 무너져 내리니 정부가 예방적으로 구원할 수밖에 없다고 하더군. 시스템적 위험이 발생하면 그렇게 해야 한다나. 역시 근사한 말로 치장하는 데는 일가견이 있더군.

위기의 원흉인 금융자본가들은 구제를 받고, 위기를 고스란히 떠안은 죄 없는 노동자들은 실직의 고통을 겪었지. 위기를 겪고 난 직후에는 위기의 재발을 막기 위해서 금융건전성 규제를 강화하다가 세월이 지나면 규제를 풀어서 금융자본이 돈을 벌게 해야 한다는 이기적인 주장이 나오기 시작하고 또 다른 위기가 엄습하게 되지. 물론 돈을 벌게 해 달라는 적나라하게 무식한 용어는 쓰지 않고 금융산업의 발전을 통해서 일자리를 만들어 내고 경제시스템에 혈액을 충분히 공급해야 한다는 미사여구를 동원하면서 말야.

자본주의는 자본가의 이익을 대변하는 정부가 구원해 주지 않았다면 대공황 때 이미 소멸하였을 것이네. 그때는 미국의 자본주의만 사라졌겠지만 2008년 세계 금융위기 때에는 세계의 모든 자본주의가 모습을 감추었을 것이네. 진정한 역사의 종언은 소련이 붕괴한 1991년이 아니라 자본주의가 무너졌을 2008년에 도래했을 것이네.

스미스　자유시장경제에서 경기변동이 발생하고 심지어는 심각한 수준의 경제위기도 빈번하게 일어나고 있다 하니 나도 놀랐네. 특히 대공황 때에는 국부의 현저한 수축이 장기간 지속되어서 자본주의에 대한 신뢰가 무너졌다고 하니 충격적이었지.

경제위기가 반드시 보이지 않는 손의 오작동 때문이라고 단정할 수는 없을 거야. 경우에 따라서는 정부의 보이는 손이 시장에 잘못 개입해서 위기가 발생할 수도 있다고 생각해. 대공황의 원인에 대해서도 자유시장경쟁에 내재하는 불안정성이 증폭된 결과라는 설이 있는 반면에 평범한 위기가 정부의 대응실수 때문에 대공황까지 악화되었다는 설도 있더군.

오늘날에는 경기변동을 완화시키는 거시경제정책은 자네가 말한 대로 일상적인 일이 되었더군. 케인스의 기여가 컸다고 생각하네. 보이지 않는 손이 완벽할 수는 없고 경제 내생적인 시장왜곡이 발생한다거나 외생적인 충격이 가해질 때에는 총체적 균형이 깨져서 크고 작은 위기가 생겨날 수 있을 거야.

문제는 시장가격의 변동을 통해서 다시 균형으로 복귀하는 데 얼마나 긴 시간이 걸리느냐이지. 대공황이 발생했을 때 나의 후학들은 상품가격이 내려가면 수요가 회복되고 임금이 내려가면 실업이 해소되어 경기가 회복될 것이라고 낙관했다는군. 즉 가격의 조정기능에 의해서 총수요부족이 메꿔질 것이라고 하면서 기다려 보자고 했다는군. 케인스는 이 말을 듣고 '장기에는 우리 모두 죽는다'는 말로 단기적이고 인위적인 경기부양을 주장했다고 하더군.

나는 경기변동과 거시경제정책에 대해서는 깊이 생각해 보지 않았네. 그러나 근본적으로는 시장독과점이 가격변동을 경직화시키고 노동조합이 임금변동을 경직화시키면 가격의 자동조절기능이 고장 나게 마련이라고 생각하네. 경제 순환에 걸림돌이 생기면 교란요인이 발생했을 때 신속하게 복원되지 않을 뿐만 아니라 비관적 심리가 가세하면 계속해서 악화될 수도 있지. 대공황 같은 경제위기가 보이지 않는 손이 마비되었다는 징후라고 속단하기에는 이르고 정부, 독과점기업, 노동조합 등의 보이는 손이 경제를 장악했기 때문이 아닌가 하는 생각이 드네.

마르크스 그래도 학자적 자존심은 남아 있어서 시간만 충분히 주었으면 보이지 않는 손의 마술이 대공황, 대침체를 해결해 내었을 것이라고 믿는군. 하기야 학자가 자신이 평생을 바쳐서 이룩한 학문적 이론을 수정하기는 대단히 어렵지. 자신의 명예에 흠이 갈 수도 있으니까.

스미스 학문적으로 그렇다는 것이고 정책은 다르지. 정치가들은 오래 기다릴 수가 없지 않나. 케인스가 '장기에는 우리 모두 죽는다'는 말로 정부개입을 정당화한 것은 현실적인 태도였어. 그러나 가격이 자유롭게 아래위로 움직이게 놔두었으면 대공황과 대침체도 보이지 않는 손에 의해서 새로운 균형으로 회복된다는 학문적 소신에는 변함이 없네. 비록 내가 대공황과 대침체를 직접 겪어 보지는 않았네만.

자본주의만 한 체제가 아직 나타나지 않았기 때문에 체제위기가 발생하면 정부가 나서서 자본주의를 구원하는 것은 당연한 것이네. 자본주의의 위기가 계속되면 그 고통을 가장 먼저, 가장 강하게 겪는 사람은 노동자를 비롯한 어려운 사람들이네. 자네가 진정으로 노동자의 고통을 덜어 주고 싶다면 자본주의의 몰락을 고소해할 것이 아니라 가슴 아파해야 되는 것 아닌가? 자네의 예언이 맞아 들어가서 자네의 명예가 회복되는 점만이 중요한가? 너무 이기적인 태도가 아닌가?

자본주의는 교조주의를 멀리하고 실용적으로 문제를 해결하는 자기교정능력이 뛰어나다네. 지금까지 복지정책과 거시경제정책을 구원투수로 투입해서 절체절명의 위기를 벗어났지. 복지와 거시정책의 두 개의 화살이 없었더라면 아마도 자본주의 멸망이라는 자네의 예언이 맞아 들어갔을지도 몰라. 그렇게 되지 않은 것은 천만다행이었지. 자네에게는 가슴 아픈 일이었는지도 모르겠지만 말일세.

마르크스 자네는 대공황 때 루스벨트 대통령이 단행한 사회개혁의 중차대한 의미를 제대로 알고 있지 못한 것 같네. 대규모로 국가재정을 살포해서 경기를 살렸는지에 대해서는 자네의 후학들 간에도 논쟁이 길더군. 미국이 제2차 대전이 끝난 후에야 경기가 제대로 살아났다면서 루스벨트의 뉴딜을 깎아내리기도 하더군.

루스벨트가 자본주의에 생명줄을 연결한 역사적 의미는 뉴딜을 통한 경기부양이 아니라 사회개혁이었다는 점을 알아야 하네. 그가 노동자들의 단체교섭권과 단체행동권을 제도적으로 보호해서 고용안정과 소득안정을 꾀한 것은 당시로서는 공산주의자 소리를 들을 정도로 과격했지. 또한 1944년 1월 연두교서에서 국민들에게 적절한 고용, 식량, 주거, 교육, 보건 등을 보장해 주고 부당한 독점경쟁 없이 기업을 운영할 수 있는 자유를 주기 위한 8개 항목의 국정의제를 발표했지. 이 선언은 영국에서 시민계급의 정치적 권리를 보장한 제1의 권리장전과 비교되면서 경제적 권리를 보장한다는 의미에서 제2의 권리장전으로 불리기도 하지.

디지털 자본주의 시대에 인공지능 로봇이 대부분의 일자리를 빼앗아서 대량 실직사태가 발생하면 자본주의는 다시금 존폐의 위기에 처할 텐데 복지와 거시정책으로 수명을 연장시킬 수 있을까? 아마도 어려울 걸세. 세금을 왕창 걷어서 노동자들의 기본소득을 보장해 준다고 하더라도 노동자들의 체제 불만은 걷잡을 수 없이 커질 걸세.

노동자들은 인공지능 로봇을 파괴하는 데에서 더 나아가 디지털 경제에 대한 저항운동을 펼칠 것이고 특히 거대 기술기업의 횡포에 대해서는 격렬히 맞설 것이라는 생각이 드네. 자본주의의 위기는 결코 끝나지 않고 계속 밀려오게 되어 있지 않은가.

스미스　인공지능 로봇이 인간노동을 대체하는 것은 산업혁명 이후에 계속되어 온 기계의 노동 대체현상의 연장선상에 있네. 지금까지 기계 때문에 대량실업이 발생한다는 섣부른 우려는 하나같이 기우에 그쳤지. 없어지는 일자리보다도 새로 생기는 일자리가 훨씬 많았거든.

새로운 기술은 새로운 산업을 출현시켜서 이전에는 없던 일자리를 만들어 낼 수밖에 없지. 더욱이 디지털 기술은 거의 모든 산업에 응용된다고 하니까 기존 산업에서도 새로운 일자리가 많이 생길 것이네.

나는 인간의 문제해결능력을 믿네. 설사 디지털 경제에서 많은 일자리가 사라진다는 우려가 현실로 나타난다고 하더라도 자본주의는 그동안 축적해 온 실용적 문제해결능력을 충분히 발휘할 것이네. 그러니 섣부르게 공산혁명 운운하지 말게.

자네는 자본주의를 통일된 동질적 개념으로 파악하고 있는데 세상의 자본주의는 여러 얼굴을 지니고 있네. 개별 국가들이 고유의 역사적, 사회적 배경이 다름을 반영해서 나름대로 자본주의의 문제들을 해결해 온 결과가 오늘날의 상이한 자본주의로 실현된 것이네.

자본주의의 양보할 수 없는 원칙인 사유재산제도의 근간을 유지하면서도 평등이라는 사회적 가치를 추구하는 양태는 나라마다 다르네. 자본주의의 원조국가인 영국은 '요람에서 무덤까지' 복지정책을 구현하고 있고 독일은 '사회적 시장경제'의 지붕을 씌우고 기업의 의사결정에 노동자대표를 참여시키는 공동결정제도를 정착시켜 왔어.

프랑스는 국가 대표산업을 키우기 위해서 국가의 보이는 손을 구사하는 산업정책의 전통을 가지고 있고 스웨덴 등의 북유럽국가들은 고율의 세금을 걷어서 보편적 복지를 제공하고 있지. 일본은 '종신고용제도'를 통해서 노동자의 직업 안정성을 높이고 있어. 미국도 요즈음 자산과 소득의 양극화를 완화하기 위해서 특히 민주당 정부시기에는 저소득층을 대상으로 하는 사회정책을 강화하고 있네.

자본주의가 다양한 얼굴을 갖고 있는 것은 나라마다 나타나는 문제의 성격이 다르고 해결방식도 같지 않기 때문이지. 디지털 경제에서도 나라마다 다른 문제를 다른 방식으로 해결해 나갈 것이라고 믿네.

그럼 자네는 자본론을 다시 쓴다면 어떤 내용을 담을 생각인가?

마르크스 나 역시 아직 깊이 고민해 보지는 않았네만 내 마음을 짓누르는 의문이 두 가지 있네. 무슨 이유로 자본주의는 여태껏 지구를 지배하고 있느냐는 것과 어이하여 한때 세상을 지배할 것처럼 호기를 부렸던 공산주의는 사라져 버렸는가이네. 내가 자본주의의 멸망을 역사의 필연이라고 호언장담했는데 그 예언은 여지없이 빗나가고 말았지. 나는 그 원인을 규명해 내야 하는 책임을 피할 수가 없네.

그리고 러시아와 중국에서 공산혁명이 성공하였는데 노동자해방을 가져오는가 싶더니 공산당 독재가 노동자를 억압했고 노동자가 인간다운 삶을 누리게 하기는커녕 궁핍의 나락으로 떨어지게 했네. 공산주의를 어떻게 작동시켜야 자본주의 못지않은 생산력을 키우면서 분배의 평등도 이룩할 수 있는지에 대한 현실적인 방법을 제시하지 못하면 자본론은 쓸모없는 책이 되어 먼지만 쌓일 것이네.

스미스 신자본론에서 반드시 짚고 넘어가야 할 중요한 문제가 있네. 자본론의 핵심적 명제가 잉여가치 아닌가. 자본가들은 노동자들이 창출해 내는 잉여가치를 착취하여 거대한 부를 축적해 나가기 때문에 노사대립은 필연적이고 자본주의의 붕괴도 필연적인 역사법칙이 된다고 했지.

공산주의경제에서는 자본가가 멸종되었기 때문에 노동자가 잉여가치를 온전히 차지하게 될 것이라고 약속했어. 그런데 공산당이 가로채 버리고 정작 노동자에게는 생필품을 배급했어. 잉여가치가 노동자의 당연한 몫이니까 그 몫으로 구입하는 상품에 대해서 사적소유를 허용하는 것은 당연한 것 아닌가. 그런데 자네는 사적소유를 금지하고 국유 또는 공유형태의 집합적 소유만 허용한다니까 이 점이야말로 신자본론에서 반드시 해결해야 할 논리적 모순이라고 생각하네.

마르크스 생산수단만 사적소유를 불허하고 소비재는 사적소유를 금지하지 않았네. 자본가가 독점하는 생산수단을 그들에게서 몰수함으로써 자본가계급을 없애 버리는 것이네.

스미스 그러면 소비재를 사고파는 시장이 등장하겠네. 노동자들이 소유하고 있는 소비재를 팔고 다른 소비재를 사는 거래행위를 금지한다면 사적소유의 의미가 없지. 소비재 시장에서 수요가 발생하면 공급이 뒤따라야 하는데 국영기업은 시장이 아니라 중앙계획기구의 지시를 받게 되어 있지 않나? 원하는 소비재를 구입할 수 없다면 소비재 사적소유는 무늬에 그치고 마는 것이지.

소비재의 사적소유를 허용하는 순간에 노동자들은 더 좋은 주택, 옷, 음식을 원하게 되고 원하는 것을 소유하고 싶다는 욕망을 갖게 되고 욕망을 실현하기 위한 더 높은 임금을 요구하게 될 거야. 자본주의적 운동법칙이 슬금슬금 침투하기 시작하는 것이네. 노동자들은 평등분배에 불만을 가지게 되고 이런저런 이유로 자신은 이웃 동료보다도 임금을 더 많이 받을 자격이 있다고 여기게 되는 거지.

내가 지적하는 핵심은 자본가가 사라진 마당에 노동자의 잉여가치가 온전히 노동자의 사적소유로 귀속되어야 한다는 것은 잉여가치착취론의 명백한 논리적 귀결이라는 점이네. 잉여가치를 국가가 가져가든, 협동조합이 가져가든 그것은 형태만 달리한 또 다른 착취라는 것이네.

이 모순을 없애기 위해 소비재의 사적소유를 허용하면 공산주의의 순수성은 훼손되고 자본주의적, 부르주아적 오염이 불가피하네. 노동자들이 물질적 욕망에 사로잡히게 되고 공산주의 역시 유물론적 변증법의 적용을 받게 되면 공산주의도 영원한 것이 아니라 자본주의와 마찬가지로 역사발전의 한 단계에 불과하게 되지. 현실적으로는 이미 그렇게 되었지만 자네는 그걸 인정하기 힘들 거야.

소련과 중국의 공산당에서 이 문제로 이념파와 실용파의 대결이 생겨났고 모택동은 홍위병을 동원해서 실용파를 제거하는 문화혁명의 대참사를 자초했지. 시진핑이 민간 대자본가를 억압한 것도 사적소유 허용 때문에 공산주의의 원리가 침해당한다고 우려하기 때문이었어.

마르크스 소련 등의 현실 공산주의경제에서 중앙계획기구가 경직적으로 경제를 통제한 결과 온갖 문제들이 누적되고 생산력이 떨어졌어. 내가 이미 말했듯이 신자본론에서는 공산주의경제의 운동법칙을 새로이 정립하려고 하네. 자네 지적이 고맙군.

자본주의는 얼마나 불평등한가?

노동자들의 삶이 나아졌는가?

스미스 자본주의를 구성하는 양대 원칙은 사유재산과 자유경쟁이지. 사유재산은 재산의 사적소유를 인정하고 사용, 매각, 증여, 상속을 마음대로 할 수 있게 보장하는 것인데 산업혁명으로 등장한 자본가들이 토지, 노동, 자본의 생산수단에 대한 배타적 소유권을 주장하기 시작했지.

그 당시는 절대적 권력을 가진 국왕, 교황, 귀족과 성직자 등 기득권계층이 마음만 먹으면 무슨 구실이라도 붙이고 트집을 잡아서 중소자본가의 재산권을 제약할 수 있는 시기였지. 그러니 사유재산의 보장이야말로 자본가들이 안심하고 기업을 경영하기 위해서는 필수불가결한 전제조건이었네. 언제 자기 재산이 남의 수중으로 들어갈지 모르는 상황에서는 마음 놓고 영리를 추구할 수 없고 재산을 날릴지도 모르는 위험을 무릅쓰면서 투자하려고 하지도 않아. 사유재산의 보장은 자본주의의 출발점이고 자본가계급의 성립요건이었지.

노동의 사적소유에 대해서는 설명이 필요해. 노예제도가 아닌 이상 노동자를 사적으로 소유할 수는 없는 거지. 인격체인 노동자를 소유하는 것이 아니고 노동서비스를 사적으로 소유한다는 거지. 임금을 주는 대가로 노동서비스를 소유하는 것은 값을 치르고 토지와 기계, 원료를 소유하는 것과 같아. 임금을 지불했으면 노동서비스는 자본가의 소유가 되니까 원하는 시간 동안 원하는 일을 시킬 수 있게 되는 거지.

물론 노동서비스를 노동자와 분리하는 것에는 한계가 있어서 임금을 주고 구입했다고 해서 기계를 팔 듯이 다른 사람에게 팔아넘길 수는 없어. 임금을 지불했으니까 다른 자본가에게 가서 일하라고 노동서비스를 매각할 수는 없다는 얘기야. 노동자와 노동서비스의 분리여부는 자본주의의 사적제도 중에서 가장 논란이 극심하고 노동자보호제도와 계급대립을 불러온 원인이 되었지.

사적소유의 보장과 사유재산의 자유로운 사용은 동전의 양면이야. 아무리 사적소유를 보장해도 그 재산을 마음대로 사용하고 처분하는 데 제약을 가하면 사적소유의 의미가 퇴색할 수밖에 없지 않나. 사용과 처분의 자유는 사적소유의 자유와 정확히 비례관계에 있어.

자유경쟁은 자본가들이 사유재산을 이용해서 국가의 간섭을 받지 않고 자유롭게 이익을 추구하는 행위를 일컫는 거네. 모든 자본가들이 자유롭게 경쟁하는 거지. 자유경쟁을 하면 저절로 시장이 생기게 되어 있네. 기계를 사고파는 자본재시장, 원료를 사고파는 원자재시장, 소비재를 사고파는 상품시장, 노동서비스를 사고파는 노동시장, 돈을 사고파는 자본시장이 생겨나는 거네.

나는 자본가들의 생산수단 사유권을 보장해 주면 보이지 않는 손의 작용에 의해서 자본가들의 이익추구 행위가 사회 전체의 이익으로 직결되는 자연조화의 상태가 이루어진다고 낙관했어. 보이지 않은 손은 자본가의 이익과 사회 전체의 이익을 연결해 주는 고리인 거지.

보이지 않는 손을 달리 표현하면 시장가격기구가 수행하는 자원배분 역할일세. 모든 상품의 가격은 시장에서의 수요와 공급에 의해서 결정되고 개별 자본가는 가격결정에 영향을 미칠 수 없지. 왜냐하면 개별 자본가는 수많은 경쟁자들 중의 한 명에 불과한 미미한 존재이니까. 그는 주어진 가격에 기계와 원재료를 구입하고 노동서비스를 획득해서 생산한 상품을 시장가격으로 매출해 이익을 내려고 최선을 다하는 거네. 소비자와 투자자들이 원하는 종류의 상품을 원하는 양만큼 원하는 가격에 생산하도록 하는 기능이 시장가격기구에서 수행된다는 것은 참으로 신기한 현상 아닌가? 아무도 지시하지 않고 조종하지도 않는데 말이야.

사유재산의 보장은 자유와도 밀접히 연관되어 있어. 재산을 국가나 공동체가 소유한다면 개인은 그저 국가가 배급하는 대로 받는 수밖에 없게 돼서 자기가 하고 싶은 일을 할 수 있는 물적 수단을 가질 수가 없어. 국가가 배급을 중단하면 굶어 죽을 수도 있으니까 국가는 개인을 통제하는 지렛대를 가지고 있는 셈이지. 소련과 중국에서 반체제인사들을 수용소로 보내서 겨우 목숨만 유지할 정도의 먹을거리만 준 것을 떠올리면 쉽게 이해가 될 것이네.

사유재산이 보장되면 국가의 탄압을 받으면서도 시장에서 소득을 올려서 생계걱정 없이 비판의 자유를 누릴 수가 있네. 소련의 반체제 작가인 솔제니친은 모국에서는 정치적 탄압을 받고 궁색한 생활에 시달렸으나 미국으로 추방된 뒤에는 강연수입 등으로 생활의 여유가 생기니까 자유를 위한 활동을 마음 놓고 할 수 있었어. 사유재산이 보장된 나라에서도 반체제인사는 눈에 보이든, 보이지 않든 기성 권력의 감시와 견제를 받지만 그는 저술, 강연, 텔레비전 출연 등으로 많은 수입을 올리면서 체제비판을 계속할 수 있지. 지금 같으면 유튜브에서 거금을 벌어들일 수도 있을 거야.

소련이나 모택동의 중국에는 똑같이 생긴 아파트가 줄지어 서 있었어. 공산주의가 멸망한 직후에 내가 가 본 모스크바와 북경은 성냥

갑을 닮은 잿빛 아파트만 보이는 회색도시였어. 넓은 아파트를 원해도 가질 수 없었고 단독주택에서 살고 싶어도 그림의 떡이었지. 심지어는 국영식당의 음식도 천편일률이었어. 선택의 자유를 박탈당하고 다양성을 찾아볼 수가 없었지.

자본주의에서는 사유재산을 목숨보다도 귀하게 여긴다는 말이 있어. 미국에서 자기 집을 침범하는 자에게는 총을 쏘아도 처벌받지 않는 경우가 많아. 미국이 영국을 상대로 독립전쟁을 일으킨 이유가 세금을 일방적으로 올려서 사유재산을 축내는 걸 반대하기 위해서였지. 세금만 내면서 참정권도 없고 정책결정권도 없으니까 사유재산을 강탈당한다고 여긴 거지.

자본주의의 사유재산제도는 시장의 역동성과 창의성을 끊임없이 분출시키는 샘물과 같아. 자신의 노력으로 이익을 만들면 자기 소유로 보장되니까 열심히 일하는 거라고. 자본가만 그런 것이 아니라 노동자도 마찬가지야. 일한 대가를 국가가 뺏어 가면 노력하는 자만 바보가 되고 말지. 소련의 집단농장, 중국의 인민공사 때문에 식량부족이 일어났고 국영기업 때문에 생필품 부족이 생기지 않았나?

자네는 사유재산을 불평등의 근원이라고 매도하지. 사유재산 때문에 불평등이 생겼다는 경고는 오래된 유산이지. 유토피아를 꿈꿨던 사상이나 소설은 예외 없이 사유재산 대신에 재산을 공유하고 같이 일하고 같이 나누는 세상을 그리고 있어. 1516년에 출판되었던 토머스 모어의 『유토피아』가 대표적 소설이고 장 자크 루소는 1755년 출간된 『인간불평등기원론』에서 불평등의 기원이 사유재산 때문이라고 했어.

영국의 공상적 사회주의자들도 유사한 주장을 폈지. 중국의 공자는 이미 기원전 500년 경에 이상사회로서 대동사회(大同社會)를 꿈꾸었는데 정의와 공정이 살아 있고 지도자는 현명하고 덕이 있으며 모든 백성들이 적성에 맞는 생업에 종사하면서 전쟁이 없는 사회를 그렸지. 비록 그가 사유재산을 부정한 것은 아니었지만 재산의 불평등한 축적이 없는 평등사회를 동경하였다고 보네.

나는 사유재산제도가 인간의 본성에 맞는 자연적인 이치라고 봐. 아기들이 장난감을 가지고 놀 수 있는 나이가 되면 자기 장난감을 빼앗기지 않으려고 하고 억지로 뺏으면 울음을 터뜨리지. 다른 아기가 가진 마음에 드는 장난감을 빼앗으려고 하기까지 하네. 즉 자기가 원하는 물건을 독점하겠다는 욕망이 태어날 때부터 인간 본성에 내재하고 있다는 생각도 든단 말일세.

공유재산제도는 본성을 거스르는 것이기 때문에 부자연스럽고 오래 지탱하기가 힘들다고 봐. 그러니까 인간이 사냥하고 고기를 잡아서 생존하던 원시사회에서는 재산을 공유했지만 농경사회가 시작되고 문명이 원시를 밀어내고부터는 변함없이 재산을 사유해 왔지. 수렵사회에서는 생산물이 그날그날 먹고살기에도 빠듯할 정도로 부족하니까 사유할 재산도 없었지. 농경사회에서는 잉여생산물이 생겨나니까 누가 소유하는가의 문제가 본격적으로 대두되었고 인간 본성을 좇아서 사적으로 소유하게 된 것 아니겠나.

공유재산은 빈부귀천이 없는 낙원을 꿈꾸는 이상주의자들의 염원이지만 공상, 망상에 지나지 않는 무책임한 바람이라고 생각해. 이상주의와 공상, 망상은 그 경계가 분명하지 않지만 아무리 숭고한 이상이라고 하더라도 현실성이 없으면 공상, 망상과 다름없네. 사유재산의 폐해가 심각하지만 고쳐서 계속 활용해야 하네.

세상을 돌아다니면서 보니 사유재산에 대한 핵심 논리는 지금도 맞다고 생각해. 그러나 세부적으로 들어가면 그때와 지금은 너무나도 다른 세상이 되어 있어서 내가 너무 낙천적이고 약간은 현실감각이 둔했었나 하는 뉘우침이 들기도 하네. 지구를 지배하는 거대한 자본가의 출현, 돈이 돈을 낳게 하는 금융투기의 만연, 부의 세습으로 경제적 불평등이 악화되고 재산을 가진 자들이 정치적 권력까지도 갖게 되는 사회가 되어 버렸네. 이러한 현실을 외면하고 계속해서 사유재산제도를 절대적으로 찬양만 할 수는 없다는 생각이 들어.

마르크스 자본주의의 양대원칙이 사유재산과 자유경쟁이라는 점은 공감하네. 그러나 시장가격기구라는 보이지 않는 손이 무결하게 작동하면 자본가의 이익이 사회 전체의 이익으로 선한 변모를 한다는 점은 전혀 동의하지 못하겠네.

자네는 영국에서 자본주의가 본격적으로 생산력을 과시하면서 자본가의 부가 축적되는 이면에 노동자들의 비참한 삶이 있었다는 사실은 인지하지 못하였는가? 자네 생전에도 이미 광산에, 공장에, 각 도처에 광부들과 노동자들의 밑바닥 인생이 널려 있었을 텐데.

나는 그 참담한 실정을 목격했네. 남성 노동자가 모자라니까 여성 노동자에게 일을 시키더니 급기야는 어린아이들까지도 공장에 끌어들여서 하루 16시간을 일하게 했어. 작업장의 노동환경은 열악하기 그지없었지. 석탄을 연료로 사용할 때니까 매캐한 연기가 가시지 않았고 소음은 귀를 먹먹하게 했어. 체벌이 다반사였고 성적 학대와 폭력이 자행되는데도 별로 문제시되지 않았지.

임금도 물론 최저수준이었지. 노동자들은 더럽고 낡은 빈민가에서 살았어. 공장에서나 집에서나 위생적이고 안락한 시간을 가질 수가 없었어. 시간이 흐를수록 그들의 건강은 나빠질 수밖에 없었지. 영국에서 1833년에 전국적인 노동조합이 결성되었는데 노동자들이 잘 먹고 잘살아 보겠다고 모인 것이 아닌 인간 이하의 대우를 막겠다는 절박한 심정에서 단합한 것이었네.

자네의 삶의 무대는 이들과는 너무나도 멀리 떨어져 있어서 자네가 일부러 관심을 가지고 애를 쓰지 않았으면 그 참상을 볼 수도 없었을 거야. 그래도 신문에는 노동자들의 피폐한 생활을 고발하는 글들이 실렸을 텐데 국부론에 언급이 없는 것을 보면 자네는 아예 관심이 없었다고 추측하네.

스미스 공장에서 새 일자리를 얻은 노동자들의 그 이전 삶은 어땠을까? 그들은 농촌의 소작농, 도시 빈민가정 출신이었을 거야. 그들은 더 나은 인생을 찾고 있었지만 사방을 둘러보아도 기회는 보이지 않고 암담했었지. 그러다가 공장 일꾼을 구한다는 소문을 듣고 자신이 희망하던 새로운 기회를 찾아서 공장으로 갔을 거야. 그들이 사전에 충분한 정보를 얻을 수 있었는지는 모르겠으나 초기에는 정확히 모르고 갔을 거야. 그런데 자네가 비난한 대로 노동현실이 비참했으면 그 소문이 입에서 입으로 전해지고 널리 퍼져서 얼마 후에는 다들 알게 되었을 거야.

그걸 알고도 공장노동자들이 계속 충원된 것을 보면 앞날이 보이지 않는 어둠보다는 희미하지만 탈출의 빛이 보이는 세상을 선택했다고 보아야 하는 것 아닌가? 농촌에서, 도시 빈민가에서 굶주리고 추위에 떨다가 공장에서 일한 후부터는 덜 굶주리고 덜 추웠을 것이라고 생각해. 나도 물론 그들이 공정한 대우를 받았다고 우기는 것은 아니고 그들의 고통이 정당했다고 고집하는 것도 아니야. 다만 적어도 그들의 삶이 향상되었고 절대적 빈곤이 조금이나마 경감되었을 것이라고 생각하는 거지.

마르크스 자네는 경제학자답게 합리적 판단이 행동을 이끌어 낸다고 믿고 있구먼. 노동자들이 비록 힘은 들지만 이전의 생활보다는 조금이라도 나으니까 자발적으로 공장으로 걸어 들어온다고 생각하는 것은 지극히 합리적이지. 그런데 달리 볼 수도 있네. 이전에 하루 한 끼밖에 먹지 못하다가 공장에서는 하루 두 끼를 겨우 때울 수가 있게 되었는데 그걸 두고 합리적 판단이라고 치부하는 자네가 도덕적인가? 아니면 하루 세끼를 채우지 못하는 곤궁에 분노하는 내가 도덕적인가?

그리고 자네의 주장은 추측에 불과해. 자네가 실제 경험하고 목격한 사실이 아니잖나. 나는 직접 목격했어. 설령 공장노동자들의 삶이 나아졌다고 쳐도 그건 덜 비참해진 것에 불과할 뿐, 여전히 비참의 범주에 들어 있었던 거야. 헐벗었던 발에 헤진 양말을 신게 되었어도 발은 여전히 시렸어. 부자들이나 신던 양말을 신게 된 것을 두고 노동자의 삶이 나아졌다고 강변하는 것은 진실 앞에서 눈을 감는 거네.

나의 친구이며 동료이며 후원자였던 엥겔스는 아버지의 섬유공장을 물려받은 자본가였지만 공산주의자가 되었지. 그는 맨체스터의 빈민가를 구석구석 다니면서 노동자들의 가난, 절망, 좌절을 목격하고 나서 공산주의자가 되지 않을 수 없었다고 하더군. 자네는 공장노동자에게는 희미하나마 앞날을 비추는 희망이 있다고 했는데 엥겔스가 본 노동자들은 캄캄한 절벽에 가로막혀서 그저 하루하루 연명하고 있다고 하던데.

그리고 자네는 역사공부를 더 해야겠어. 공장노동자의 생활이 조금이나마 낫다고 여겨서 농촌을 자발적으로 떠난 것이 아니네. 지주들이 대토지소유를 확실히 하기 위해서 농지에 울타리를 치고 소작농을 임금농업노동자로 전락시켰던 인클로저(Enclosure) 운동 때문에 쫓겨나다시피 공장으로 온 것이었지.

스미스 자네의 자본론 제1권이 1867년에 출판되었지. 그 무렵의 노동자임금 동향에 대한 많은 연구에 의하면 실질임금이 눈에 띄게 증가하였다고 하던데. 특히 기술을 익힌 노동자들의 임금은 상승폭이 더 컸다는군. 기업의 규모가 커지고 기계화가 진행됨에 따라서 노동생산성이 올라가니 임금도 따라서 올라가게 되었다는군. 자네 눈에도 노동자들의 생활수준이 향상되는 광경이 보였을 것 아닌가? 혹시 자네가 대영박물관에서 온종일 원고와 씨름하다 보니 현장감이 떨어진 것은 아니었는지 의심이 되네.

마르크스 나는 그 당시에 영국의 의회에 제출된 노동자의 실태조사보고서를 빠짐없이 읽었고 또 보고서를 작성한 사람들을 직접 만나서 생생한 얘기를 들었네. 나 스스로도 방직공장의 아동노동자와 여성노동자를 면담하였으니까 나의 현장감 부족을 염려하지 않아도 되네.

노동생산성이 높아졌다는 것은 자본가가 착취하는 잉여가치가 커졌다는 의미네. 임금이 올라간 것은 늘어난 잉여가치를 자본가들이 몽땅 독차지하는 것이 마음에 걸리기도 해서 약간의 호의를 베풀어 준 결과이지. 일말의 양심이었을 수도 있고 노동자들을 달래는 것이 유리하다는 얄팍한 상술일 수도 있고 노동조합을 결성해서 힘을 키워 가는 노동자들이 두려웠을 수도 있고.

큰 그림을 보게. 노동자들의 임금이 약간 올라갔다고 해서 그들의 지위에 무슨 변화가 있었는가? 전혀 없었지. 자본가들은 여전히 돈과 권력을 움켜쥐고 기득권을 공고히 구축하면서 자본주의가 옹호하는 자유시장경제를 좌지우지했고 노동자들은 한 푼이라도 더 받으려고 노심초사하면서 소외와 억압의 굴레 속에 있었지.

스미스 그렇다면 이번에 자네가 목격한 노동자들의 삶은 어땠는가? 미국과 유럽 노동자들이 여전히 비참한 질곡에서 헤어 나오지 못하고 있다고 억지를 부린다면 자네는 눈이 있어도 보지 않고 귀가 있어도 듣지 않으려 하는 걸세. 마음이 비뚤어져 있으니까 현상을 있는 그대로 받아들이지 않고 자신의 아집에 맞추려고 비틀고 꼬는 거지. 마치 침대를 키에 맞추는 것이 아니라 키를 침대에 맞추려고 다리를 잘라내는 어리석음에 빠져서 허우적거리는 꼴일세. 내가 너무 심하게 자네를 몰아붙여서 미안하네만 자네의 뻔뻔스러움에 화가 치밀어 올라서 그랬네.

노동자들의 참상은 자본주의가 발달한 나라에서 벌어지고 있는 것이 아니라 그렇지 못한 나라에서 목격되고 있지 않나? 아프리카와 중남미에 만연한 빈곤은 자본주의가 발달했기 때문이 아니고 정경유착, 독과점, 탐욕이 판치는 천민자본주의를 벗어나지 못했기 때문이라고 생각해.

소련과 모택동 중국의 노동자들은 미국과 유럽의 노동자들만큼 잘살지 못했지. 노동자들의 천국이라는 공산주의의 달콤한 약속은 헌신짝처럼 버려졌어. 공산주의는 새로운 부를 지속적으로 만들어 내지 못했어. 이미 축적된 부를 나누어 갖는 데에만 열중했지.

자본주의는 인류 역사상 처음으로 빈곤을 광범위하고 체계적으로 줄였네. 한 줌밖에 안 되는 특권층만 누리던 물질적 풍요를 대다수 사람들도 많든 적든 간에 어느 정도 맛볼 수 있게 해 주었네. 비록 누리지 못하는 사람이라고 할지라도 열심히 일하면 가까이 다가갈 수 있다는 가능성을 열어 주었고 희망을 품게 해 주었지.

물론 나는 자본주의가 정의라고 주장하는 사람들만큼 자본주의 예찬론자는 아니야. 자본주의의 추악함, 탐욕, 비정함을 부정하지 않네. 그러나 다행인 것은 자본주의가 교조주의에 빠지지 않고 열린 마음으로 문제를 인정하고 고쳐 왔다는 점일세. 그 결과가 오늘날의 더 나은 자본주의가 된 것이지.

1954년에 하이에크라는 자유주의 신봉자가 다른 네 명의 경제사학자들과 함께 『Capitalism and the Historians』라는 책을 썼더군. 산업혁명 이후에 노동자들의 삶이 향상되었는지 여부를 실증적으로 규명하려고 했었지. 저자들이 보기에 그때까지는 경제학자보다는 역사학자가 중심이 되어서 이 문제를 다루었는데 주관적인 역사관, 편견, 선입견, 이념의 개입 등으로 객관적 분석이 결여되었다는 거야.

많은 역사학자들은 약자 편을 드는 것이 정의이고 학자로서의 양심에 부합하는 것이고 사명이라고 여겼다는 거야. 그래야만 노동자들의 삶을 개선하는 복지정책과 노동자보호정책이 도입될 수 있다고 믿었다는 거지. 처음부터 목적을 정해 놓고 사실을 끼워 맞추려고 했다는 거네. 내가 보기에 그건 학문하는 자세로서는 지탄받아야 해.

새롭게 시도했던 실증분석에서는 종래의 지식과는 상이한 결론들이 여럿 나왔는데 중요한 것 몇 가지만 나의 해석을 곁들여서 소개하겠네.

첫째, 역사기술에는 피할 수 없는 근본적인 한계가 있다는 거지. 역사는 그 시대의 사실을 꿰어서 시대상을 객관적으로 파악하는 학문이라고 하네. 사실이 너무나도 잡다하게 많고 사실끼리 부딪치기도 하고 앞뒤가 안 맞기도 하기 때문에 사실을 전부 나열해 놓으면 뒤죽박죽 역사가 되어서 혼란만 준다는 거야. 그래서 역사가는 어쩔 수 없이 중요한 사실들을 취사선택 할 수밖에 없는데 이 과정에 주관적인 가치와 믿음, 자신이 처한 상황적 특징 등이 영향을 미친다는 거네.

산업혁명 이후에 노동자들이 착취당하고 아동과 여성들마저 열악한 근로환경에서 장시간 노동을 강요당했다는 역사를 기록한 자들은 경제학자가 아니라 역사학자, 사회학자, 그리고 사회주의에 경도된 지식인과 언론인이었다는 거야. 그들의 스토리가 별다른 논박을 거치지 않고 널리 퍼져서 일반인들까지도 그렇게 믿게 되었다는 거야.

둘째, 19세기 중후반 당시 노동자들은 이전에는 굶주리고 헐벗은 생활을 하다가 공장일을 하게 되면서 당장의 굶주림과 헐벗음을 면할 수 있었다는 거야. 추운 겨울에 한기가 스며드는 무명옷을 걸친 노동자들의 참상을 고발한 자들은 그전에는 무명옷조차도 제대로 입지 못했다는 사실을 간과했다는 거야.

셋째, 19세기 중후반 당시에 가장 곤궁했던 계층은 공장노동자가 아니라 가내 수공업의 노동자들이었다는군. 공장노동자들은 숙련도가 높아서 가내 수공업 노동자보다 높은 임금을 받았는데 노동자들의 참상을 고발하는 글들은 대부분 가내 수공업 노동자들에게 초점을 맞추었다는 거야. 이러한 구분은 지금도 유효하다고 보는데 선진자본주의 국가에서 저임금이 광범위하게 분포하는 분야는 대기업이나 중견기업이 아니고 영세기업이거든. 즉 자본주의가 성숙하지 못한 분야에서 저임금이 존재하는 것이지 자본주의의 혜택을 보는 분야에서는 임금수준이 훨씬 높다는 거야. 노동빈곤이 자본주의의 착취 때문이 아니라 자본주의의 미성숙 때문임을 알아야 하네.

마르크스 자네는 학문에서 진정한 객관성이 가능하다고 보는가? 실증분석이 객관적 결론을 이끌어 낸다고? 통계와 당대 사람들의 기록에 근거한다고 하지만 숫자놀음이 판을 치고 방대한 기록 중에서 취사선택 할 때에 주관성이 개입할 수밖에 없지. 과거의 좌파 역사학자들이 노동자들의 신산한 나날을 고발한 글들은 편향적이고 자네가 인용한 실증적 경제사학자들의 글들은 객관적이라고 단정하는 자세 자체가 특정 이념에 기우는 것 아닌가?

나는 내 눈으로 목격한 일들이 가장 사실에 가깝다고 확신하네. 나는 공장노동자들이 일터에서나 일터 바깥에서나 밑바닥 인생을 살고 있는 적나라한 모습을 두 눈으로 똑똑히 보았어. 그들이 이전에 비해서 더 나은 삶을 살았다고 해도 여전히 밑바닥 인생이었다고. 멸시받고 천대받는 가난한 밑바닥 인생 말일세. 자식들 공부도 제대로 못 시키니 자식들도 밑바닥 인생에서 헤어 나오기가 어려웠지.

이번 여행에서 목격한 것도 크게 다르지 않아. 물론 선진자본주의 국가들의 노동자 삶이 내가 생전에 목격했던 참상에 비하면 괄목할 만하게 좋아진 것은 사실이지. 대기업의 노동자들은 중산층 계층으로 진입하는 경우도 있더군. 비록 턱걸이이지만 말일세. 그런데 미국의 노동자들이 하위 중산층에나마 진입할 수 있었던 것은 2차 세계대전 이후부터 1960년대에 걸쳐서 가장 활발하게 이루어졌어. 고등학교를 졸업하고 대기업에 취직해서 오랫 동안 근무하면 생활의 안정을 이룰 수 있었더군. 심지어는 회사에서 의료보험까지 제공하고 퇴직 후에도 보험혜택이 중단되지 않았더라고.

미국 자본주의가 그 정도로 인간의 얼굴을 하게 된 배경에는 프랭크린 루스벨트 대통령의 기여가 컸다고 보네. 대공황을 극복하면서 네 번이나 대통령 임기를 계속했던 그는 노동조합을 합법화하고 노동자보호를 위한 입법을 도입했지. 빨갱이라는 비난을 들어가면서 말이야. 물론 그도 자본주의 신봉자이지만 노동자들의 권리를 높인 공로에 대해서는 나도 경의를 표하고 싶어. 기업들도 종업원 의료보험을 제공하고 구내식당을 무료로 이용하게 하는 등의 사내복지를 도입하였더군.

그러나 최근의 미국에서는 노동자들의 삶이 다시 악화되고 있어. 자본가들이 세계화의 이익을 내세우고 지구적인 경쟁을 벌이다 보니 중국을 필두로 하는 저임금국가들의 거센 도전에 밀려서 임금인상을 못 하겠다고 아우성치고 있더군. 세계화는 자본가들의 배만 불려 주고 있어. 내가 공산당선언에서 설파하였던 일이 벌어지고 있는 거네.

종업원 의료보험 같은 사내복지는 이제 거의 자취를 감추어 버리고 정부가 모든 복지비용을 부담하라고 미루고 있더군. 정부는 결국

세금을 걷어서 복지를 확충할 수밖에 없는데 거꾸로 부자감세까지 하고 있더군. 이대로 가면 미국 노동자들의 생활은 다시금 절대적으로도 빈곤해질 것이라고 보네.

반면에 신흥부자들은 상상을 초월하는 거대한 부를 쌓아 가고 있더군. IT니 전기자동차니 온라인거래니 하는 신기술분야에서 두각을 나타낸 벼락부자들이 계속해서 출현하고 있지. 자네가 얘기했던 도금시대가 재현되는 것으로 보여.

스미스 지금 벌어지고 있는 디지털 대전환은 새로운 문명을 탄생시키고 있다고 보네. 어느 시대에나 앞서가는 선각자는 더 큰 보상을 받는 것 아닌가? 신흥 대부호의 탄생을 불평등의 관점에서 비판할 수는 있지. 그건 그것대로 해결해야 하고 결국은 해결될 것이네. 미국의 남북전쟁 후의 도금시대의 숱한 문제들이 해결되었듯이 말이네.

나는 절대빈곤을 퇴치하는 힘으로 치자면 인류 역사상 자본주의가 가장 뛰어났다고 믿어 의심치 않네. 1980년대 이후에 중국에서 벌어진 광경이야말로 살아 있는 증거 아닌가? 수억 명의 헐벗고 굶주렸던 인민들이 의식주를 해결하게 되지 않았나?

지금 문제가 되고 있는 것은 상대적 불평등이네. 상대적 불평등이라고 해도 불평등이 너무 심하게 벌어지는 것은 바람직하지 않네. 혹자 중에는 상대 빈곤을 문제시하는 것 자체가 잘못되었다고 말하기도 해. 무슨 이유로 상위 1%와 나머지 99%를 비교하느냐? 못사는 사람이 점점 잘살게 되면 되지, 그걸 무시하고 비중으로만 나누는 것은 위화감을 조성해서 어떤 목적을 이루려고 하는 의도가 있는 게 아니냐면서 삐딱하게 쳐다보지. 양극화라는 말이 처음 쓰이기 시작했을 때 많은 보수인사들의 시선이 곱지 않았어. 세상에 중간 없이 극과 극으로만 나뉘는 소득분배가 있을 수 있느냐 했지. 지금이야 너무나도 귀에 익숙하게 들리지만 말이야.

공동체가 유지되고 작동하려면 층하가 너무 지면 안 되는 거네. 형제끼리도 사는 형편이 너무 차이가 나 버리면 우애 대신에 반목이 들어앉거든. 옆 사람, 이웃사람이 가난으로 고통받는 것을 보면 마음이 불편해지고 동정과 연민의 심정이 드는 것은 인지상정 아니겠는가?

미국의 거부들이 엄청난 액수를 기부하는 것도 이런 심정에서 비롯된 것이라고 생각해. 돈 아까운 욕심과 기부 후의 홀가분함 중에서 홀가분함이 더 크다고 느끼는 사람들이 기부를 하는 거지. 기부야말로 가장 이기적인 행위라는 말이 나온 까닭이지.

자본주의 국가에서 정부가 나서서 적극적인 복지정책을 펼쳐 노동자들의 빈곤을 덜어주고 나아가서는 인간다운 생활을 영위할 수 있는 수준으로 확대해 나가는 것은 자본주의의 진화를 증거하는 것이라고 생각해. 자본주의가 피도 눈물도 없는 샤일록같이 돈에 환장한 경제 시스템이 아니지 않나?

나는 자본주의가 무한한 생산력으로 인류에게 보편적으로 더 나은 삶을 가져다주었다고 확신해. 물질적 풍요뿐만 아니라 의료의 보편화를 통해서 질병으로부터 해방시키고 자연의 심술이 인류에게 가하는 재해로부터 보호하고 있지 않나? 인류의 삶이 그 어느 때보다도 더 풍요해지고 안전해졌다는 것은 자네도 부정할 수 없을걸.

자본주의가 복지를 수용한 것은 참으로 다행이었지. 19세기 후반에 복지제도가 국가의 정책으로 시행되기 이전에는 가난구제를 개인과 가족의 책임으로 여겼거든. 개인이 게을러서 가난한 것이고 질병이나 사고를 당해서 어려울 때에는 가족과 친척들이 돌보곤 했었지. 더해서 교회, 사찰 등의 종교기관이 나서기도 했어. 국가는 큰 흉년이 들거나 전염병이 유행하는 비상시기에 한해서 최소한의 구제조치를 베푸는 정도에 그쳤어.

공장노동자들이 대량으로 늘어나서 새로운 계급으로 부상하고 열악한 노동환경에 대한 반발이 거세지면서 국가는 단순한 가난구제에서 벗어나서 노동자보호를 좀 더 종합적인 시각에서 바라보게 되었지. 과도한 노동시간, 아동과 여성노동, 산업재해, 질병, 실업 등 노동자들이 만나게 되는 문제들을 국가가 나서서 직접 풀어 나가야 한다는 인식에 도달하게 되었다고 봐.

마르크스 자본주의 국가들이 복지를 도입하고 확대해 나간다고 해서 자본가들에게 고마워해야 할 아무런 이유가 없다고 생각해. 자본가들이 진정으로 노동자들을 위해서가 아니라 노동자들을 매수해서 고분고분 순종하게 만들려는 수작에 불과해.

질병, 재해, 노령의 위험으로부터 노동자를 보호하는 사회보험은 1883년경 독일의 비스마르크 재상 때 도입되었어. 중세 때 수공업자 조합인 길드가 상호부조를 하기는 했지만 국가가 나선 것은 비스마르크의 사회보험이 효시였지. 비스마르크의 진짜 모습을 보여준 것은 노동자를 위하는 척 가면을 쓴 때가 아니라 1878년에 사회주의 진압법을 만들어서 노동자들의 집회, 결사, 출판의 자유를 유린했을 때였어.

그의 강압적 조치가 오히려 노동자들을 단결시켜서 보통선거를 통해 노동자후보들이 국회로 진출하는 숫자가 늘어나니까 복지라는 당근을 던져 준 것이지. 당시 독일 노동자들이 얄팍한 꼼수에 쉬이 넘어갈 정도로 어수룩하지는 않았어. 저항을 계속하였지. 당근은 받아먹었냐고? 받지 않은 사람도 있었고 받은 사람도 있었나 봐. 적을 이간질하는 반간계가 전혀 효력이 없었던 것은 아니었지.

비스마르크의 망령은 아직도 떠돌아다니고 있어. 자본가들이 노동자에게 손톱만큼이라도 양보할 때에는 언제나 대가를 요구하지. 노사평화, 노사협력, 노동자의 책임운운 하면서 공짜가 없다는 것을 공공연히 떠벌리지. 보수 언론과 지식인들도 덩달아 자본가 편을 들곤 하지.

복지는 소외계층의 저항을 구슬리고 표를 얻겠다는 불순하기 짝이 없는 정치적 목적을 위한 꼼수가 되어서는 안 돼. 복지는 소외계층이 인간다운 삶을 누리게 해 주어야 한다는 인본주의의 발로이고 어려운 삶이 개인의 책임을 넘어서는 원인 때문인 경우가 허다하기 때문에 국가가 책임을 져야 한다는 사회적 합의에 바탕을 두고 있는 거네. 불순한 정치적 동기로 복지를 써먹는 행태는 보수뿐만 아니라 진보좌파 정치인에게서도 흔히 보이지.

스미스 복지는 국가가 세금을 걷어서 제공하는 것이고 자본가는 국가가 세금을 내라고 강제하니까 낼 뿐이야. 그러니 복지를 놓고 자본가를 매도할 이유는 없지 않은가?

설령 자본가들이 자기 이익을 위해서 간접적으로 복지를 제공한다고 해도 노동자들 역시 이익을 얻으니까 상생 아닌가? 개인의 이익추구행위가 의도하지 않게 사회의 이익을 가져온다는 보이지 않는 손과는 달리 복지는 자본가가 자신의 이익을 위해서 의도적으로 노동자에게 베푸는 보이는 손이지. 그러나 결과는 마찬가지 아닌가?

노동자의 저항목표가 자본가 타도에 있다면 복지를 경계하고 반대해야겠지. 나는 자본과 노동이 상생해야 한다고 믿기 때문에 복지의 동기는 중요하지 않다고 생각하네. 비스마르크는 어땠는지 모르겠지만 오늘날의 자본가들은 노동자들을 인간적으로 대우해 주어야만 협력을 얻을 수 있고 기업이 성장할 수 있다고 믿고 있을 거야. 그렇게 되어야 하고. 떡 하나 던져 주고 시키는 대로 하라고 해 봐야 잘 통하지 않는 세상이 되었네.

독일의 사회민주주의자들도 처음에는 복지의 당근을 받아먹고 흐물흐물해지지 말자고 했는데 자유민주주의체제에서 폭력혁명이 불가능하다는 현실을 깨닫고 의회의 다수당이 되어서 원하는 복지를 펴 나가자는 개량주의로 노선 전환을 한 덕분에 혁명주의보다도 훨씬 더 많은 것을 쟁취하지 않았나. 자네의 사고는 갈라파고스에 갇혀 있어서 안타깝네.

마르크스 자본주의가 복지를 도입한 연유는 공산주의의 위협으로부터 자신을 방어하려는 지극히 계급이기적인 동기에 불과했어. 즉 자본가가 착취를 계속하다가는 노동계급의 저항에 직면해 기득권을 빼앗길 수도 있다는 위기감에 정신이 번쩍 든 것이지. 전부를 누리려고 하다가는 하나조차 지킬 수 없는 절박한 상황에서 한두 개 정도 내주는 것이 최악을 모면하는 차악이라고 판단한 것이었어.

돼지를 굶어 죽이는 것보다는 살찌워서 잡아먹는 것이 더 이익이라는 간교한 술수에 지나지 않았지. 자네가 이걸 두고 자본주의의 진화니 자본가의 대오각성이니 착각한다면 그것은 거짓을 진실로 호도하는 것이고 손바닥으로 하늘을 가리는 짓거리야.

진화라는 용어가 적절할 수도 있겠네. 변화에 적응하는 자만이 승리한다는 자연선택이 진화론의 핵심 아닌가. 자본가들은 계급모순의 격화라는 변화에 직면해 노동자에게 떡 한 개 더 던져 주는 적응노력을 통해서 살아남았고 번성했던 거야. 계급의식이 철저하지 못하고 당장 입에 풀칠하는 것이 절박했던 노동자들은 주인이 던져 주는 먹이에 꼬리를 치는 개처럼 복지라는 달콤한 시혜에 속아 넘어갔던 거야.

선진자본주의에서 왜 공산혁명이 불가능하게 되었는지 이제 자네도 눈치를 챘겠지? 노동자들이 자본가가 던져 주는 고깃덩어리에 현혹되어서 계급혁명의 전의를 상실한 거야. 적을 물어뜯는 들개가 아니라 주인의 은총을 기다리는 집개가 된 거지. 이기적인 복지의 허울을 쓴 자본주의를 미화하는 접두어들이 범람하고 있어. 포용적, 상생적, 인간의 얼굴을 한, 따뜻한, 창조적, 제3의, 진화론적 자본주의 등등.

자본주의는 진화해 온 것이 아니라 퇴보해 왔어. 초기 자본주의의 주역이었던 소상공인들이 진실한 신앙심으로 열심히 일하고 종업원들과 이익을 나누고 서로 도우면서 같이 더 나은 삶을 일구어 나가던 그 자본주의는 박물관의 지하창고에 쳐박힌 지 오래되었어.

지금 세상을 보게. 상상할 수도 없는 어마어마한 부를 독점한 거대 자본가들이 세상을 지배하고 있어. 그들의 권력은 정치가들을 포획했지. 보수와 진보, 우파와 좌파 가리지 않고 정치가들은 이래저래 거대 자본가들의 이익에 기여하고 있는 거야. 최근 미국의 좌파 정치가들이 거대자본을 규제해야 한다는 주장을 하고 있는데 그들 역시 거대자본의 독점을 제거하려는 것이 아닌, 약간의 수정을 가해서 대중적 비판을 누그려뜨려 궁극적으로는 거대자본을 보호하겠다는 거야. 복지정책과 다를 바 없어.

스미스 자네의 자아도취적 열변을 듣고 있으니 거대한 지적 장벽을 마주하고 있는 절망과 무력감이 드네. 자네의 지적 세계는 갈라파고스의 화석처럼 1848년 공산당선언을 선언한 시각에 머무를 뿐 한 발자국도 앞으로 나아가지 못했네. 아니 나와 함께 지금의 세상을 주유천하 하면서 경천동지하게 바뀐 신천지를 눈앞에 두고도 계급혁명을 운운하고 있는가?

복지정책을 그렇게 매도하다니 해도 너무 했어. 물론 복지정책의 역사를 보면 자네 주장도 일리가 있지. 그러나 유럽 사회민주주의가 공산당과 결별한 것은 정말 올바른 판단이었어. 덕분에 유럽은 좌우 공존하에서 정치적 안정과 경제적 번영을 누리고 공산당은 흉내도 못 내던 노동자보호와 복지를 실천해 냈지.

지금 자네가 유럽에서 보고 있는 사회적 제도들은 인간이 지혜를 짜낸 결과들이야. 자본가와 노동자들이 싸우다가 타협해서 공존, 상생의 제도를 만들어 낸 것이라고. 이거야말로 자본주의의 진화이지. 노사평화와 노사협력을 일구어 낸 북유럽과 독일 노동자들을 폄하하지 말게. 그들은 꼬리 흔드는 개가 아니야. 주체적 인간들이라고. 자본가와의 공존이 최선의 이익이라고 판단한 거지. 자네보다 세상을 더 폭넓게 이해하는 사람들이야.

혁명에 성공한 러시아와 중국의 노동자들만 계급의식으로 무장된 참 인간들이라면 어불성설이네. 세계의 노동자들에게 단결하라고 선동하던 자네가 어찌 노동자들을 진짜와 가짜로 편 가르는 망언을 할수 있는가?

이제는 자본주의가 진심으로 복지를 수용하고 있지 않은가? 아직도 복지라는 말만 들어도 경기를 일으키는 극우가 있기 하지만 보수정부 역시 복지를 폐지하려고는 하지 않아. 다만 재정 건전성을 위해서 낭비적 복지지출을 줄여 보자고 노력하고 있지. 그리고 자본가의 기부가 잇따르고 기업의 사회적 책임이 무거워지는 등 사적인 복지도 강화되고 있지.

자본주의만 한 제도가 있으면 나와 보라고 해. 형만 한 아우 없고 부모만 한 자식 없어. 대안이 없어. 자본주의가 수백 년이 지나도 계속 번창할 수 있었던 것은 변화를 거부하지 않는 열린 이념이기 때문이지. 자네의 공격을 이겨 내기 위해서는 변화해야만 한다는 점을 깨달았기 때문이야. 그런데 자네는 조금의 변화조차 거부하고 있으니 딱하네.

자네는 공산주의의 현실적 실패가 혁명가의 권력욕 때문이라고 치부하지만 내가 볼 때에는 자네의 이론이 실패한 것이네. 자네는 인간이 이기적이면서도 이타적이고 합리적이면서도 충동적인 이중적 존재라는 점을 간과하고 노동자는 이타적이고 합리적이라는 환상에 젖어 있어. 인간에 대한 깊은 성찰이 부족했던 거야. 자본가만 숙청하면 노동자들은 이상적인 사회를 건설할 것이라고 믿었지. 그 믿음은 아무런 과학적 근거도 없는 맹신이었어.

마르크스 자네가 희구하던 자본주의의 자연적 조화는 노동자계급의 출현으로 말미암아 깨진 쪽박처럼 산산조각난 지 오래되었네.

자네는 부르주아계급이 중상주의자들의 억압으로부터 해방되어야만 국부가 늘어날 수 있으니까 그들에게 정치적, 경제적인 무한자유를 주어야 한다고 했지? 자네도 그때 이미 계급투쟁을 인정하고 있었어.

그렇다면 부르주아지가 지배계급으로 등장한 이후에 프롤레타리아계급이 생겨 새로운 계급투쟁이 발생할 수밖에 없었다는 사실도 인정해야 해. 계급투쟁이 불가피한데 어떻게 자본주의사회가 조화와 평등 속에서 평화를 누릴 수 있겠어?

자본가는 수단방법을 가리지 않고 이익을 늘려야 해. 자본가도 인간이니까 본성적인 물욕이 있는 것을 굳이 탓하지는 않겠어. 그러나 자본주의라는 것은 물욕을 미화하고 정당화하고 권장하고 응원하는 물신주의(物神主義)야. 지나친 물욕을 억제해야 한다고 해도 모자랄 판인데 그러지를 않지.

이 모든 것이 자네의 그 잘난 보이지 않는 손 때문이야. 보이지 않는 손이 보이지도 않는데 마술을 부려서 조화로운 경제생태계를 만든다고 했어. 자네의 후학들은 보이지 않는 손을 신주처럼 떠받드는 경제학을 발전시켰어. 자네가 창시한 경제학은 오늘날 주류 경제학의 권위를 얻었고 마치 종교처럼 신격화되었으며 자네는 그 교주네. 주류 경제학에 도전하면 모두 비주류로 밀려나게 되어 있지.

지금 세상이 어떻다고 보나? 혼란과 갈등으로 얼룩져 있다고 보는가? 아니면 조화와 질서가 정연하다고 보는가? 자네가 아직도 보이지 않는 손이 기적을 일으켜서 조화와 질서가 지배한다고 생각한다면 자네는 귀를 막고 눈을 감은 채 여행을 하는 것이니 배우는 것이 없을 걸세.

지금 세상에서는 경제학을 객관적 학문이라고 하고 경제학자들도 숫자놀음으로 경제현상을 분석해 놓고는 실증적이고 가치중립적이라고 뽐내고 있어. 내가 보기에는 웃기지도 않아. 자네의 국부론을 계승했다는 신고전학파 경제학의 대전제는 기업은 이윤극대화가 목적이고 소비자는 효용극대화가 목표라는 거지. 기업이 이윤극대화를 위해 존재한다는 것부터가 자본가 편에 서는 것이고 노동자를 배척하는 거지.

자본가가 이익을 극대화하려면 임금을 쥐어짤 수밖에 없지. 임금은 비용이고 비용최소화는 이익극대화 아닌가? 그들은 임금이 노동자의 생존수단이면 충분하다고 여길 뿐, 생활수단이어야 한다는 너무나도 명백한 의미를 애써서 무시해. 노동의 재생산에 필요한 만큼만 월급을 주는 것이 당연하다면 돼지를 살찌우는 만큼만 먹이 주는 것과 다를 바 없지 않나? 인간은 돼지가 아니라고.

인간은 맛있고 영양 풍부한 음식, 안락한 집, 멋있는 옷에 대한 갈망이 있는데 노동자들은 그 갈망을 채우면 안 되나? 그러한 생활은 노동자에게는 호사이고 언감생심인가? 노동자에게도 가족들과 저녁 있는 삶을 즐기고 가족여행을 다니고 자녀교육을 시키고 은퇴 후에도 걱정 없이 살고 싶다는 바람이 있다고. 그 바람이 지나친 것인가? 배운 것 없고 가진 것 없는 노동자가 그런 것까지 바라면 안 된다고?

노동서비스를 비용으로만 치부하는 자본주의의 내생적 법칙 때문에 노동자의 삶은 고단했고, 고단하며, 고단할 걸세. 자네가 그들의 삶이 과거에 비해서 믿을 수 없을 정도로 풍요로워졌다고 했는데 나는 훨씬 더 풍요로워져야 한다고 생각해. 자본가들이 누리는 풍요에 비해서 너무 보잘것없으니까.

이번 여행에서 보니 노동자계급도 분화되어 계급 내 이질감이 첨예하더라고. 지식노동자, 고숙련노동자, 전문직 노동자의 출현은 말할 것도 없고 공장노동자 중에도 정규직과 비정규직, 대기업과 중소기업 간의 임금격차가 헤아릴 수 없을 정도로 벌어져 있더라고. 그러니 노동자계급이라고 뭉뚱그려서 부를 수도 없게 되어 있더구먼.

지식경제에서는 지식자본이 화폐자본 못지않은 위력을 발휘하게 되어 있어. 화폐자본가는 손실과 파산의 위험을 피해 갈 수가 없지만 지식노동자는 그 지식을 확대재생산 하면서 안정적으로 고소득을 올릴 수 있으니까 노동자라기보다는 자본가에 속한다고 봐. 지식이라는 생산수단을 보유하고 있거든.

그러나 다수의 노동자는 여전히 넉넉하지 않은 임금과 고용불안정에 시달리고 있더군. 게다가 플랫폼 노동자라고 불리는 완전 새로운 고용형태의 노동자들이 빠른 속도로 불어나고 있던데 장시간 노동에 근로조건도 문제가 많더라고.

자본주의는 계급대립을 피해 갈 수 없고 양 계급의 이해관계가 정반대이기 때문에 아무리 복지를 늘리고 노사협력, 상생과 공생을 부르짖어도 그건 모두 자본주의를 지탱하겠다는 계급이기주의에 불과해.

스미스 자본주의를 물신주의, 배금주의라고 비하하는데 자네 철학의 핵심이론이 변증법적 유물론 아닌가? 물질이 정신에 우선하고 심지어는 정신을 지배하는 것인데 어찌해서 자본주의를 물신주의에 빗대면서 유물론을 모욕하는가?

마르크스 유물론은 내가 세상을 바라보는 관점이었지 숭배의 대상은 아니었네. 유물론적 세상은 그렇게 존재해 왔으니까 인정했을 뿐이지 그렇게 되기를 바랐던 것은 아니네. 오히려 유물론이 작용하지 않는 세상을 꿈꾸었고 공산주의가 바로 그것이었네.

변증법적 유물론이 작용하는 역사발전은 자본주의까지이네. 공산주의에서는 생산을 담당하는 노동자들이 생산물을 전부 가져가기 때문이지. 무계급사회가 되니까 계급갈등, 계급투쟁이 설 자리가 없네. 자본주의적 생산관계가 소멸하고 평등한 사회적 관계가 바로 서면 경제적 지위의 고하에 따라서 세상을 다르게 바라보는 마음 또한 설 땅이 없어지는 것이지.

그러면 모든 인간은 본래의 모습을 되찾을 것이네. 물질의 속박을 벗어 던지고 정신의 자유를 온전히 누릴 수 있지. 유물론이니 관념론이니 구분하는 것조차 부질없는 헛수고에 그치고 말거야. 아마도 철학자들이 직업을 바꾸어야 될걸.

소련과 모택동 중국에서는 공산당이 노동자 몫을 가져갔다고? 그건 가짜 공산주의이고 내가 꿈꾸었던 진짜 공산주의는 아니었네.

스미스 자네가 아직도 자본주의를 미워한다면 자본주의에 대한 자네의 대안은 무엇인지 듣고 싶네. 진짜 공산주의? 호기심도 들고, 또 무슨 요설을 풀려나 하는 불안감도 드는구먼.

마르크스 대안을 제시하려면 먼저 현실 공산주의가 왜 실패했는지부터 살펴보아야 하네. 내 이론의 오류인지, 아니면 혁명실천가들의 잘못인지를 밝혀 내야만 진짜 공산주의가 자본주의의 대안이 될 수 있는지를 판단할 수 있네.

공산주의는 무계급사회이기 때문에 자본주의의 대안이 되는 것이네. 누누이 설명했지만 자본주의에서 복지가 도입되고 지식노동자와 공장노동자로 노동자계급이 분화되어도 계급갈등은 사라지지 않네. 자본가와 노동자계급으로 나누는 것이 현대사회의 복잡한 구조와 맞지 않는다고? 그렇다면 주류계급과 비주류계급으로 나누면 어떤가? 요사이 유행하는 용어인 '인싸('인사이더(insider)'의 줄임말)'와 '아싸('아웃사이더(outsider)'의 줄임말)'로 나눌 수도 있겠지.

주류계급은 부와 권력을 가진 자들이고 비주류는 가지지 못한 자들이지. 노동자들이 비주류, '아싸'에 속한다는 사실은 불변이네. 공장노동자를 위시해서 택배노동자, 대리운전기사, 청소부, 아파트 경비원, 소방수, 경찰관, 병원의 간호조무사, 콜센터상담사 등 땀 흘리는 수많은 직업전사들이 모두 비주류야.

그들이 손을 놓으면 화려한 디지털사회가 하루아침에 기능이 마비되고 아날로그사회, 아니 석기사회로 되돌아간다고. 그런데 그들은 자본가, 지식전문가, 경영전문가, 부의 상속자 등 주류계급에 비해서 초라하다고 할 정도의 대우밖에 받지 못하고 있어. 경제적 보상과 사회적 지위가 모두 그래. 비주류계급은 조금이라도 더 나은 대우를 받으려고 투쟁을 계속하지만 주류계급의 지위는 철옹성처럼 견고해서 조금도 흔들리지가 않지.

영세상공인, 진보지식인들이 어느 쪽에 속하느냐고? 그들은 쁘띠부르주아지라고 불리기도 하는데 회색지대에 속하지. 주류와 비주류의 경계에서 양쪽을 기웃거리지. 주류를 부러워하고 끼고 싶어 하면서도 주류에 대한 피해의식을 가지고 있지. 그들은 자신들보다도 더 많이 가진 자들을 공격하지만 그렇다고 해서 어려운 처지에 놓여 있는 비주류들을 위해서 투쟁할 생각은 눈곱만치도 없다네. 그래도 진보지식인들이 끊임없이 비주류의 좌절과 불만에 관심을 기울이고 문제를 제기하고 개선을 요구하는 것은 존경받을 만하지.

나의 공산주의는 무계급사회를 꿈꾸었는데 현실로 나타난 공산주의는 또 다른 계급사회였고 그래서 실패했지. 나는 계급이 없는 공산주의를 실현해 보고 싶고 그것이 바로 진짜 공산주의이고 자본주의의 대안이네.

스미스 계급 없는 공산주의가 출현하면 역사발전은 멈추는 것인가? 인류의 역사는 계급투쟁의 역사라고 자네가 설파했는데, 공산주의에서는 계급이 소멸되니까 말이야. 그러면 변증법적 유물론도 쓸모가 없어지고 말겠네. 역사의 종언이 도래한다고 보아야겠네.

마르크스 그렇게 될 거야. 계급 없는 공산주의가 발전해서 고도의 생산력이 발휘되면 개인은 능력에 따라 일하고 필요에 따라 가져가기 때문에 서로 경쟁하고 싸울 필요가 원천적으로 없어지게 되네. 노동은 생존하기 위해서 마지못해 하는 고역이 아니고 자신의 능력을 발휘하고 삶의 의미를 찾는 신성한 작업이 될 것이네.

스미스 자네 말을 듣고 있자니까 불현듯 떠오르는 생각이 있네. 자네가 꿈꾸는 진짜 공산주의가 현실세계에서 이루어지기 위해서는 인간의 윤리도덕 수준이 아주 높이 올라가야 될 것이라는 거지. 현세를 살고 있는 인간들과는 다른 가치와 목표를 추구하는 신인류가 등장해야만 하지 않을까.

신인류는 이기심보다는 이타심, 개인보다는 공동체, 경쟁보다는 협력, 각자도생보다는 배려와 공생의 생각을 실천하는 자들이라고 규정해 보겠네. 그래야만 노동자들이 자율적으로 조직하고 운영하는 자치조직이 생산과 분배의 기능을 수행하면서 높은 생산력과 평등을 성취할 수 있겠지.

그렇지 않고 지금의 인간처럼 선과 악의 중간 어디에 위치하면서 악의 유혹을 뿌리치고 선을 행하기 위해서 끊임없이 갈등하는 존재로 계속 남는다면 자본가가 사라진 후에 노동자계급 내에서 새로운 계급 분화가 불가피하지 않을까?

인류가 원시를 벗어나서 문명을 만들어 내기 시작한 이후로 지배-피지배의 제도는 정치, 사회, 경제생활의 전반을 아울러 왔는데 진짜 공산주의에서는 수직적, 계층적 관계가 사라지는데도 조화와 평화가 깃든다니까 하는 말일세.

나는 신의 섭리를 펴 나가는 보이지 않는 손이 자연조화를 이룩한다고 했는데 자네는 새로운 인간이 등장하여 자연조화를 가져온다고 주장하는 것으로 보이네. 진짜 공산주의에서는 국가도 필요 없다고 했는데 무정부상태에서도 만인의, 만인에 대한 투쟁이 벌어지지 않는다면 오로지 새로운 인간이 등장해야 하지 않겠는가?

마르크스 바로 보았네. 인간의 선악 이중성 중에서 그동안 억눌려 있던 선한 인성을 북돋우고 권장하고 장려하면 자네가 뜻한 신인류가 탄생할 것이네. 인류역사에서 당연시되었던 사유재산제도하에서는 이기심이 분출될 수밖에 없었지. 자네의 보이지 않는 손도 큰 역할을 한 것이 사실이고. 공유재산제도하에서 협력을 통해서 공동의 목표를 이루어 나가다 보면 자기 몫을 더 차지하려고 아귀다툼하는 성정을 부끄러워하게 될 걸세.

스미스   자네는 인간을 고도의 도덕적 존재로 승화시킬 수 있다고 믿는가? 내가 볼 때에는 꿈 같은 환상에 지나지 않는데.

마르크스 자네는 이성과 양심에 입각해서 무분별한 욕망을 절제해야만 보이지 않는 손이 제대로 작동한다고 하지 않았나? 계몽주의적 낙관과 도덕을 고양해서 인간을 개조하는 것이 자네의 믿음 아니었는가?

왜 욕망이 인간 본성이고, 자본주의가 그런 인간 본성에 맞으며, 욕망의 힘으로 문명이 발전한다고 앞뒤가 맞지 않는 주장을 하는가? 인간이 높은 곳을 향하는 인격체로서 부단히 나아갈 수 있도록 격려할 생각은 하지 않고 선과 악의 이중적 존재라는 모호한 말로써 현실을 인정하고 얼버무리려고 하는가?

스미스   내가 보기에 자네가 원하는 도덕적 인간은 지나치게 비현실적이네. 그건 그렇다 치고 평등에 대해서 좀 더 토의하고 넘어가자고. 자네가 자본주의를 공격하는 이유가 무엇보다도 불평등이고 공산주의에서는 완전한 평등이 실현될 것이라고 했으니까 하는 말일세.

② 공정한 불평등은 필요하다.

스미스 자본주의의 최대 약점은 불평등이구먼. 그것도 상대적 불평등이라는 것을 나도 명확히 인식하게 되었네. 자본주의가 절대빈곤이라는 불평등을 줄이는 데에는 눈부신 성과를 나타내었지. 자네도 영국에서, 독일에서 사방에 널려 있던 굶주림과 헐벗음이 사라지는 광경을 목격했을 것 아닌가?

지금 중국과 인도에서도 비슷한 일이 일어나고 있지. 각각 공산주의와 사회주의적 경제를 버리고 시장경제를 취한 다음부터 천지개벽이 일어나기 시작했어. 이전에는 방방곡곡에서 빈곤이 보편적이었으나 지금은 도처에서 탈빈곤이 진행되고 있지.

그럼에도 불구하고 자본주의가 불평등의 주범으로 공격받는 것은 결국 상대적 빈곤과 상대적 불평등을 해결하지 못하고 있기 때문인 것으로 보이는군.

마르크스 세상은 절대적으로 평등해져야 하네. 상대적 불평등은 사람마다 기준이 달라서 같은 불평등을 놓고도 괜찮다는 이들과 문제라는 이들이 있기 마련이지. 자본가들은 자신들과 노동자들 간의 상대적 불평등을 두고 그게 뭐 문제냐는 태도를 보이지. 노동자에게는 노동시장에서 정해진 임금을 주면 되는 것이고 자신들이 받는 막대한 이윤과 엄청난 연봉은 마땅히 받아야 하는 당연한 몫이라고 치부하지.

유산계급은 상대적 불평등이 불가피할 뿐만 아니라 필요하다고까지 강변해. 고소득은 능력과 성과에 따라오는 것인데 무슨 문제가 있냐는 거지. 소득이 적다고 불평하지 말고 능력을 키우고 열심히 노력해야 한다는 충고까지 늘어놓곤 해. 상대적 불평등이 존재해야만 뒤처진 사람이 더 분발하는 동기부여가 있게 되고 사회 전반의 발전을 추동하게 된다고 주장하지. 이 모든 주장들은 상대적 불평등의 원인이 뒤처지는 사람들에게 있다고 말할 뿐, 불공정하고 불합리한 제도에 있다는 불편한 진실을 외면하는 것이지. 기득권자들이 자신의 이익을 지키기 위해서 성과주의를 내세우는 것이네.

스미스   세상을 절대적으로 평등하게 만들기 위해서는 경쟁을 없애야만 하지. 그러면 매일매일이 살맛 나겠다 싶겠지만 꼭 그렇지만도 않을 거야. 절대적 평등을 숨 막혀 하고 그걸 깨고 나오고 싶다는 욕망이 다시 꿈틀거리지 않겠나? 남들과 차별화되고 싶고 남들보다도 더 나은 생을 살아가겠다는 원초적인 욕망이 다시 불평등을 낳을 거라는 생각이 드네.

인류에게 언제 절대적으로 평등한 시대가 있기는 했는가? 구석기시대의 원시공산사회가 절대적 평등에 가장 근접했겠지. 사유재산이 없고 사냥에서 포획한 짐승들을 공평하게 나누어 주었을 테니까. 그런데 누가 어떻게 나누어 주었을까? 어른 행세를 하는 연장자가 있어서 그야말로 똑같이 나누어 주었다면 절대적 평등이 실현되었겠지. 그러나 분명히 불평분자가 있었을 것이네. 내가 혼자서 사슴 한 마리를 사냥했는데 왜 나에게 더 많은 고기를 주지 않는가? 고기가 아니라도 좋으니 아름다운 뿔은 나에게 달라고 요구했을 수도 있었겠지.

체격이 좋은 남자는 배급된 고기가 부족해서 항상 배가 고픈데 가냘픈 여자는 받은 고기를 다 먹지 못하고 남기면 남자는 항상 불만에 차서 입이 나와 있었겠지.

원시공산사회는 평등하였으나 공정하지는 않았어. 연장자는 급기야는 불만을 달래기 위해서 사냥 잘하는 남자에게 더 많은 고기를 줄 수밖에 없었고 그래서 절대평등은 깨지는 대신 공정성은 향상되었을 것이네. 무엇보다도 사슴 잡은 사람이나 토끼 잡은 사람이나 똑같이 나누어 준다면 어느 바보가 힘들여서 사슴을 잡으려고 하겠나? 자네는 절대평등이 참으로 가능하다고 믿는가?

상대적 불평등 역시 참으로 풀기 어려운 과제임에 틀림없어. 사람들은 일반적으로 남과 비교해서 재산이 적거나 소득이 낮으면 세상이 불평등하다고 느끼거든. 또한 밑을 내려다보면서 행복해하지 않고 위를 올려다보면서 불행해하는 속성이 있지. 이미 가진 것은 당연한 것이고 아직 가지지 못한 것을 부러워하지.

부와 소득의 불평등이 문제가 되는 것은 일차적으로는 빈곤의 고통과 비인간성에 기인하지만 다른 시각에서 보면 불평등하다고 느끼는 우리들의 비교본능에서 비롯된 것이 아닌가 하는 생각이 드네. 자신의 절대적 위치보다는 순위에 더 큰 가치를 부여하는 것이지. 운동경기에 비유하자면 인생을 기록경기가 아니라 순위경기라고 여기는 것이네. 육상, 수영 등의 기록경기에서는 자기의 종전기록을 갱신하면 비록 메달을 따지 못하더라도 잘했다고 박수를 쳐 주는데 축구 등의 순위경기에서는 아무리 골을 많이 넣어도 패배하면 골의 의미가 없어지지.

기록경기의 자세로 살아가는 인생은 행복을 안겨 주고 순위경기를 살아가는 인생은 불행의 씨앗이 될 가능성이 크다는 생각이 들어. 그러나 순위경쟁의 인생이 꼭 재앙적이지만은 않지. 순위를 끌어올리겠다는 욕망, 의지, 노력은 자기 발전의 추동력이고 사회와 문명발전의 견인체이기도 하다네. 마라톤이 기록경기임에는 틀림없지만 무인도에서 마라톤을 한다면 자기 기록을 경신하기 위해서 땀 흘리는 선수가 과연 몇 명이나 될까? 올림픽에서 경쟁자들을 물리치고 금메달을 따겠다는 목표가 없으면 숨 넘어가는 42킬로미터를 뛰어 내는 인고를 참아 내기 힘들지 않겠나.

지금 세상에서는 부모 불평등이 교육 불평등을 거쳐서 소득 불평등으로 이어진다고 말들이 많더라고. 부모 찬스 때문에 계층사다리가 무너져 아메리칸 드림도 사라지고 가난이 대물림되고 있다는군. 그러나 같은 부모 밑에서 자란 여러 형제들 간에도 불평등이 생겨나기 마련이지. 지능, 성격, 태도가 다르고 그것이 나중에 소득 불평등으로 이어지는 경우가 흔하지 않은가. 상대적 불평등이 피할 수 없는 인간사회의 숙명이라면 어느 수준까지는 용인될 수 있을까?

마르크스 자네가 불평등에 대해서 그토록 고민하고 있다는 것은 무척 의외이네. 국부론에서는 불평등을 중요하게 취급하지 않았는데 말이야. 지금 세상에서 벌어지고 있는 불평등이 심각하다는 것을 자네도 느끼고 있다니 다행일세. 우리 둘이서 지금까지 싸우기만 했는데 이제는 공통된 화젯거리를 발견한 것 같네.

자네가 제기한 불평등은 자본론의 주제였던 자본가와 노동자 간의 불평등보다도 더 넓은 범위를 다루고 있네. 자네는 불평등이 피할 수 없을 뿐만 아니라 발전의 유인을 제공하는 자극제로서 필요하기도 한 현상이라고 했지. 나도 어느 정도는 동의하네. 내가 자네 주장에 동의하는 적도 있다니 세상 별일이군.

자네는 불평등과 차이를 혼동하고 있어. 같은 부모 슬하에서 자라난 형제 간에도 잘 살고 못 사는 사람이 있기 마련인데 그건 불평등이 아니라 차이 아닌가? 좋은 머리를 물려받은 자식과 강건한 육체를 물려받은 자식이 층하가 지는 생활을 한다고 해서 불평등하다고 할 수는 없지. 이 세상에 수천 가지 직업이 있는데 직업에 따라서 소득의 차이가 있게 마련이지. 그 차이가 공정하고 상식에 맞는다면 불평등이라고 부를 수는 없어.

자본가와 노동자의 차이는 불공정하고 상식에 맞지 않기 때문에 불평등이고 시정되어야만 하는 거지. 자본을 가졌다는 이유만으로 거금을 벌고 노동력밖에 가지지 못했다는 이유만으로 평생을 가난하게 살고 자식에게까지도 빈곤을 물려주는 세상을 어찌 공정하다고 할 수 있겠는가?

스미스 불평등에는 공정한 불평등이 있고 불공정한 불평등이 있는데 출발선이 같고 과정이 공정하면 그 결과가 비록 불평등하더라도 인정하고 받아들여야 한다고 생각해. 결과까지도 평등하게 해 주겠다는 발상은 실현 불가능할 뿐만 아니라 사회 발전의 싹을 잘라 내고 역사의 정체를 초래하는 위험하기 짝이 없는 사탕발림에 불과해. 자네가 이미 말한 대로 모든 사람이 능력이 다르고 적성이 다른데 어떻게 똑같은 대우를 받게 할 수가 있겠는가? 기회의 균등과 과정의 공정을 확대하면 불평등이 현저히 줄어들 것이고, 그럼에도 불구하고 발생하는 불평등은 받아들여야 하지.

공산주의 국가들은 불평등 자체를 부정하고 금기시하며 결과의 평등이 실현되는 사회를 지향하면서 출발선, 과정, 결과의 전방위에 걸쳐 국가가 나서서 평등한 결과를 만들어 내려고 했지. 개인의 다양성을 무시하고 경쟁의 효율을 부정하며 국가의 능력을 과대평가하는 위험하기 짝이 없는 만용을 부렸는데 결과는 참담한 실패로 끝났어.

소련은 해체되었고 중국은 몰락하기 직전에 다행히 경쟁과 불평등을 인정하는 개혁개방으로 돌아서서 눈부신 성장을 이루어 냈지. 아직까지도 공산주의를 버리지 못하고 있는 북한에서는 평등은커녕 일부 특권층과 대다수 인민들 간의 절대적 양극화에 신음하고 있지. 북한은 공산주의가 타도의 대상으로 삼았던 봉건시대와 비교해서 하나도 나을 게 없는 지옥이야.

마르크스 기회균등과 공정한 경쟁을 보장하는 것으로 불평등을 해결하고 넘어가자는 말이구먼. 아름다운 말이지만 공허하기도 하네. 대부호의 자녀와 가난한 노동자의 자녀 사이에 동등한 기회가 주어질 수 있다니, 자네 지금 제정신인가? 자네가 태어나던 때에 가내수공업장에서 일하는 도제의 아들과 자네 사이에 존재했던 기회불균등을 무슨 수로 균등하게 바로잡을 수 있었단 말인가? 자네 지금 잠꼬대하고 있는 것은 아니겠지. 계급을 없애야만 불평등이 없어진다고. 유산계급을 없애야만 무산계급이 겪는 불평등이 바로 잡힐 수 있단 말이네.

스미스　공산혁명으로 엄청난 피를 흘리면서 유산계급을 없앴는데 그 후에 새로운 유산계급이 나타났고 더 정의롭지 못하고 불공정한 불평등이 출현한 사실을 알고도 그런 소리를 하는 건가? 자네는 좋은 가정에서 태어났지. 아버지는 변호사였고 어머니도 교육받은 사람이었어. 자네가 끼니 걱정을 하는 빈한한 부모를 두었다면 자네의 인생이 어떻게 달라졌을까? 대학교육을 못 받았을 테니 자본론을 쓸 수도 없었을 걸세.

자네 아버지는 자본가는 아니었지만 유산계급이었는데 그럼 자네 아버지도 평등한 세상을 위해서 제거되었어야만 한단 말인가? 좋은 가정을 없애서 만들어지는 평등은 평등을 위한 평등일 뿐이고 아무 의미가 없네. 어려운 가정에서 태어나더라도 좋은 교육을 받고 자신의 인생을 개척해 나갈 수 있도록 도와주는 것이 올바른 길 아닌가?

마르크스　내가 가난한 가정에서 태어나서 제대로 된 학교교육을 받을 기회가 없었다고 하더라도 나는 의지와 노력으로 독학을 했을 것이고 자본론도 집필했으리라고 믿네. 내 인생은 별로 달라지지 않았을 뿐만 아니라 계급혁명에 대한 신념은 더 강해졌겠지.

스미스　자가당착이군. 가정환경이 인생을 좌우하니까 그 환경을 똑같이 만들어야 한다고 해 놓고선 자네는 환경의 영향을 받지 않았을 것이라고 우기니까 말이야. 자네만이 예외적으로 불리한 환경을 극복하는 의지와 노력을 갖추었다고 자만하지 말게. 인간은 누구나 그렇게 될 수 있다고. 옛말에 부자가 3대에 걸쳐서 지속되기는 어렵다고 했지. 부잣집 자식은 나태하고 방종할 수 있는 반면에 가난한 집 자식은 잘 살아보겠다는 각오가 남다르고 부단한 노력을 하는 경우가 많지. 세상 이치가 그렇지 않은가.

기회균등에서 가장 중요한 교육기회를 예로 들어 보자고. 봉건시대에는 귀족의 자제들만 교육을 받을 수 있었고 상민과 천민의 자제는 아예 기회조차 주어지지 않았지. 부르주아혁명으로 신분제도가 없어지면서 학교의 문은 누구에게나 열리게 되었고 기회의 균등이 보장되게 되었네. 그런데 오늘날은 모든 자녀들이 학교에 갈 수 있음에도 불구하고 기회의 불균등에 대한 불만이 팽배해 있고 불공평한 교육이 계층 상향의 사다리를 무너뜨리고 신분세습의 통로가 되고 있다는 비판이 커지고 있네.

부모의 재력이 풍부하고 지위가 높으면 그 자녀는 고액과외를 받고 그렇지 않은 가정의 자녀는 공교육만 받을 수 있으니까 실질적인 기회균등이 깨지고 있다는 것이지. 물론 이 인식은 학원교육이 학교교육에 비해서 우월한 입시준비를 제공한다는 전제를 바탕에 깔고 있는데 어느 정도는 사실임을 부정할 수 없어.

교육기회를 더 평등하게 넓히기 위해서 여러 가지 조치를 취하고 있지. 장학금 지급, 학자금 대출, 소수인종이나 빈곤가정 자녀우대 등은 광범위하게 시행되고 있네. 더 과격한 방법은 학교평준화를 시도하는 것이지. 일류학교를 없애고 입학시험을 폐지하고 모든 학교에 추첨이나 거주지 인근배정으로 입학하게 하는 거지. 과외수업과 학원수업을 금지하는 경우도 있다는군. 참으로 어리석은 짓이야. 평등한 교육은 지능의 고저, 학력의 다소를 불문하고 획일적으로 같은 수업을 받게 하는 것이 아니지. 학생 개개인의 처지에 맞추어서 적합한 교육을 시키는 맞춤형 교육이 진짜 평등한 것이고 또 공정한 것이지. 학업성취도가 뒤떨어지는 학생에게 따라가지도 못하는 수준으로 가르치는 것은 불공정하기 짝이 없고 반교육적인 처사이네. 학교가 획일화되면 학생들은 원하는 교육을 제공하는 학원으로 몰려 갈 수밖에 없어. 학교평준화 정책은 의도하지 않게 학원사업자의 주머니를 채워주는 비교육적인 결과를 초래하기 마련이라고.

참다운 기회균등은 획일적인 것이 아닌 다양한 기회의 문을 열어놓고 각자의 환경, 지능과 소질에 적합한 기회를 붙잡고 노력하면 합당한 대가를 받을 수 있도록 하는 것이네. 공부보다 운동에 소질이 있으면 그 소질을 살려주고 수학보다는 음악, 미술에 적성이 맞으면 그걸 발휘하도록 해야지. 그리고 사회에서도 고졸과 대졸 간의 봉급이 지나치게 차이가 나지 않도록 합리적인 보수체계를 마련하고 취업과 승진에서 학벌주의와 연고주의를 지양하고 성과주의에 충실하도록 해야 하네. 공정한 경쟁이 시장뿐만 아니라 사회의 모든 부문에서 이루어지도록 해야 하지.

마르크스 성과주의가 경쟁의 공정성을 보장한다고? 성과는 능력과 노력이 합쳐진 결과지. 노력은 본인이 하기 나름이라고 치자고. 능력은 타고나는 것 아닌가? 본인의 노력으로 능력이 커지기도 하지만 부모로부터 물려받은 자질이 더 중요하거든. 이 점을 감안한다면 성과에 따라서 보상을 결정하는 자본주의의 분배원칙이 불공정한 불평등을 확대하지. 승자가 모두 가져가는 것을 당연시하는 경쟁

몰입주의는 공정하지 않다고. 열심히 노력하면 성과가 다소 뒤떨어지더라도 적절한 보상을 하는 것이 인간의 얼굴을 한 자본주의라는 점을 자네가 깨우쳤으면 하네.

누구나 배우고 싶은 것을 배울 수 있도록 해 주는 것은 국가의 기본적인 의무네. 누구나 아플 때는 병원에 갈 수 있도록 해 주는 것도 마찬가지지. 교육과 의료는 의식주에 이어서 사람다운 생활을 하기 위해서는 필수품이지. 유산계급이야 자기 재산으로 원하는 것을 손에 넣을 수 있지만 노동자들이야 그럴 수 없지.

공산주의 국가에서 교육과 의료를 국가가 책임지고 무료로 제공한 것은 정말 잘한 일이었어. 학교와 병원을 국유화하고 교사와 의사를 국가가 고용해서 이익의 압박에서 벗어나게 해 주었지. 이익에 구애받지 않고 인민들이 필요로 하는 교육과 의료서비스를 마음껏 제공할 수 있게 만들어 주었다고.

스미스 좋은 정책을 준비했었구먼. 그러나 학교와 병원을 국가가 운영하는 경우에 자칫 획일주의와 관료주의에 빠져서 학생과 환자가 원하는 서비스를 제공하지 못하고 서비스의 품질이 조악해지면 형식적 평등에 대한 비싼 대가를 치르게 될 걸세. 영국에서도 의료를 공공서비스로 제공했는데 의료의 질이 떨어지고 유능한 의사들이 외국으로 빠져나가는 부작용이 가볍지 않았다고 들었네.

내가 강조하고 싶은 것은 절대적인 기회균등을 내세우면서 기계적인 접근에 치우친 나머지 모든 사람들을 동일한 출발선상에 세우겠다는 목표를 세우면 그 부작용이 만만치 않다는 것이네. 인생 경주는 육상처럼 단순하지 않지. 모든 사람들은 태어날 때 이미 다른 출발선상에 있네. 두뇌, 체격, 성품이 각인각색이지. 다른 출발선상에서 다른 목표를 향해서 달리는 것이 인생 경주 아닌가. 머리가 좋으면 학자, 체격이 좋으면 운동선수, 창조적이면 문화예술가, 개척적이면 사업가의 트랙으로 들어서서 열심히 달리는 것이 바람직한 사회이지.

인생은 마라톤 경주인데 같은 출발점에서 출발해서 같은 골인지점으로 들어오는 하나의 코스에 모든 사람들이 몰려들게 할 것이 아니라 방방곡곡에 수백 개의 달리기 길을 준비해서 각자의 적성과 희망에 맞추어 선택하게 하는 것이 바람직한 거지.

기회균등을 맹목적으로 강조하다 보면 가난한 학생이 어려운 처지를 벗어나기 위해 혼신의 노력을 하려는 의지를 꺾고 대신 자신의 불우한 환경을 탓하고 사회의 모순에 모든 책임을 돌리게 하는 부작용이 생기지. 이 점은 특히 좌파 정치인들이 경계해야 해. 자신의 정치적 목적과 이익을 탐한 나머지 젊은이들로 하여금 자신의 어려운 처지를 사회와 국가 탓으로만 돌리게 오도하는 것은 겉으로는 젊은이들을 배려하는 것처럼 보이지만 사실은 그들을 더욱 궁지로 몰아넣는 것 아니겠나.

불평등 해소를 위해서 기회균등이 중요하지만 과정의 공정성 또한 이에 못지않게 중요해. 과정이 공정하기 위해서는 경쟁의 규칙이 객관성, 명확성, 투명성, 공평성의 기준을 갖추어야 하지. 구체적인 논의를 위해서 다시 교육을 예로 들어 보겠네.

초등학교 입학 전에 가정환경을 똑같이 만들어 준다는 비현실적 가정을 해 보자고. 입학 후에는 경쟁이 시작되는데 시험을 치면 성적이 차이가 날 수밖에 없지. 같은 선생님에게서 똑같이 배우는데도 우열의 갈림길은 피해 갈 수가 없어. 학생에 대한 평가가 명확성, 투명성, 공평성을 갖추었으니 과정은 공정하고 그러므로 그 결과는 받아들여야 해.

우수한 학생에게는 자신의 학력에 맞는 교육을 받을 기회가 주어져야 하지. 추첨이나 학군배치로 학력의 차이를 무시하고 같은 중학교에 집어넣어 같은 수준의 수업을 받게 하면 우수한 학생은 학업의 흥미를 잃게 되고 스스로 독학하든지 사설학원으로 발길을 돌리게 될 거야. 우수한 학생의 입장에서 보면 이는 공정한 경쟁이 아니지. 교육을 평등하게 하느라고 학교를 평준화하는 조치는 경쟁의 공정성을 해치는 것이네. 기회균등이 중요하지만 과정의 공정성 또한 이에 못지않게 중요하네.

과정을 기계적으로 평등하게 하려면 개개인의 학력을 무시하고 모든 학생들에게 똑같은 내용과 수준으로 획일적인 수업을 하는 웃지 못할 일이 생기지. 아마도 중간 정도의 학생 수준에 맞춰 가르쳐야 할 것이네. 그러면 우수한 학생은 흥미를 잃고 중간 이하의 학생은 너무 어려워서 따라가지 못하고 뒤처질 거야. 이는 기계적 공정성을 위해서 교육의 핵심인 가르침을 희생시키는 어리석기 짝이 없는 짓 아니겠나.

기회균등과 과정의 공정을 경제행위에 대입시켜 보겠네. 경제행위에서 기회균등을 파괴하는 주범을 꼽으라고 하면 각자가 출발선상에서 보유하고 있는 자본(돈)의 크기가 다르다는 점 아니겠나. 무일푼인 사람은 1억 원을 가진 사람에 비해서 5천 미터 경주의 출발선이 적어도 백미터 정도는 뒤에 있는 셈이지.

자네가 자본가계급을 유산계급, 노동자계급을 무산계급으로 구분한 것은 자본의 유무가 불평등의 핵심이라고 믿었기 때문이었지. 그런데 이 문제는 금융자본시장의 발달에 의해서 거의 대부분 해결되었다고 보네. 지금의 자본주의에서는 창의적 아이디어와 열정이 있으면 다양한 모험자본가들이 기꺼이 자본을 공급할 의향을 가지고 있지. 미국에서 억만장자의 반열에 오른 창업가들이 무일푼으로 시작했으나 모험자본가의 투자 덕분에 기업을 키울 수 있었지.

기업이 아닌 개인의 경우에 출발선부터 기회의 차이가 나는 가장 큰 이유는 부모의 재력 때문이지. 부모의 돈으로 좋은 교육을 받고 집을 장만하는 사람은 그렇지 못한 사람에 비해서 출발선이 멀찌감치 앞에 있는 것이 사실이지. 그 해법의 하나는 상속세와 증여세를 중과하여 출발선을 최대한으로 접근시키는 거야.

또 다른 해법은 무상교육을 실시하고 쾌적한 임대주택을 충분히 공급하는 것인데 자본주의는 이런저런 방책을 통해서 기회의 평등을 높이기 위한 노력을 부단히 해 오고 있다는 사실은 인정해야겠어. 물론 부모 찬스의 불평등을 만족할 만하게 줄이지는 못하고 있는 것 또한 사실이지.

나는 자본가의 상속세와 증여세는 무겁게 물리는 것이 올바른 방향이라고 생각하네. 시장옹호론자들은 상속증여세의 중과가 사유재산제도의 본질을 훼손할 뿐만 아니라 자식에게 재산을 물려주고 싶다는 종족번식본능을 거슬려서 경제하는 동기를 약화시킨다고 비판하지. 그러나 선진자본주의 국가에서는 자식에게 기업을 물려주는 관행이 현저하게 줄어들고 있음을 감안해야 할 것이네.

마르크스 내가 자본가 유산계급을 숙청하면 노동자 무산계급만 남아서 출발선의 불평등은 싹부터 잘려 나갈 것이라고 믿었는데 공산당 간부, 행정부 고위직, 군 장교, 경찰 간부, 인기 운동선수, 인기 연예인 등이 새로운 유산계급으로 등장하고 국영기업 간부들까지 자본가 행세를 해서 기회의 불평등이 무럭무럭 자라더군. 반면에 노동자들은 여전히 무산계급이었어.

진정한 공산주의는 권력형 유산계급이 출현하지 못하게 하고 노동자들을 모두 유산계급화해야만 비로소 현실에서 모습을 드러내는 거지. 나에게 그러한 사회를 이루어 나갈 기회가 없으니 애통할 뿐일세.

스미스 일반인들이 예민하게 체감하는 분야가 직장생활에서의 공정성이지. 채용, 승진, 평가, 연봉산정 등에서 공정성 문제는 일상적으로 부딪히는 문제 아닌가? 부정입학, 부정채용, 학연과 지연 등의 정실관계를 통한 승진은 직장인들에게 좌절감을 심어 주고 분노를 불러일으키고 사회적 일체감을 균열시키지. 대부분의 경우에 정실주의의 이익을 누리는 계층은 부와 권력을 가진 자들이기 때문에 불평등이 불공정성과 결합되어 기득권층에 대한 반감을 증폭시키는 것 아니겠나.

과정의 공정성을 높이기 위해서 시급히 정착시켜야 할 과제는 능력주의, 실적주의의 원칙을 공고히 하는 것이네. 정실주의는 끈끈하게 얽혀 있는 사적인 인간관계를 외면하기 어려운 인습의 탓도 크지. 어떤 사람들은 이를 두고 사회문화적 현상이라고 호도하지만 타파되어야 할 대상을 두고 문화적 배경 때문에 그렇다고 모호하게 에둘러

대면 비판의식을 잠재우기 때문에 삼가야지.

일반적으로 사람들은 정실주의에 대해서 내로남불의 이중적인 태도를 지니지. 남의 정실주의에는 열을 내면서 비판하다가도 막상 자신의 일이 되면 은근슬쩍 영합하는 것이 비일비재지. 우리는 무슨 일을 하다가 막히게 되면 그걸 해결하기 위해서 주위의 영향력 있는 친구, 선후배, 지인들을 찾아내 부탁하곤 해. 부탁을 받는 사람은 원칙에 어긋나는 것을 알면서도 냉정하게 거절하는 데에 심적인 부담을 느끼네. 시종일관 원칙을 지키기 위해서 부탁을 거절하다 보면 어느 사이에 의리 없는 사람, 냉정한 사람, 이기적인 사람이라는 손가락질을 받게 되지.

외부의 힘 있는 사람의 부탁을 거절하면 자신에게 돌아올지도 모르는 불이익을 염려해서 마지못해 들어주는 경우 또한 흔하지 않은가. 이걸 냉정하게 바라보면 자신의 이익을 지키기 위해서 원칙을 저버리는 것이고 그 결과는 과정의 불공정성을 야기시켜서 조직원의 사기 저하와 불만을 초래하게 되네. 사회의 각 부문에서 이러한 불공정한 관행이 팽배하다 보면 결과를 승복하지 않고 부정하게 되고 급기야는 경쟁 자체에 대한 비판과 거부가 퍼져 나가 절대적이고 기계적인 평등을 요구하는 목소리가 커지게 되지.

기회가 균등하게 주어지고 경쟁 과정이 공정하게 이루어진다고 하더라도 결과는 차별화될 수밖에 없지. 머리가 좋은 사람과 나쁜 사람, 열심히 노력하는 사람과 게으른 사람, 사교적인 사람과 고립적인 사람, 내성적인 사람과 외향적인 사람 등 무수한 요인들에 의해서 결과는 다르게 나타날 수밖에 없는 거지.

이는 운동선수들을 보면 분명해지네. 스포츠의 세계는 기회의 균등과 과정의 공정이 비교적 확립되어 있는 분야이지. 어릴 때부터 재능과 소질을 보이면 비록 집안 형편이 어렵더라도 운동선수로서 훈련받고 경기에 출전할 수 있는 기회의 문이 다른 분야에 비해서 넓다고 알려져 있네.

선수 생활을 시작한 이후에는 기본적으로 기록과 성적에 바탕해서 평가받고 연봉이 정해지지. 그런데 연봉 차이를 보면 양극화의 전형적인 모습을 보여주고 있네. 프로스포츠의 스타선수 연봉과 평범한 선수의 연봉 격차가 상상을 초월하는 것은 우리도 잘 알고 있지. 그럼에도 불구하고 소득양극화에 대한 논쟁은 별로 없고 당연한 것으로 받아들이는 분위기 아닌가. 객관적이고 투명한 경기성적에 근거해서 연봉이 산정되기 때문에 불만을 제기할 소지가 원천적으로 차단되는 것이지.

선수선발 비리, 승부조작, 약물복용 등의 공정성 파괴행위는 엄격하게 감시되고 적발되면 그에 따른 대가를 치르게 되지. 선수들은 자신의 경기력을 끌어올리기 위해서 연습에 몰두함은 물론이고 체력관리를 통해서 부상을 예방하고 사생활까지도 경기력에 지장을 주지 않도록 신경을 쓰지.

나는 직장에서의 경쟁도 스포츠 경기처럼 이루어지는 것이 바람직하다고 생각하네. 실적주의를 철저하게 적용하는 것이 조직의 발전, 개인의 능력개발, 구성원 간의 갈등해소를 가져올 수 있다고 생각해.

기회가 균등하게 주어지고 과정이 공정하게 이루어져 그 결과로 생겨나는 불평등은 공정한 것이네. 우리는 그걸 받아들여야 하네. 그걸 부정하고 결과의 평등까지를 추구한다면 그 대가로 성장과 발전을 포기해야 한다는 점을 분명히 짚고 넘어가야 하지.

결국 불평등은 인류 역사에서 항상 있어 왔고 피할 수 없는 것이기 때문에 불평등 자체를 죄악시하고 절대평등사회를 건설하겠다는 것은 실현될 수 없는 이상이며 허황한 공리공론과 다름없네. 절대평등사회를 건설하겠다는 잘못된 목표를 추구하면 결과적으로는 역사의 정체와 퇴보라는 재앙이 찾아오기 마련이지.

따라서 현실적인 최선의 접근은 기회의 균등과 과정의 공정성을 담보하기 위한 제도적인 장치들을 마련해 나가는 것이라고 생각해. 이 두 가지 조건이 충족되는 경쟁은 공정하고 합리적인 것이며 우리의 상식적인 정의감에도 부합되지. 이러한 경쟁을 거쳐서 결과적으로 나타나는 불평등은 공정한 불평등으로서 인정하고 받아들여야 하네. 공정한 불평등마저도 거부하는 것은 경쟁 자체를 부정하는 것과 같으며 인류문명의 발전동력을 잠재우는 것이라고 생각해.

마르크스 자네의 장황한 설명을 끝까지 듣자니 인내심이 꽤 필요했어. 내 이미 말했지만 교육분야에서 기회균등과 경쟁의 공정성을 확실히 확보하려면 교육을 국유화해서 부잣집 자식이건 가난한 집 자식이건 가리지 말고 같은 학교에 입학시켜야 해. 돈 많은 부모들이 온갖 수단을 동원해서 고액과외, 스펙 쌓기에 집중하고 그걸 기화로 돈벌이에 골몰하는 입시전문학원이 성업 중인데 무슨 수로 교육에서 공정을 이루어 낼 수 있는가?

자네가 길게 말했지만 내가 이해하기로는 세상은 원래 불공평하고 불공정한 것이니까 참고 사는 수밖에 없다는 체념으로만 들리네. 가진 것이 아무것도 없는 노동자 부모를 둔 학생이 들으면 자네 말은 아무런 위안도 되지 않네.

모든 학교를 국유화한 이후에 학교 내에서는 학력을 감안해서 맞춤형 교육을 시켜야 하고 잘하는 학생보다는 뒤처지는 학생들의 학력을 끌어올리는 데 자원을 많이 쓰는 것이 교육 본연의 책임이지. 잘하는 학생은 스스로 공부하거든.

자네는 공산주의가 결과의 절대적 평등을 꿈꾸다가 그 꿈과는 반대로 또 다른 불평등을 만들어 냈고 생산력마저 무너지게 만들어 가난의 평준화와 불평등사회의 결합이라는 최악의 결과를 빚었다고 비난하지. 소련과 모택동 중국이 그러했고 지금의 북한이 그러하다는 점은 나도 인정하네.

그러나 나는 경쟁을 부정하지 않았어. 중앙계획경제를 옹호하지도 않았지. 다만 노동자들이 주인이 되어 기업을 경영해야만 계급대립의 원천이 사라지고 불평등과 불공정도 없어진다고 했을 뿐이야.

스미스 자네가 반복해서 중앙계획경제와 공산당 독재정치를 결합한 현실 공산주의는 자네가 의도했던 진짜 공산주의가 아니었다고 강조하니 점점 더 진짜 공산주의의 정체가 궁금해지네. 자세히 설명해 주리라 기대하겠네.

자네도 인간이 불완전하고 모순적이고 이중적이기도 하다는 진실을 외면하지 말게. 공산주의가 걸핏하면 인간개조론을 내세우는데 한번이라도 성공한 예가 있었는가? 그래도 계몽주의가 세상을 좋은 방향으로 바꾸는 데 공헌했으니 앞으로도 이성과 합리적인 논의를 통해서 불공정과 불평등을 줄여 나가는 것이 상책이네.

인간개조를 통해서 절대평등사회를 이루려고 했던 자가 바로 캄보디아의 폴 포트였지. 그는 급진 공산주의 세력인 크메르루주를 이끌고 캄보디아를 장악한 후에 자본주의의 맛을 본 지식인들을 무차별 살육했지. 인종청소가 아니라 이념청소, 계급청소를 감행했어. 배우지 못한 농민과 노동자들을 집단농장에 수용하고는 강제노동을 시켰지. 청소년들을 학교에 보내는 대신 군사훈련장으로 보내서 책을 잡아야 할 어린 손에 총을 잡게 하고는 반동분자들을 감시하게 했지. 모택동의 영구혁명론을 모방했다는데 더 급진적이고 악질적인 자기도취, 과대망상증 환자였어. 그는 캄보디아 국민들을 고통의 나락으로 빠뜨리고 나서도 전혀 반성하지 않는 정신이상자였지.

히틀러, 모택동, 스탈린, 폴 포트 같은 미치광이 때문에 숱한 죄 없는 사람들이 죽고, 다치고, 굶주리고, 수용소에 끌려가고, 고통받는다는 것은 극우, 극좌의 이념광신자들이 활개를 쳤기 때문이야. 오늘날 푸틴, 시진핑, 김정은도 날이 갈수록 그들을 닮아 가고 있으니 참으로 걱정이지.

내가 천당에서 들은 이야기인데 미국의 케네디 대통령이 제2차 세계대전에 참전하여 해군함정을 지휘하다가 적함의 공격을 받아 침몰할 때 입은 허리부상으로 평생을 고생했다고 하지. 그의 아버지가 부호였고 영국대사를 역임하기도 한 영향력 있는 사람이었는데 왜 아들을 후방근무로 빼지 않고 전투현장으로 내보냈는지 의아하기도 했지.

나중에 케네디 대통령이 말하기를 후방부대에서 안전하게 행정업무를 하는 군인도 있고 생과 사가 마주 보고 있는 전투현장에서 싸우는 군인도 있는데 그 행운과 불운의 엇갈림이 인생이라고 했다는군. 이 이야기는 두 가지 뜻을 함축하는데 하나는 부자 아들과 가난한 아들이 태생적으로 처하는 불평등은 세상살이의 피할 수 없는 부분이라는 것이고 또 하나는 돈으로 안전한 후방근무를 매수할 수 없도록 해서 불평등이 불공정을 낳지 못하도록 해야 된다는 것이네.

부잣집 자녀가 게으르고 나태한 생활에 젖어서 물려받은 재산을 탕진할 수도 있고 가난한 집 자녀가 이를 악물고 노력해서 자수성가하는 경우도 있는 것이 세상 이치 아닌가? 가난한 집 자녀가 자신의 불운을 탓하고 부잣집 자녀를 미워하는 것이 과연 자신을 진정으로 위하는 길인가?

또한 2차대전 당시의 미국군대의 배치행정이 정실주의에 오염되어 있었다면 케네디는 그렇게 담담하게 회고하는 대신에 부모 찬스를 동원해서 안전하게 후방근무를 하는 자들을 원망하고 사회를 향한 분노를 키웠을 거야. 경쟁이 공정하면 기회의 차이가 빚어내는 숱한 문제들을 어느 정도는 완화할 수 있다고 생각하네.

마르크스 결국 자네는 세상의 불평등을 심각하게 여기지 않는구먼. 가난하고 소외된 자들은 자신의 힘든 삶을 운명으로 받아들이고 체념이 주는 마음의 평화를 누리라는 거구먼. 자신의 삶은 스스로 개척해야 하는 것이니까 부모 탓, 사회 탓, 자본가 탓, 정치 탓 하지 말고 더 열심히 뼈 빠지게 일하라는 거지. 그러면서 경쟁이 공정하면 결과의 불평등은 받아들여야 한다는 맥 빠진 설교를 늘어놓고 있네 그려.

기회가 균등하고 경쟁이 공정한 자본주의가 도대체 존재한 적이 있는가? 꿈 같은 가정을 세워 놓고는 현실의 불평등을 감추고 축소, 은폐하려고 하는 자네가 진짜 학자 맞는가? 자네는 오로지 자신의 관심사항에만 주의를 집중하고 다른 문제에는 눈을 감는 성격인 것 같아. 전체적인 국부를 키우는 것에만 관심이 있을 뿐이고 국부가 누구의 수중으로 들어가는지에 대해서는 무관심한 것 같아.

자네가 능력주의를 찬양하는데 물론 정실주의보다야 낫지. 그러나 결국은 가진 자들이 자신들의 기득권을 정당화하는 도구에 지나지 않아. 태생적으로 우월한 위치를 차지하고 태어난 후에 좋은 교육, 좋은 학교, 좋은 직장을 차지하고 상속과 증여로 땀 흘리지 않고도 유산계급이 되는 자들이 오로지 자신들은 능력이 뛰어나서 모든 것을 누린다고 합리화하는 거지.

스미스 내가 자네에게 한 가지는 자신 있게 얘기할 수 있네. 온갖 비방에도 불구하고 현실 세계에서 노동자의 삶을 향상시켜 준 체제는 공산주의, 사회주의가 아니고 자본주의라는 사실 말일세. 자네가 말과 글로는 노동자를 위해서 목숨까지도 바칠 것처럼 의인 행세를 하지만 정작 행동으로 도움을 준 것이 무엇인가? 혁명하라고 그들을 사지로 내몰고는 권력에 굶주린 가짜 혁명가들의 억압 밑에서 노예적 삶을 이어가게 하지 않았는가?

빈곤과 불평등은 구별해야 하네. 자본주의가 빈곤 해결에는 눈부신 성과를 보여 주었지만 불평등을 낳고 키운 폐해가 있네. 빈곤은 자본주의의 모자람 때문에 해소되지 않는 것이고 불평등은 자본주의의 넘침 때문에 악화된다는 말일세. 나도 이번 여행을 통해서 분배의 불평등 문제를 더 이상 외면해서는 안 된다고 느꼈네. 국부의 증진과 분배는 동전의 양면이고 수레의 두 바퀴와 같다는 점을 깨달았다는 말일세.

그러니 이런 백해무익한 논쟁은 그만두고 이 세상의 상대적 불평등을 줄일 수 있는 지혜를 같이 짜내 보자고.

IV

공산주의의 몰락과
부활을 향한 기대

중앙계획경제의 파탄과 협동조합의 희망

마르크스 자네는 공산주의가 사라지고 자본주의가 득세하는 세상을 보면서 자네 예언이 맞았다는 자족감에 빠져 있는 것 같아. 인간의 이기심을 인정하고 부추기는 자본주의가 국부를 계속 늘려 주고 빈곤을 줄여 주었다는 점은 나도 인정할 수밖에 없네. 노동자의 삶은 자신의 생명을 부지하고 가족을 겨우 먹여 살리는 수준에서 정체될 것이라고 한 나의 예언은 적중하진 않았네. 미국과 유럽의 선진자본주의 국가에서 많은 노동자들이 중산층의 안정된 삶을 누리게 되었다는 점을 부정할 수는 없지. 물론 최근에 와서는 양극화가 심화되어 많은 노동자들이 다시 빈곤의 나락으로 떨어지고 있네만.

속이 쓰리지만 자네의 흐뭇함을 방해할 생각은 없네. 사실 나는 자본주의의 운명에 대해서 자네와 생각은 180도 달랐지만 자네를 은근히 좋아하고 존경하거든. 자네는 인간적으로 성실하고 학문적으로 진지하며 사상적으로도 균형을 갖춘 사람이네. 자네가 비록 자본가의 자유를 옹호하였지만 그들의 계급적 이익을 대변한 것이 아니고 자본가의 탐욕이 사회 전체의 이익으로 연결된다는 전제하에서 출발한 것이었지.

자네의 득의만면과는 반대로 나는 의기소침이야. 내 꿈과 이상이 제대로 실현된 곳이 거의 없다시피 하니까. 내가 죽은 이후 34년이 지난 1917년에 러시아에서 최초의 공산주의 국가가 탄생하였네. 그러나 제정 러시아를 거꾸러뜨린 것은 공산주의자들만의 힘이 아니었어. 굶주린 민중들은 빵을 달라고 행진하면서도 황제의 초상화를 들고 있었을 정도로 혁명의식이 약했어. 지도자들도 공산주의자, 공화주의자, 자유주의자, 무정부주의자 등으로 다양하게 분열되어 있었지.

1917년의 2월 혁명에서는 케렌스키가 이끄는 공화정부가 들어섰지만 10월에 레닌이 이끄는 볼셰비키 공산주의자들이 정권을 장악하고 공산주의 세상을 만들었지. 나는 천상에서 그 광경을 지켜보면서 기쁨의 눈물을 흘렸어. 아! 드디어 노동자들의 천국이 만들어지기 시작했구나. 나의 유토피아가 그 모습을 드러내고 인류 역사상 처음으로 노동하는 사람들이 주인이 되고 인간다운 삶을 누리게 되겠구나.

혁명 초기에는 눈부신 성과도 있었고 유토피아가 실현되는 것처럼 보였어. 공산당의 일사불란한 지도하에 철강, 조선, 석유화학, 자동차, 항공 등 중화학공업에 집중적으로 투자하니까 성장률이 쑥쑥 올라갔지. 농업국가였던 러시아가 공업국가인 소련으로 빠르게 변신했어. 과학기술도 비약적으로 발전해서 미국보다 먼저 스푸트니크 인공위성을 쏘아 올렸을 때는 미국이 거의 심리적 공황상태에 빠졌지. 국방력에서도 미국에 이어서 원자탄과 수소폭탄을 개발하여 미국과 대등한 수준까지 올라섰어.

노동자들의 삶도 개선되었어. 국가에서 주택을 제공하고 일자리를 보장해 주며 학교와 병원은 무료이고 극동시베리아의 주민들은 꿈에 그리던 모스크바로 유급휴가를 갈 수 있었어. 1930년대만 하더라도 소련의 공산주의는 성공가도를 달리고 있는 것처럼 보였지. 반면에 1929년에 대공황의 폭격을 맞은 자본주의는 휘청대고 있었고 미래는 암울해 보였어.

엉뚱한 말을 할 테니 양해하게. 만약에 나치독일이 공산주의를 채택하고 소련과 연합하여 2차 세계대전을 일으켰다면 결과는 어떻게 되었을까? 유럽 전역이 공산화되고 혁명의 열기는 중국, 아프리카, 중남미로 퍼져 나갔겠지. 민주주의 시장경제는 미국에 의해서 겨우 명맥을 유지하고 있었겠지만 고립된 미국이 패권국가가 될 수는 없었을 거야.

공산주의 사상에 투철하고 공산당에 대한 충성심이 증명되면 흙수저 출신도 공산당원이 되고 간부급으로 올라갈 수 있었지. 거의 모든 국가요직은 노동자 출신이 차지했으니까 프롤레타리아독재가 실현되었다고 볼 수 있어. 초대 지도자 레닌은 소련 수립 후에 몇 년 안 가서 사망했고 뒤를 이은 스탈린은 중화학 중심의 중앙계획경제를 강화하고 1인 숭배의 철권통치를 폈어. 대숙청을 자행하여 반체제 인사는 물론 정적까지도 무자비하게 탄압하고 처형했으며 서방과의 대결구도를 선명하게 전개해 나갔지.

스탈린 사후에 권력을 장악한 흐루쇼프는 1964년까지 소련을 통치하면서 중화학공업 일변도에서 벗어나 생활필수품의 생산을 장려했고 서방과의 공존을 추구하며 스탈린 격하운동을 전개했어. 1959년도에 미국을 방문한 그는 소련이 경제적으로 미국을 추월할 것이라는 강한 자신감을 나타내기도 했지. 그러나 나의 기쁨은 그리 오래가지 않았고 실망과 좌절감으로 바뀌어 내내 나를 괴롭혔어. 소련경제가 모순과 파행을 드러내기 시작했거든. 즉 중앙계획경제의 한계가 발목을 잡게 되었어.

스미스 중앙계획경제가 실패한 원인이 무엇이라고 생각하나?

마르크스 소련에서는 중앙계획기구에서 상품의 생산량과 가격을 결정해 국가소유물로 바뀐 기업에게 하향식으로 지시했지. 중앙계획기구의 직원들이 헤아릴 수 없이 다양한 상품의 수요를 예측하고 그 수요량에 맞춰 생산량을 결정하고 수요와 생산이 일치하는 가격을 계산했던 거야. 자네가 신뢰하고 의존했던 시장가격기구가 수행하던 기능을 중앙계획기구가 수행하려고 했어. 보이지 않는 손을 보이는 손으로 대체한 거지. 무모하기 짝이 없는 짓거리 아닌가? 내가 지금 아무리 머리를 굴려 보아도 불가능한 경제계산을 하려고 했어.

소비재의 수요예측을 어떻게 할까? 전 국민들을 대상으로 설문조사를 하나? 전년도의 소비량을 기초로 하고 인구변화를 감안해 증가시키나? 여하튼 무슨 수를 써서라도 예측을 했어야만 했겠지. 공산당의 지엄한 명령에 복종해야만 하니까. 수요예측이 어긋나면 생산에 맞춰 배급하면 된다고 결론 내렸겠지. 수요를 공급에 맞추는 거야. 실제로 그런 일이 일어났지 않았나? 똑같은 집, 비슷비슷한 음식과 옷으로 생활하게 되었고 공산당이 호언장담하던 평등사회가 획일적, 기계적 모습으로 형성되기 시작했어.

생산단계에서는 모든 상품의 투입산출표를 만들어서 생산에 필요한 투입원재료의 양을 계산하는 거지. 기술이 발전해서 투입원재료의 양이 줄어들면 즉각 투입산출표를 수정했겠지. 그러한 경제계산이 이론적으로는 가능할 수도 있을 거야. 그러나 현실적으로는 불가능하지. 더욱이 컴퓨터의 연산기능이 초보적 수준에 머물렀던 당시에는 더더욱 한계가 명백했겠지.

국영기업의 경영은 공산당원이 맡았어. 그는 열혈 공산당원이니까 중앙에서 하달되는 지시를 충실히 따르면서 기계적으로 생산할 당량을 채우고 기계적으로 수요기업과 배급기관에 보내는 일을 반복했겠지. 혁신적인 기업가정신이 들어설 공간은 손톱만큼도 존재할 수가 없었어.

스미스 자네가 생각했던 대로 전개되었던 건데 어찌해서 그렇게 부정적인가?

마르크스 나는 대부분의 학문적 연구를 자본주의에 대한 비판에 집중했고 실천적으로는 노동자혁명을 선동하는 데 정열을 쏟았어. 상대적으로 공산주의 경제를 어떻게 운영해야 되는지에 대해서는 소홀했어. 지금 생각하면 나의 치명적인 약점이라는 회한이 들기도 하네. 낡은 세상을 파괴하면 새로운 세상이 온다는 메시아적 예언을 했지만 정작 그 새로운 세상에서 생산과 분배가 어떻게 이루어지는지에 대해서는 체계적인 분석과 효과적인 대안을 제시하지 않은 거야.

자본가를 축출하고 노동자들이 공장을 접수한 후에 자치적 조직을 만들어서 경영한다는 모호한 공유경제를 제시했지. 지금 생각하니 협동조합조직을 머릿속에 그리고 있었던 것 같아. 영국의 사회주의자였던 로버트 오웬은 1800년에 맨체스터에서 1,500명의 공원을 고용하는 방적공장을 경영하면서 일종의 협동조합형태를 적용했어.

그가 자본가들이 가져가던 몫을 돌려 임금을 올려 주고 근로조건을 향상시켜 주니까 생산성이 눈에 띄게 올라가더라는 거야. 하지만 사유재산을 부정한 그는 영국에서 견디지 못하고 미국으로 건너갔지. 미국에서 자본가로 번 돈을 몽땅 투자해 협동촌을 건설했지만 실패로 끝나고 말았어. 영국보다도 더 사유재산을 신봉하고 경쟁에 익숙하며 평등보다는 성과에 따른 보상을 선호하는 미국 자본주의의 풍토와는 맞지 않았을 거야.

스미스　협동조합을 공산주의의 생산조직으로 생각하였다니 새롭게 들리네. 나는 협동조합에 대해서 회의적이네. 취지는 좋지만 인간의 본성과는 맞지 않아서 보편적이고 지속가능한 경제조직으로서 정착되기 힘들다고 보네.

협동조합경제는 19세기 영국의 공상적 사회주의자들이 꿈꾸었던 이상향이기도 한데 공동소유와 공동생산 및 공동분배를 근간으로 하고 경쟁 대신 협력하는 공동체를 뜻하는 것이었어. 협동조합에서는 조합원 모두가 주인이므로 노사 간의 대립과 갈등이 원천적으로 제거된다는 거야. 조합원들은 타율적으로 일하는 것이 아니라 자율적으로 즐겁게 능력에 따라서 일하고 성과물도 평등하게 분배한다는 거야.

협동조합의 근원적인 문제점은 조합원들로 하여금 최선을 다하게 하는 유인체계가 부족하다는 점이네. 생산에 대한 기여에 비례해서 성과물이 분배되지 않고 균등하게 분배된다면 도덕적 해이와 무임승차가 기승을 부릴 것이 뻔하지 않은가? 프로축구팀에서 성적을 불문하고 연봉을 동일하게 주면 어느 누구도 가쁜 숨을 몰아쉬면서 그라운드를 누비려고 하지 않을 것이고 그 팀은 최하위 약체팀으로 전락하는 것과 같네.

마르크스　자본주의의 노동자들이야말로 아무런 금전적 유인이 없지. 겨우겨우 살아갈 만큼의 임금을 받고 앞날의 희망이 보이지 않는 인생인데 무슨 근로유인이 있겠는가? 그저 하루하루 시키는 일을 기계적으로 할 뿐이지.

내가 공상적 사회주의자를 비판한 것은 그들의 협동조합경제를 반대한 것이 아니고 순진함을 싫어했기 때문이었네. 자본가들이 수단, 방법을 가리지 않고 방해하는데 말과 글로만 평등사회를 만들자고 떠들어 보았자 아무 소용이 없었지. 계란으로 바위치기이고 사마귀가 수레를 막는 형국이었지. 자본가의 노동박해가 자본주의에 내재한 운동원리에 기인함을 과학적으로 규명하고 노동자들이 단결해서 힘으로 자본가에게 맞서야 한다는 점을 분명히 할 수밖에 없었네.

생산과 소비의 협동조합운동이 결정적으로 추진력을 잃은 것은 역설적으로 러시아에서 공산혁명이 성공했기 때문이었어. 혁명 초기에는 노동자계급이 현실 권력을 장악하고 노동자의, 노동자에 의한, 노동자를 위한 정부를 수립했으니 협동조합의 세상이 올 것으로 기대하였지. 그러나 실제로 채택된 생산체제는 협동조합체제가 아니고 국가독점체제였지. 여기서부터 실패의 씨앗이 뿌려진 거야.

나는 협동조합이 성공할 수 있다고 믿네. 인간이 금전적인 유인에 민감하게 반응하는 것은 본성이 아니고 그렇게 교육받고 길러지고 경험당했기 때문이야. 자유시장경쟁이 당연시되는 환경에 익숙하다 보니 본성에 숨어 있는 협력과 상생의 정신을 배양하고 발현할 수 있는 기회를 박탈당한 거지. 협력 본성의 사회적 박탈이라고 불러도 좋을 것이네.

만약에 협동조합조직 속에서 태어나고, 자라고, 교육받고, 생활하게 되면 그 사람은 금전적인 유인을 기대하지 않고 협력을 통해서 공동선을 추구하는 이타적인 인간이 될 것이라고 기대하네. 그리고 실제로 협동조합 형태의 기업을 경영할 때에는 성과 배분도 부분적으로 도입해서 적정한 경쟁과 동기부여를 하는 등 신축성을 부여할 필요도 있겠지. 그러나 기본적으로는 협동을 통해서 공동이익을 추구하는 신인류를 기대하고 있네.

내가 들은 이야기인데 어느 기업에서 연공서열로 임금을 지불해 오다가 실적평가를 도입하고 연봉과 성과급을 차등지급했더니 개인 별로 상당한 차이가 났다는군. 그런데 직원들이 각자의 월급봉투를 뜯어서 함께 모은 다음에 균등하게 재배분하는 해프닝이 벌어졌다 지 뭔가? 그들에게는 동고동락하면서 원팀으로 같이 고생했는데 누구는 많이 받고 누구는 적게 받는다는 것은 불공정하다는 거지. 이 사례는 경쟁보다는 협력, 개인주의보다는 공동체주의, 성과급보다는 공동분배의 시스템이 훌륭한 성과를 낼 수 있다는 점을 생생하게 보여 주고 있어.

자네가 언급한 오웬의 협동조합 성공은 값진 사례이네. 결국은 그가 실패했지만 그건 자본가들이 탄압했기 때문이었어. 사유기업이 극성을 부리는 시장경제에서 왕따를 당한 것이지. 이번에 여행하면서 유심히 관찰한 바로는 협동조합을 비롯한 사회적 기업의 활동이 미국과 서유럽에서 상당히 활발하다는 것이었네. 주주의 이익만 추구하는 주식회사의 틈새에서 이 정도나마 명맥을 유지하고 있는 것은 자네의 협동조합에 대한 비판을 잠재울 수 있는 반증이라고 생각해. 나는 협동조합이 영리 일변도 기업의 견제에서 벗어나서 마음껏 활개 칠 수 있는 생태계를 만들어 갈 것이네.

스미스 　자네는 사유재산과 자유경쟁시장을 부정하고 중앙계획경제는 실패의 보증수표로 역시 매도하는데 그렇다면 자네가 의도하는 협동조합 경제는 어떻게 기능하는가?

마르크스 소유는 공유형태가 될 거네. 조합원들이 생산수단을 공동으로 소유하는 거지. 조합의 운영은 전적으로 조합원들의 자율에 맡겨질 것이네. 중앙계획경제 당국의 간섭 없이 조합원들이 자치적으로 생산하고 분배하게 될 걸세. 이미 언급했지만 생산수단의 소유는 공유로 하되 소비재의 소유는 사유가 허용되네.

교환은 시장에서 이루어질 걸세. 협동조합기업은 생산물을 시장에서 판매하고 생산요소 역시 시장에서 교환하지. 협동조합기업 간, 협동조합과 소비자 간에 자유로운 거래가 이루어지는 걸세. 가격은 당연히 시장에서의 수요공급에 의해서 좌우되지. 자유경쟁시장이지만 자본주의의 시장과는 달리 자본가와 노동자의 대립적 생산관계가 존재하지 않으니 경제적 불평등도 원천적으로 완화될 수밖에 없지. 자유경쟁시장의 생산력과 공유 조합경제의 평등이 동시에 달성될 걸세. 내가 꿈꾸던 사회가 도래하는 것이지.

스미스 협동조합의 노동자들도 저마다 능력, 근면성, 숙련도, 지식, 실적이 다른데 분배도 차등이 허용되는 것인가?

마르크스 협동조합의 모든 결정은 조합원이 자율적으로 하니까 분배의 방법 역시 조합원이 정하는 걸세. 임금의 차등 여부도 조합원이 결정하는 것이지 외부세력이 지시하는 것이 아니네. 차등을 두더라도 자본주의처럼 양극화로 가는 불평등은 있을 수가 없지. 자본주의에서 엄청난 불평등이 생기는 것은 더 큰 잉여가치를 생산하게 해서 착취해 가려는 자본가의 탐욕 때문인데 협동조합에서는 자본가가 없지 않은가.

스미스 능력에 따라 일하고 필요에 따라 가져간다고 하지 않았나? 필요에 따라 가져가는 것을 허용하면 무한한 생산력이 뒷받침되어야 할 터인데 현실적으로 불가능한 것이 아닌가? 조합의 생산력은 유한하고 조합원의 구매력도 유한한데 필요에 따라서 가져간다는 것은 선동의 미사여구에 지나지 않은 게 아닌가?

마르크스 그건 공산주의의 최종적 발전단계를 묘사한 것이네. 고도의 생산력과 고도의 절제된 인간상이 실현되는 단계이지. 이기심 덩어리를 내려놓고 노동의 기쁨과 보람을 즐기는 노동자사회에서는 실제로 필요한 만큼만 가져가게 될 것이라는 거네. 공짜니까 무한정 가져가는 인간성은 욕망을 당연시하고 부채질하는 자본주의에 길들여진 삐뚤어진 인간성이지. 자본주의에서 흔히 나타나는 매점매석과 사재기 현상은 찾아보기 힘들 걸세.

스미스 자네와 비슷한 시대에 활동한 존 스튜어트 밀이라는 영국의 저명한 학자가 있었네. 정치학, 철학, 경제학, 사회학의 여러 학문을 통섭한 사람이었네. 그는 자유주의자이면서도 자본주의를 신뢰하지 않았네. 빈부차이가 극심하고 일하지 않으면서도 큰 몫을 가져가는 공정하지 않은 분배시스템이 고착되는 데다가 자본가와 노동자 간의 불화와 대립을 해소할 수 없다는 약점이 크게 두드러진다고 보았어.

흥미롭게도 그는 생산협동조합이 자본주의의 약점을 해결할 수 있는 대안이라고 주장했지. 생산수단을 노동자들이 공유하니까 자본가계급이 별도로 필요 없게 되어서 분배불평등과 계급적 갈등이 사라진다고 보았어. 그러면서도 조합 간의 경쟁은 보장되어야 한다고 주장했고 조합원들 간의 분배 역시 성과에 따라서 이루어져야 한다고 역설했거든. 자네의 생각과 비슷한데 혹시 그의 저서를 읽었다거나 만난 적이 있었는가?

마르크스 그를 만난 적은 없지만 그가 쓴 글을 읽기는 했네. 매우 공정하고 양심이 살아 있는 사상가라는 인상을 받았어. 그처럼 지적인 가정에서 자라나고 어릴 때부터 아버지로부터 초엘리트 교육을 받은 사람이 당시 노동자들의 곤궁한 처지에 관심을 기울이고 해결책을 고민하고 협동조합이 바람직하다는 급진적인 주장을 했다는 것은 매우 이례적이고 용기 있는 소행이었어. 추측건대 그는 주위 사람들로부터 의혹과 비난의 눈길을 받아야 하는 매우 곤혹스러운 처지에 빠지게 되었을 것이네.

그러나 그가 이미 자본주의가 확립된 영국에서 무슨 방법으로 협동조합에 생산을 맡기고 자본가를 없앨 수 있다고 생각했는지 나는 알 수가 없어. 쥐들이 고양이 목에 방울을 달면 안전이 보장된다고 큰소리치는 것과 다름없었지. 그는 혁명을 부정하고 개량주의를 옹호했어. 노동자들이 투표권을 확보하고 의회에 진출해서 입법을 통해서 목적을 달성할 수 있다고 믿은 것 같아.

내가 보기에는 순진하기 짝이 없는 백면서생의 헛소리에 지나지 않아. 자본가들이 얼마나 영악한지를 몰랐던 것이지. 지배계급을 몰아내는 것은 결코 평화적으로 이루어질 수 없지 않은가. 영국이 수백 년에 걸쳐서 국왕의 권한을 야금야금 갉아먹고 결국에는 부르주아지가 권력을 장악한 과정을 두고 개량주의의 승리라고 하면 그건 착각이네. 청교도혁명 때 왕당파와 의회파가 내전을 벌였고 국왕을 처형까지 하지 않았는가 말일세. 아무리 좋은 생각이라도 실행방법이 뒤따르지 않으면 이룰 수 없는 꿈에 불과하니 무슨 소용이 있겠는가? 나는 지금도 혁명이 아니고서는 자본가를 타도할 수 없다고 확신하네.

그는 아무리 좋게 보아도 자본주의와 노동자이익을 어설프게 엮어 보려고 헛수고한 절충론자에 지나지 않아. 더욱이 국회의원이 되어서 말로는 노동자 편을 들었지만 결과적으로는 아무것도 이루지 못하면서 혁명의식만 좀먹게 되었으니 노동자의 적이었지.

스미스 자네가 실천하려고 하는 협동조합적 공산주의는 이미 일단의 마르크시스트가 주장하였더군. 좌파 공산주의(left communism)로 불리는데 권위주의적 공산당이 지배하는 것이 아니고 노동자의 자치적 경영을 통해서 진정한 노동해방을 이루려고 했다는군. 그러나 레닌은 이들을 소아병적 공산주의자라고 혹평했다는군. 결국 자네의 참된 추종자들은 배제되고 권력을 좇는 세속적 공산주의자들이 권력을 움켜쥐게 되었으니 자네가 보기에는 안타까운 일이 벌어진 것 아니겠나.

마르크스 좌파 공산주의자가 나의 사상을 올바르게 해석한 것이네. 그들이 권력투쟁에서 패배하고 레닌, 스탈린 등 직업 혁명가들이 승리한 것은 불의가 정의를 몰아낸 것이니 반드시 바로잡아야 하네. 내가 직접 현실세계에 뛰어들어서 나의 이상을 관철시키고 말테니 두고 보게. 나의 카리스마 앞에서 사이비 공산주의자들이 추풍낙엽처럼 쫓겨날 걸세.

스미스　만약에 소련과 모택동의 중국에서 국영기업을 민영기업처럼 자율적으로 경영하게 하고 중앙계획경제 대신에 시장가격기구를 작동시켰으면 어땠을까? 자네가 타파하려고 했던 자본가의 노동 착취가 없으면서도 자네가 경탄했던 자원 배분의 효율성이 이루어지는 거지. 평등과 효율의 두 마리 토끼를 거의 완벽하게 잡을 수 있지 않았을까? 내가 공산주의 경제를 살리는 문제를 놓고 이 정도로 치열하게 고민하다니 자네는 나에게 고맙다고 해야 하네. 자네는 자본주의 멸망론을 줄곧 부르짖기만 하지 않았는가?

마르크스　고양이가 쥐 생각하는 셈이네, 그려. 자네도 현실 공산주의 국가가 멸망한 것이 고소했을걸. 자네의 자유시장경제 번영론이 적중한 것이니까. 학자들은 세상이 자신의 예언대로 움직이면 더할 나위 없는 희열을 느끼지. 돈도 권력도 없는 학자들의 이론적 주장이 현실적으로 맞아떨어지면 명예가 찾아오지. 학문적 명예야말로 학자들을 춤추게 하거든. 칭찬이 고래를 춤추게 하듯이.

자네는 명예를 가졌어. 나는 명예를 얻지 못했어. 나의 추종자들이 현실 세계에서 혁명을 성사시키고 공산주의 국가를 세웠으나 허망한 실패로 끝나고 말았어. 과학적 사회주의자, 이상론자, 인간주의자, 인본주의자인 나의 명예를 더럽혔어. 그래서 나는 괴롭다네.

나를 알아주는 사람들은 내가 꿈꾸었던 노동자해방이 휴머니즘의 발로였다는 점을 높이 평가해 주지. 더 나은 세상을 꿈꾸는 것은 멋지지. 차별 없는 평등한 세상을 지향하는 것은 정의감에 충만한 사람들에게는 언제나 가슴 뛰는 흥분을 안겨 주지. 이런 사람들 덕분에 나는 책 속에서나마 숭앙받고 있다는 생각이 들어.

내가 인류 역사상 가장 큰 영향력을 미치고 있는 철학자, 사상가로 손꼽히고 있다고 들었어. 죽은 지 140년이 다 되어 가는데 아직도 마르크시즘, 마르크시스트라는 용어가 살아 있으니 나로서는 영광이네. 나를 욕하는 자들은 나 때문에 소련과 중국 등에서 헤아릴 수 없이 많은 사람들이 숙청당하고 굶어 죽었다고 하지. 죽은 영혼들에게는 미안하고 조의를 표하네. 그러나 더 나은 세상을 만들겠다는 이상과 꿈은 버릴 수 없지. 그 꿈을 이루는 데 반드시 폭력적 계급혁명을 거쳐야만 하느냐고 또 힐난하겠지. 인간의 이성에 의지해서 평화적으로, 순차적으로, 점진적으로 개량할 수도 있다고 말이야.

이 논쟁은 부르주아혁명에 대해서도 제기되었어. 영국이 1215년 대헌장을 선포한 이래 수백 년에 걸쳐서 권력이 국왕으로부터 귀족에게로, 다시 부르주아에게로 이양되었어. 반면에 프랑스는 1789년에 피의 대혁명이 시작된 이래 공포정치, 나폴레옹 황제 등극, 전 유럽과의 피로 물든 전쟁, 왕정복고, 입헌군주제를 거쳐서 공화정이 실시될 때까지 근 백 년 동안 폭력과 전쟁으로 희생된 영령들이 헤아릴 수 없이 많았다는 거지. 그런데 영국에서도 1649년의 청교도혁명 때 찰스 1세를 처형한 폭력의 경험이 있긴 해.

공산주의 내부에서도 혁명주의와 개량주의의 대립이 있었지. 1917년 러시아혁명, 1949년의 중국혁명은 폭력혁명의 성공이었고 내가 알기로는 1959년의 쿠바혁명이 마지막으로 성공한 폭력혁명이야. 개량주의는 주로 서유럽에서 확산되었는데 폭력혁명이 거의 불가능하다는 현실적 제약을 받아들이고 의회주의 내에서 투쟁을 통해 사회주의의 이상을 실현하려고 했겠지. 이른바 사회민주주의자들이 대표적인 개량주의자야.

자네의 질문에 답하겠네. 생산수단의 소유권은 국가가 가져가지만 국영기업의 운영은 경영 자율성을 보장해서 자본주의의 민간기업처럼 행동하게 하고 자유경쟁시장을 존속시키면 평등과 효율의 두 마리 토끼를 잡을 수 있다니, 정말 기발한 착상이야.

지금 중국이 비슷하게 하는 걸로 보이네. 중국의 국영기업과 공영기업들은 상당한 수준의 경영 자율성을 보장받고 생산물을 시장에 내다 팔지. 주식시장에 상장도 하고 뉴욕증시에까지도 상장을 하지. 뉴욕증시에 상장하려면 시장친화적, 시장적응적 경영행태를 채택한다는 심사기준을 통과해야 해. 지배구조의 투명성과 자율성을 갖추어야 하고 주주 이익에 부합하도록 경영해야지. 뉴욕증시에 상장되면 전 세계의 기관투자가와 개인투자가들이 주주가 될 수 있거든.

그런데 거기서 일하는 노동자들은 여전히 자본가로부터 해방되지 못하지. 뉴욕증시에 상장되어 다수의 민간투자가들이 주주로 참여하는 경우에는 본질적으로 자본주의의 기업과 같게 되는 것이고 이윤 극대화의 경영목표를 채택할 수밖에 없지. 그렇지 않으면 주식시장에서 자본을 계속 조달하는 것이 어려워질 테니까.

중국의 공산당 정부가 대주주인 경우에 이론적으로는 공산당의 이익과 노동자의 이익이 일치하니까 경영도 노동자 이익을 우선하는 것이 당연하지. 그러나 현실은 달라. 중국 공산당이 임명한 경영자와 일선 노동자는 수직적 지배-종속의 관계이고 갑을의 관계가 되어 버렸어. 중국에도 노조가 있기는 하지만 무늬만 노조인 걸치레에 불과한 장식품이지.

중국 국영기업들의 임금이 결코 높다고 할 수 없어. 여유 있는 삶을 즐기기에는 턱없이 부족하지. 국영기업들은 거대한 내수시장에서의 독점적 이윤을 재투자하여 덩치를 키우고 수출시장에서는 덤핑과 저가격정책으로 수요를 흡수하여 또 규모를 키워 나가네. 성장을 분배보다 앞세우는 선부(先富) 정책은 자본주의의 자본축적우선 이론을 답습하는 것이지. 성장의 과실을 노동자들에게 공정하게 나누지 않고 군비확장, 자본축적, 해외원조, 우주개발에 집중하여 부국강병을 꾀하는 것은 1868년 메이지유신 이후 일본의 군국주의 세력이 걸었던 길을 따라가는 거야.

국영기업은 태생적으로 자율경영에 한계가 있을 수밖에 없네. 정치권력은 기회가 있을 때마다 영향력을 행사하려고 하지 않나. 낙하산 인사로 무자격자, 비자격자를 간부로 임명하고 국가정책에 협조하라는 명분으로 경영간섭을 자행하고 심지어는 정치자금의 조달창구로 악용하기도 하지. 중국 공산당도 예외가 아니야. 이런 점을 감안한다면 자율적 국영기업제도를 통해서 자본주의의 효율과 사회주의의 평등을 실현할 수 있다는 자네의 생각은 지나치게 이상적이야. 자네가 오랫동안 나와 같이 지내더니 나의 이상주의에 어느 정도 동화되는 것 같네.

스미스　내가 국영기업을 선호해서가 아니라 자네가 중앙계획경제를 파기하고 협동조합적 공산주의를 건설하겠다고 해서 하나의 대안으로 제시하였네. 협동조합기업과 자율경영 국영기업이 공존하면서 경쟁하는 체제도 검토해 보게. 그런데 국영기업에게 아무리 자율권을 주어도 그 한계가 분명해서 민간기업의 효율성을 따라잡을 수 없다는 주장을 늘어 놓을 때의 자네 모습은 영락없는 자유시장주의자 같아. 내가 잘못 보았나?

마르크스 날 놀리는 건가? 국영기업은 노동자기업이 아니고 공산당 관료기업이라는 한계를 분명히 하는 것뿐일세. 자유시장주의자는 국영기업을 민영화해야 한다고 장광설을 늘어놓지 않나. 나는 국영기업을 노동자에게 돌려주어야 한다고 말하는 것이네.

러시아와 중국은 하나같이 겉으로는 마르크스주의를 신봉한다면서 속으로는 공산당 잇속 챙기기에 바빠. 잇속은 돈과 권력 모두 가지겠다는 욕망이니까 자본가 못지않지. 아니 자본가는 대놓고 잇속을 챙기지만 공산당은 뒷구멍으로 챙기니까 더 위선적이지. 노동자들에게는 조금만 더 참으라고 속삭이면서 끝없는 희망고문을 가하고 있어.

노동자들은 공산당의 교묘한 선전, 선동과 정보차단 때문에 공산당의 실체를 모른 채 언젠가는 자본주의 치하의 노동자들보다 더 부유하고 더 평등한 삶을 누리게 될 것이라고 믿으면서 공산당에게 지지를 보내고 있어. 그러나 진실은 결국 밝혀지게 되어 있다고. 공산당의 민낯이 백일하에 드러나는 날이 오면 노동자들은 다시 혁명을 일으켜서 진짜 공산주의사회를 건설할 것이라고 믿네. 내가 자본론 개정판에서 이러한 내용을 담은 제2의 공산당선언을 할 걸세.

스미스 자네의 공산혁명에 대한 정열은 아직도 활활 타오르고 있구먼. 노동자가 진정한 해방을 맞이하는 사회를 향한 자네의 강철같은 의지가 이루어지기를 바라네.

② 디지털 계획경제와 협동조합의 조화

마르크스 그런데 디지털 대전환기에 있는 세상을 보니 패배자로 낙인 찍힌 중앙계획경제를 되살릴 수 있을 것이라는 희망이 나를 들뜨게 하네. 인공지능기술로 빅데이터를 실시간으로 분석하고 예측하는 세상이 오고 있는데 경제학에서도 실시간 경제학(real time economics)이 뜨고 있다는 거야. 구글, 페이스북, 아마존 등에서 수집되는 경제데이터를 시차 없이 분석한다는군.

예를 들어 미국에서 추수감사절에 실시되는 대규모 세일 행사인 블랙프라이데이의 매출액을 행사와 동시에 집계하고 소비유형별로 분석해서 그해의 경제예측에 이용하는 거지. 중국의 대규모 세일 행사인 광군제 역시 해당되지. 두 나라를 합치면 세계 경제의 40%를 넘어서니까 세계 경제의 흐름을 실시간으로 분석할 수 있겠어. 국가의 통계 당국에서 발표하는 통계는 빨라도 한 달이 지나야 나오니까 실시간 통계분석은 경제흐름을 빨리 알고 싶어 하는 사람들의 조급증을 풀어줄 수 있지.

이처럼 인공지능으로 무장한 양자컴퓨터가 빅데이터를 눈 깜짝할 사이에 처리할 수 있다면 중앙계획경제, 배급경제가 제대로 돌아갈 수 있다는 생각이 들어. 전국 가가호호에 비치된 단말기를 통해 매일 필요한 빵의 개수를 입력하면 빵공장의 컴퓨터로 집계되고 공산당 중앙당사에 있는 컴퓨터에는 전국적으로 필요한 빵 개수가 나타나지. 이 자료는 다시 전국적으로 필요한 밀가루의 양을 계산해 내서 전국에 흩어져 있는 밀가루 공장으로 생산량이 할당되는 거야. 만약에 밀 농사가 흉년이 들어 밀가루 공급이 모자란다는 계산이 나오면 부족분을 수입하든지 비축분을 방출하라고 인공지능이 알려 주는 거지. 소련의 아날로그 중앙계획경제는 실패했지만 오늘날 디지털 중앙계획경제는 성공할 수 있다고 봐.

실제로도 1971년 집권한 칠레의 아옌데 대통령이 유사한 제도를 시도했었지. cybersyn을 설립하여 개별 공장에 설치된 텔렉스를 통해서 생산, 원료조달, 고용 등에 대한 정보를 중앙정부의 컴퓨터로 보내고 중앙계획당국은 이를 분석하여 국가 경제상황을 실시간으로 파악해서 대응한다는 취지였지. 또한 정책효과를 사전에 시뮬레이션하는 기능도 있었다는군.

cybersyn의 진정한 의미는 의사결정권한을 중앙정부에서 공장 단위로 분산시킨다는 것이었어. 개별 공장은 전국적인 경제상황을 고려하여 적정 생산량, 원료조달, 임금지급 등에 대한 결정을 자치적으로 할 수 있게 한다는 것이었어. 아옌데 대통령이 민주선거를 통해서 선출되었는데 정치적 민주주의와 경제적 공산주의를 양립하겠다는 이상이 담겨 있었지. 이거야말로 내가 실현하려고 했던 진정한 노동자사회에 가까운 것이었다는 생각이 들어. 아옌데가 2년 후에 군사쿠데타로 쫓겨 나면서 cybersyn도 파기된 점은 두고두고 아쉽네.

내가 자본론 제4권을 쓴다면 디지털 중앙계획경제를 제시해서 공산주의체제에서도 경제계산이 가능하고 효율적 자원배분이 이루어져서 자본주의 못지않은 생산력을 발휘할 수 있다는 점을 보여 주겠어.

시진핑에게도 디지털 중앙계획경제를 실천해 보라고 권유하고 싶네. 등소평 이후의 중국은 공산당 독재와 자본주의의 모순적 결합을 해 놓고 중국 특색의 사회주의라는 위장술로 기만하고 있거든. 자본가가 지닌 돈의 힘이 날로 커지고 바늘에 실 가듯이 권력의 힘마저 가지기 시작하니까 공산당의 장악력이 위협받을까 겁이 나서 국민복지를 위한다는 또 다른 속임수로 그들의 힘을 꺾으려고 하지. 공산당의 독재권력과 시장 자본가들이 벌이는 권력 게임은 영원히 끝나지 않아. 관제자본가를 너무 옥죄면 경제가 둔화되지. 그러면 인민들 불평이 터져 나오고 미국과의 패권경쟁에도 암운이 드리우지. 그냥 놔두면 공산당 권력이 흔들릴 것이고.

딜레마로부터의 탈출구는 다시 국유화하면서 디지털 계획경제를 채택하는 거야. 국가가 인위적으로 시장을 만드는 거지. 마치 민간 자유시장이 막대한 정보를 분산형으로 처리해서 자원을 효율적으로 배분하는 것처럼 국가가 운용하는 디지털 정보처리기구를 통해서 자원의 효율적 배분이 이루어질 수 있어.

평등과 효율이 상생하고 시진핑의 종신집권 야욕도 탄탄한 길을 갈 수 있지. 시진핑, 자네 솔깃하지 않은가? 중국의 디지털기술, 인공지능과 빅데이터 능력에 비추어 보면 성공 가능성이 높다고 보네. 성공하면 실추된 나의 명예도 회복되고 누이 좋고 매부 좋으니 한번 해 보라고 강력하게 권하고 싶네.

디지털 계획경제는 중국경제운용의 투명성과 합리성을 획기적으로 높여 줄 것으로 기대되지만 시진핑과 공산당 간부들에게는 달갑지 않을 수도 있을 거야. 그들이 경제를 좌지우지하는 자의적인 권력을 제한할 것이거든. 그뿐만 아니라 부패의 소지를 눈에 띄게 줄여 줄 것이니 더더욱 탐탁지 않게 여기겠지.

권력자는 대동소이해. 자신의 권력을 유지하고 자신의 이익을 취하는 것이 먼저야. 노동자들의 이익을 우선하지 않을 거야. 그러니 종국적으로는 중국 노동자들이 제2의 혁명을 일으켜서 공산당을 무너뜨리고 노동자들이 진정으로 주인이 되는 세상을 만들어야 할 거야. 그러나 실현가능성에 대해서는 나도 확신이 서지는 않네. 근 1억 명에 육박하는 공산당원들이 버티고 있는 한 밑으로부터의 혁명은 쉽지 않겠지.

스미스　협동조합 단위로 자율성을 부여해서 노동자 조합원들이 자치적으로 생산과 분배를 결정하고 시장에서 자유로이 거래한다고 하지 않았나? 그건 분권형 경제조직인데 뜬금없이 디지털 중앙계획경제를 하겠다니 그 사이에 마음이 바뀌었나?

마르크스　디지털 중앙계획경제는 소련과 모택동 중국의 기구와는 다르네. 내가 그리고 있는 협동조합경제에서 거시적 조정역할을 담당할 걸세. 분권적 협동조합경제에서는 모든 거래가 자본주의와 유사하게 자유경쟁시장에서 이루어지니까 시장의 무정부성 때문에 불확실성과 불안정성이 생기고 공황과 침체, 과열과 인플레가 수반될 것이네. 이걸 방지하기 위해서 거시적인 관찰과 조정기능을 수행하는 것이 디지털 중앙계획기구일세.

스미스　자네가 디지털 공산주의의 꿈을 꾸고 있다니 놀랍네. 나는 성공 여부에 대해서 깊이 생각해 보지 않았는데 다만 인공지능과 빅데이터 기술이 계속 발전을 거듭하면 자유시장의 정보처리기능을 초슈퍼컴퓨터가 수행할 수도 있겠지 하는 추측은 할 수 있네. 성공한다면 자본주의경제에서도 유용하게 활용될 수 있을 걸세. 반복되는 경기변동을 완화하고 대공황과 대침체를 방지할 수 있는 도구로 쓰였으면 좋겠군.

그러나 디지털 공산주의 계획경제가 과연 자유경쟁시장의 창조와 혁신기능을 발휘할 수 있을까에 대해서는 회의가 드네. 시장이 단순히 부존자원이 가장 효율적인 용도에 쓰이도록 최적배분하는 역할만 하는 것이 아니거든. 더 중요한 기능은 슘페터가 역설한 대로 창조적 파괴가 일어나는 온상 역할이지. 낡은 기술, 기업, 산업을 도태시키고 새로운 기술, 기업, 산업을 일으키는 기능 말일세. 기업과 개인이 경쟁에서 살아남고, 경쟁자보다 우위에 서서 번영하고, 더 큰 부와 명예와 성공을 움켜쥐기 위해 있는 힘을 다해서 노력하게 하는 무대가 시장 아닌가?

물론 자네 같은 사람들은 시장을 악의 근원으로 보기는 하지. 시장에서는 무한 욕망이 춤을 추고 강자가 약자를 억누르고 괴롭힌다고 매도하지. 그런데 자네는 170여 년 전에도 자본주의가 인류 역사상 일찍이 없었던 생산력을 발휘한다고 감탄했는데 지금 보는 세상은 그때와는 비교할 수도 없을 정도의 경탄할 만한 생산력을 과시하고 있지 않나. 자네 두 눈으로 똑똑히 보면서도 자본주의 시장을 약탈과 착취의 장소로만 보아서는 안 되지.

여하튼 디지털 계획경제는 이미 존재하는 자원을 적재적소에 배분하는 용도로는 자유시장경제의 보이지 않는 손을 대신하여 보이는 손으로서 작동할 수 있을 거야. 그러나 새로운 기술, 자원, 생산물을 창조해 내는 능력에서는 자유시장의 미다스의 손을 따라갈 수가 없네.

마르크스 자네가 오해했네. 디지털 공산주의는 미시적 자원배분을 시장가격기구에 맡기고 거시적 안정을 위한 조정역할을 중앙계획기구에서 맡는 것이네. 생산조합은 서로 경쟁하고 이익을 많이 낼수록 조합원들의 몫이 커지니까 창조와 혁신을 부추기는 유인은 자본주의와 별반 다를 것이 없네. 반면에 경제적 불평등은 자본주의보다도 훨씬 적을 테니까 자본주의와 경쟁할 수 있는 체제가 될 걸세.

스미스 디지털 전체주의의 함정에 빠지지 않도록 조심하게. 지금 중국은 디지털 전체주의의 단계로 접어들고 있어. 감시카메라와 드론 등의 장치를 전국 방방곡곡에 설치하고 심지어는 반체제인사와 불순인사들의 집에까지도 설치하고 있지. 수집된 개인식별정보를 빅데이터로 만들어 인공지능기술을 이용해 분석하면서 개인의 행위는 물론 머릿속의 생각까지도 읽어 내고 있다는군. 디지털 기술이 공산당 독재를 철옹성으로 만드는 데 기여하고 있지 않은가?

마르크스 가짜 공산주의하에서나 일어나는 일이네. 내가 만들어 갈 진짜 공산주의에서는 결코 일어날 수 없지. 무소불위의 권력을 휘두르는 공산당부터 해체해 버릴 테니까. 노동자들의 자치정부는 디지털 기술을 자원의 효율적 배분에 활용할 것이네.

스미스 굳이 디지털 공산주의를 이룩하지 않더라도 현실 세계에서 유럽의 사회민주주의가 효율과 평등의 두 마리 토끼를 잡았다고 생각하는데 자네는 어떻게 평가하는가?

마르크스 사회민주주의는 배반자, 변절자일 뿐이야. 공산혁명 노선을 포기하고 자본가에게 빌붙어서 그들이 던져 주는 알량한 복지를 감지덕지 받아먹으며 그저 좀 편안하게 살아가고 있는 거지. 혁명가의 가시밭길을 헤쳐 나가면서 노동자의 세상을 만들겠다는 강철 같은 의지가 없는 나약한 자들이지. 공산주의의 최대 적이야. 혁명가들이 지녀야 할 늑대 같은 투쟁의지를 꺾고 유약한 반려견으로 타락시키는 마약이지.

스미스 사민주의자들이 선거를 통해서 정권을 장악하고 노동자를 위한 정책을 실천해 나가는 위상까지 올라갔는데 자본가의 개라고 하다니. 자네는 세상이 어떻게 변했는지 몰라서 그런 케케묵은 소리를 늘어놓는 건가? 공부 좀 하게. 내가 볼 때는 사민주의의 복지자본주의적 정책이 효율과 평등의 두 마리 토끼를 성공적으로 잡은 걸로 보이는데.

마르크스 내가 볼 때는 두 마리 토끼를 잡은 것이 아니라 한 마리도 못 잡은 거네. 유럽경제가 자본주의의 역동성을 잃어버리고 장기 정체에 빠지니까 재원이 부족해져서 하던 복지도 축소하는 지경으로 몰렸지. 급해지니까 자본주의로 돌아가겠다고 사회적 연대를 깨뜨리고 노동자보호를 느슨하게 하면서 제3의 길이라는 모호한 구호를 갖다 붙였지. 지금 유럽에게 내세울 것이 있는가? 노인들의 천국이지. 젊은이들에게는 탈출하고 싶은 곳이지.

스미스 결국 자네는 공산주의를 부활시키되 소련이나 모택동 중국에서의 참담한 실패를 되풀이하지 않겠다는 굳은 각오를 다지고 있구먼. 디지털 기술을 중앙계획경제에 도입하고 협동조합을 기업조직에 적용하는 창의적 접근으로 공산주의의 원래 이상을 실현해 보겠다는 것이네. 나는 전적으로 동의하지는 않지만 자네가 진심으로 최선을 다하겠다니까 성공을 빌겠네. 세상에 자본주의체제만 있는 것보다는 두 체제가 경쟁하는 것이 더 바람직하거든.

소금으로 음식을 만들 수는 없지만 소금으로 간을 해야만 음식이 제맛이 나고 부패하지 않듯이 자본주의에게도 소금의 역할을 해 주는 방부제가 필요해. 자네가 꿈꾸는 디지털 공산주의가 소금의 역할을 해 주길 바라네.

중국: 짝퉁 사회주의, 짝퉁 시장경제

스미스 　중국이 공산당 독재이면서 시장경제를 채택하고 있는데 어울리지 않는 조합으로 보여. 정략결혼이지. 시장경제를 지지하지도 않고 이념적으로 좋아하는 것은 더더욱 아닌데 오로지 사회주의를 현대화하기 위한 방편으로만 이용해 먹으려고 하거든. 단물 다 빨아먹고 나면 미련 없이 버릴 거야. 벌써 그런 징후가 나타나고 있지 않은가.

중국의 자본가들은 정치적 자유 없이 경제적 자유만을 누려 왔어. 그 경제적 자유마저도 서양의 부르주아지와는 달리 자기들이 투쟁해서 쟁취한 것이 아니네. 그저 중국 공산당이 그들의 생산적 역할이 필요하니까 자유를 허락해 준 것이지. 공산당이 베풀어 준 자유이기 때문에 공산당이 필요하다고 판단하면 언제든지 회수하거나 제한할 수 있는 것이지.

지금까지는 기이한 혼합체제가 눈부신 성과를 내고 있다고 보아야겠지. 40여 년간 지속적으로 성장하고 있고 인공지능, 전기자동차, 태양광 등의 첨단기술에서 미국과 쌍벽을 이루면서 세계 제1의 수출, 제2의 경제규모를 달성했으니 말이야.

최근에는 시진핑 국가주석이 일당독재를 강화하고 민간기업가들을 억압하는 조치를 늘려 가고 있다고 하는데 앞날이 결코 순탄하지만은 않을 거야. 시진핑은 프롤레타리아독재의 미명하에 일인독재를 하고 있거든. 프롤레타리아독재라는 것은 공산혁명 이후에 자본가계급을 소탕할 때까지의 과도기적 체제를 일컫는 것이고 무계급사회가 도래하면 존재 이유가 없어지는 거지. 독재의 대상이 없어졌으니 더 이상 존재할 필요가 없는 거야. 그럼에도 불구하고 소련과 모택동 중국에서는 공산주의로 이행한 이후에도 공산당 독재를 했는데 이는 공산당 엘리트들이 인민대중을 억압하고 자신들의 권력을 유지하려는 독재일 뿐이었어. 전혀 정당성이 없었지. 노동자가 공산주의사회의 주인인데 막상 주인은 정치적으로 무력하고 극소수 당간부들이 권력을 독점하고 사익을 추구했으니 말이야.

모택동 사후에 중국에서는 근 10년 동안 민주화의 열기가 뜨거웠어. 변화를 갈망하는 지식인들과 공산당 간부들이 더 많은 자유를 요구하면서 경제뿐만 아니라 정치의 개혁과 개방을 주장했어. 그러나 실권을 쥔 등소평은 정치적 민주화에 대해 분명한 한계를 정해 놓고 있었어. 그는 서유럽과 미국식 민주주의를 중국에 도입할 생각은 손톱만큼도 갖고 있지 않았지.

개혁개방의 목표가 현대적 사회주의의 건설이라고 천명할 때부터 이미 공산당 일당지배를 바꿀 의향이 전혀 없었던 거야. 개혁개방은 경제에 국한되었던 것이지. 그러면서도 등소평은 공산당 내부의 민주주의를 내걸고 제한적이나마 개혁을 시도했어. 최고지도자의 임기를 사실상 10년으로 한정하고 최고의사결정도 분권화된 집단지도체제를 채택했으며 당과 내각 간에도 견제와 균형이 이루어지도록 노력하였지. 풀뿌리 인민대중의 의견도 상향식으로 수렴하여 반영되는 통로를 열어 두려는 노력을 하기도 했어.

중국은 자국의 정치체제가 미국의 민주주의보다도 우월하다는 선전을 계속하고 있어. 미국에서는 크고 작은 이익집단이 정책에 영향을 미치고 특히 기득권층의 막강한 로비력은 무늬는 민주주의, 실체는 기득권독재에 불과하다고 비하하지. 반면에 중국에서는 공산주의 이념으로 무장한 엘리트층이 여론에 휘둘리지 않고 사회주의 국가의 백년대계를 세우고 착실하게 실행하고 있다는 거야.

미국의 선거민주주의하에서는 경험이 얕고 검증도 안 된 정치신인이 혜성처럼 나타나 대중의 인기를 업고 대통령이 되어서는 미숙한 국정을 펼치는 경우가 잦다고도 했지. 반면에 중국에서는 젊을 때 철저한 검증을 거쳐 공산당에 입당한 이후 지방과 중앙의 다양한 자리를 거치며 매 단계마다 경험과 학습을 심화해 능력과 실적을 검증받고 최종적으로 선발된 후보군 중에서 최고지도자가 정해진다는 거지. 정치적 능력을 우선하는 중국식 민주주의가 안정성, 전문성, 예측가능성 면에서 우월하다는 거야.

그러나 시진핑이 들어서면서 이런 노력마저도 수포로 돌아가고 있어. 일인독재체제가 강화되고 있지. 중국몽을 실현한다는 달콤한 구호를 내걸고 국민들을 폐쇄적 민족주의로 세뇌시켜서 자신의 권력을 유지하는 하수인으로 전락시키고 있단 말일세.

시진핑 이전을 이념독재, 계급독재라고 한다면 시진핑은 개인독재야. 개인숭배를 미화하기 위해서 공동부유라는 사회주의식 복지를 내걸고 국민들을 현혹시키고 있는 거야. 도대체 사회주의를 표방하는 중국에서 정부의 복지정책이 왜 필요한 거지? 참다운 사회주의라면 일차적인 분배가 평등하게 이루어져서 이차적인 재분배정책이 원천적으로 필요 없는 사회가 되어야만 하는 게 아닌가?

시진핑은 공산당에 충성하고 공산당 지시에 따르기만 하면 자유로운 경제활동을 보장한다고 말하지. 문제는 이 지침이 불확실성을 높이고 예측가능성을 떨어뜨린다는 거야. 기업가정신은 위험부담의 대가로 발생하는 수익에 대해 사유재산권을 보장해 줄 때 비로소 꽃피어 나는 거 아니겠어? 공산당이 자의적인 핑계를 대고 창업자본가를 타의로 경영에서 손을 떼게 하고, 기부를 강제해 벌금으로 뺏어가는 사회에서 어떻게 창의와 혁신이 번창하겠나. 자본주의 이전의 중상주의로 후퇴하는 것이지. 국왕과 귀족, 그들과 결탁한 대상인들이 부르주아지를 억압하던 시절이 생각나는군.

시진핑이 신흥 거대 자본가들을 억제하면서 민간기업들이 경영이 어려워져 직원들을 해고하고 투자를 줄이니까 다시 통제를 완화한다는군. 공산당의 필요에 의해서 자본가들에게 자유를 감질나게 주다가 그들이 공산당의 장악력을 위협하게 되면 다시 고삐를 조이겠지. 공산당 독재와 시장경제의 야합은 통제와 자유 사이에서 방황할 수밖에 없고 중국 자본가들은 본래의 기업가정신을 상실하게 되고 중국경제의 도약도 종언을 고하게 될 거야.

자네의 사상을 올바르게 이해했다고 자부하는 정통 마르크시스트들은 중국 특색의 사회주의를 국가자본주의라고 비난하더군. 생산수단이 자본가의 손에서 국가 권력자의 손으로 옮겨 갔을 뿐이고 노동자들은 자본가의 압박에서 벗어나기는 했지만 국가 권력자의 손아귀로 다시 들어갔다는 거야. 자네가 꿈꾸었던 노동자의 해방은 이루어지지 않았다는 것이지.

자네는 중국을 어떻게 평가하는지 궁금하네. 시장경제를 채택하고 지니계수가 0.5를 넘을 정도로 빈부격차가 심하니 자네가 꿈꾸던 평등사회와는 동떨어진 것 아닌가? 이러고도 감히 마르크스-레닌주의를 신봉한다는 잠꼬대 같은 소리를 늘어놓는다고 꾸짖을 텐가? 아니면 자본가와 노동자의 계급대립을 줄여 가면서 생산력은 고도로 높아지고 있으니 변증법적 모순이 사라졌다고 보나? 그렇다면 중국의 자본가 계급은 앞으로 어떤 존재로 남게 되나? 노동자를 착취하는 자본가는 절대 용인될 수 없을 것이고 이윤을 추구하는 존재가 아니라 노동자를 포함한 사회 전체의 이익을 위해서 경영하는 존재가 되어야겠지? 즉 사적 소유를 인정하고 경영의 자유를 부여하되 경영목표는 이윤극대화가 아닌 사회적 이익의 극대화가 되는 체제가 되어야겠지.

다시 말하면 공산당의 지도에 따라서 기업가정신을 발휘해 열심히 돈을 벌고 그 돈을 모두 사회에 되돌려 주는 체제 말일세. 그것이 중국특색의 사회주의이고 고도로 현대화된 사회주의인가? 칼, 자네에게도 내 말이 무척 생경하고 논리적인 비약도 있어서 당혹스러울 걸세. 하지만 자네는 지금부터 중국을 놓고 골머리를 앓을 정도로 고민해야 하고 자본이론을 어떻게 수정해야 하는지를 놓고 새로운 연구를 해야 할 거야. 나는 자본론 제4권이 나오기를 기다리겠네.

나 역시 자네를 공격하면서 마냥 즐기고 있을 때가 아니네. 왜냐하면 지금 세상은 경제적 자유가 심각할 정도로 훼손됐거든. 나는 정부가 시장에 개입하는 것이 허용되는 분야를 한정했어. 법집행과 치안유지를 통한 정의의 구현, 독과점 규제, 교육과 사회간접자본 등 공공적 성격이 강한 재화와 서비스의 공급분야에 한해서였지. 나중에 경제학자들이 이를 '외부 경제효과가 존재하는 경우'라고 설명하더군. 사회적 가치보다도 시장가치가 낮아서 사회적으로 적정한 공급이 되지 않는 경우지.

이번에 여행하면서 보니까 거의 모든 나라들이 여러 가지 목적으로 규제를 도입하였더군. 대기업통제, 노동자보호, 산업재해 방지, 화학 유해물질과 불량상품으로부터의 소비자 보호, 공기와 수질의 오염 방지, 기후변화 억제를 위한 이산화탄소 배출억제, 국내산업보호를 위한 수입장벽, 국가 안보를 위한 외국인 투자제한 등등… 기업은 거미줄 같은 정부규제의 올가미에서 허우적거리고 있더군.

나는 정치민주화는 경제적 자유를 신장시킨다고 믿었어. 그런데 경제적 자유가 침해되고 있는 광경을 보면서 정치민주화가 후퇴한 결과인지 궁금해. 하긴 민주주의를 꽃피운 미국에서조차도 보수당은 포퓰리즘으로 기울어지고 민주당의 방향은 평등과 시장간섭으로 이동하고 있어서 두 진영 간의 싸움이 갈수록 극단으로 흐르고 대화와 타협을 통한 초당적 국가운영의 미덕이 실종되고 있더군. 정치적 민주주의의 후퇴가 경제적 자유주의의 퇴보를 초래하고 있다고 보네.

마르크스 내가 경제가 바뀌면 정치, 사회, 사상과 가치도 바뀐다고 했지. 경제는 하부구조이고 나머지는 상부구조야. 하부가 무너지면 상부는 따라서 무너지게 되어 있지만 상부가 흔들려도 경제가 튼튼하게 받쳐 주면 동요하는 상부를 지탱할 수가 있지. 미국은 소득과 부의 과도한 양극화로 경제라는 하부구조가 모순에 빠졌고 따라서 민주주의가 위협받게 되었어. 정치의 양극화는 경제정책의 정치화를 초래해서 자네가 말한 대로 정부 간섭이 늘어나게 되었지. 따라서 경제 양극화의 해결이 이루어져야만 정치에서도 타협을 통해 문제를 해결하는 민주주의가 회복될 수 있을 거야.

모택동의 실정으로 중국경제가 파탄에 빠지니까 공산당 지배체제도 위협을 받게 되었는데 그 위협에서 벗어나기 위해서는 경제를 살려야만 했고 그래서 궁여지책으로 자본주의를 빌려오게 된 것이지.

등소평이 사회주의의 완성을 위해서는 경제발전이 필수이며 경제발전을 위해서는 자본주의적 시장경제를 활용할 수밖에 없다고 간파한 것은 굉장한 용기이며 통찰력이야. 중국 공산당은 장개석 국민당 정부의 자본주의를 타도함으로써 역사적 정당성을 확보하였는데 타도의 대상이었던 자본주의를 도입한 것은 배신자의 낙인을 무릅쓴 결단이었어.

나는 등소평을 공산주의의 배신자라고 보네. 자본주의가 멸망한 후에 역사의 무대에 나타나는 것이 공산주의인데 등소평은 역사의 시계를 거꾸로 돌렸으니 배신자 소리를 들어도 그만이야. 생산수단의 사유를 철폐하는 것이 공산주의의 핵심강령인데 이를 내팽개치고 타도의 대상인 자본가를 공산당원으로 받아들였으니 말이야.

그도 이 딜레마를 몰랐을 리가 없어. 그래서 공산당 독재와 자본주의의 야합을 감추기 위해 중국 특색의 사회주의라는 모호한 이름을 붙여 인민들을 속이려고 한 거지.

야합은 오래 지탱할 수가 없네. 자본주의의 생산력을 이용해서 흔들리던 공산당 독재체제를 다시 공고히 다지는 데에는 성공했지만 그동안 잠복해 있던 야합의 위험이 수면 위로 모습을 드러내기 시작했어. 하부구조를 자본주의로 채우다 보니 상부구조인 공산당 독재가 또다시 위협을 받게 된 거야. 그 위협은 성공한 자본가들로부터 밀려오기 시작했어.

세계적 거부로 부상한 마윈 등의 거대 자본가들은 공산당의 일방적인 규제와 간섭에 대해 점점 반감을 가지게 되었지. 그들은 더 많은 자유를 바라게 되었어. 자유롭게 이윤을 추구하고 싶어 했는데 공산당이 발목을 잡고 있는 셈이지. 공산당은 곤혹스러운 처지가 되었어. 일당독재를 공고히 하기 위해서는 황금알을 낳는 자본가를 이용해야 하는데 그들의 경제적, 사회적 힘이 너무 커져서 고분고분 말을 듣지 않게 되었고 그대로 두면 공산당의 통치력까지도 도전받게 되었거든.

결국 시진핑은 자본가들을 길들이기로 작심할 수밖에 없었지. 독재자는 권력 유지를 위해서라면 무엇이라도 하는 자가 아닌가? 자본가들을 숙청하는 데 휘두른 전가의 보도는 부패혐의와 자본주의적 범죄혐의였지. 털어서 먼지 안 나오는 사람 없다고 하는데 규제 천국인 중국에서 글로벌 차원의 기업을 운영하려면 법령 한두 가지는 위반할 수밖에 없지 않겠나?

자본주의적 범죄혐의란, 독과점을 남용해서 소비자들을 착취해 부를 축적하는 등 중국사회의 불평등을 악화시키는 반사회주의적 행위를 일컫는 거야. 이 범주에는 거대 자본가들이 부르주아적인 생활양식에 빠져 있다는 비난까지도 포함되는 거지. 결국 성공한 자본가들은 토사구팽의 딱한 처지가 되고 말았네.

거대 자본가들을 무력화시켰지만 시진핑의 딜레마는 계속되고 있고 앞으로도 그럴 거야. 거대 자본가들을 대신해서 중국경제를 계속 성장시켜 줄 대안세력을 발굴해 내는 어려운 과제가 기다리고 있는 거지. 국영기업 중심으로 회귀한다면 중국의 경제성장은 도로 아미타불이 되겠지. 국진민퇴(國進民退)는 결코 선택지가 될 수 없어.

경제성장을 계속하려면 어차피 시장경제에 의존할 수밖에 없는데 아마도 공산당의 엄격한 지도방침에 순응하는 온순하게 길든 민간기업을 키우려고 할 거야. 국가 주도의 시장경제가 불가피할 텐데 손발이 자유롭지 못한 무늬만 민간기업들이 중국경제를 계속해서 이끌어 가기는 어려울 거야. 신흥기업들이 성공해서 글로벌기업으로 커 나가면 그들 역시 공산당의 속박에 저항하기 시작할 테고 공산당은 계속해서 묶어 놓으려고 할 테니 갈등과 대립이 점점 첨예화되겠지.

궁극적으로 중국은 공산당과 자본주의의 야합을 포기할 수밖에 없을 거야. 태생적으로 깨질 수밖에 없는 결혼이거든. 이혼 후에 갈 길은 두 가지네. 결혼 전의 공산주의로 돌아가서 빵 대신 이념으로 굶주린 배를 채우든지, 아니면 진짜 자본주의의 길로 들어서서 자유와 번영을 구가하든지.

스미스　중국이 모택동 시대로 회귀해서 다시 빈곤의 나락으로 추락하든지 자본주의 국가로 환골탈태해서 번영을 구가하든지의 두 가지 선택지밖에 없다는 자네의 진단은 충격적이야. 마치 쇠망치로 얻어맞은 것 같네. 그런데 이미 자본주의가 제공하는 배부름을 맛본 인민들이 모택동 시대로 후퇴하는 것을 받아들일 리가 없지 않은가? 엄청난 저항이 있을 것 같은데.

마르크스　중국이 또다시 배고픈 시대로 돌아갈 수는 없네. 그러니 현실적인 선택지는 민주자본주의 하나밖에 없다고 말하지만 그렇지 않아. 진짜 공산주의로 나아가야지. 공산당 독재를 포기하고 노동자의 자치체제인 진짜 공산주의 말이야. 만약에 공산당 지도자들이 자신의 권력유지에 집착해 인민들에게 고통을 강요한다면 대규모 저항을 피할 수가 없겠지. 나는 중국 노동자들이 혁명을 일으켜서 공산당 독재체제를 무너뜨리고 참다운 공산주의사회를 실현하길 바라마지 않네.

스미스　공산당 독재정권과 시장경제의 야합은 악한에게 흉기를 쥐여 준 셈이지. 시진핑은 사이비 시장경제가 안겨 주는 생산력을 이용해서 독재정권의 정당성을 확보하고 중국몽의 실현을 내세워 배타적인 민족주의를 선동질하여 국내의 비판세력을 질식시키고 있어.

국제적으로는 시장경제가 벌어들인 막대한 외환을 미끼로 삼아서 저개발국들을 유혹해 일대일로라는 21세기형 실크로드사업을 추진하고 있는데 문명과 물자의 상호통행이 아니라 중국 공산주의를 퍼뜨리는 일방통행로로 전락해 버리고 말았네. 중국 제국주의의 어두운 그림자가 어른거리고 있지.

중국 시장경제는 보이지 않는 손이 아니라 보이는 손이 구석구석까지 통제하고 있으니 무늬만 시장경제일 뿐이고 실체는 계획경제이네. 그러니 시장의 생산력이 계획당국의 정치적 목적달성을 위해서 오용되고 있는 거지.

마르크스　자본주의의 생산력을 정치적 목적에 오남용하는 선구자는 자본주의국가들이지. 그들이 산업혁명의 산물인 신무기를 앞세워서 식민지를 수탈한 제국주의의 흑역사를 알고 있는 자네가 어찌 중국만을 매섭게 몰아붙이는가?

스미스　그 문제까지 거슬러 올라가면 논쟁의 핵심을 비켜 가게 되네. 나는 다만 자네가 중국 자본주의를 짝퉁이라고 단정하니까 몇 마디 보탠 것일세.

중국은 부르주아혁명이 일어나서 정치적 민주주의, 경제적 자유시장경제로 바뀌는 것이 바람직하지 않은가? 어떤 길을 선택하든지 간에 자네의 역사발전단계설은 수정이 불가피하네. 자본주의에서 가짜 공산주의로 옮겨 갔다가 다시 진짜 공산주의로 가든지 자본주의로 가게 되니 말일세.

마르크스 부르주아혁명은 선택지가 아니네. 가짜 공산주의의 계급사회를 청산하고 진짜 공산주의의 무계급사회로 이행하는 것이 나의 역사발전단계설에 부합하는 것이고 역사가 더 나은 사회를 향해서 진보해야 한다는 믿음과도 들어맞는 것이네.

노동자들이 공산당 독재에 항거한 의거가 이미 있었지 않은가? 1981년에 폴란드의 조선 노동자들이 바웬사의 지도하에 공산당의 대량해고에 맞서서 금기시되었던 노조를 결성하고 총파업으로 조직적인 저항을 시작했지. 인접 국가들로 자유노조운동이 파급될 것을 우려한 소련 공산당의 압력에 폴란드 정부가 굴복해 탄압을 받으면서 성공하지는 못했지만 그 영향은 막대했지.

스미스 1917년 2월 혁명 후 러시아는 부르주아혁명으로 나아가고 있었는데 공산주의자들이 조직력과 선전 선동력에서 우월한 투쟁을 전개하여 10월 혁명에서 공화주의자들을 실각시키고 권력을 장악했지. 권력투쟁의 결과가 그렇게 흘러간 것이지, 거창하게 역사발전에 부합하는 필연적인 결과라고 견강부회할 것까지야 없지 않은가.

소련 해체 이후에 바웬사는 폴란드의 대통령으로 선출되었는데 그는 자네가 꿈꾸는 진짜 공산주의를 선택하지 않고 자유시장경제체제를 선택하지 않았는가? 그도 진짜든 가짜든 간에 공산주의로는 인민들의 풍족한 삶을 실현할 수 없다는 자각을 하고 있었다고 보는데. 그렇다면 공산주의로는 결코 경제적 번영을 누릴 수 없다는 얘기인데 자네도 인정하는가? 물론 자존심은 좀 상하겠지마는.

마르크스 공산주의가 인민의 배를 굶주리게 했다는 것은 역사적 사실이지만 꼭 그래야만 되었던 진실은 아니야. 소련과 중국 등의 공산주의에서 그런 현실이 나타났지만 그것은 공산주의 혁명가들의 잘못이지 내 이론의 잘못은 아니야. 나의 예언은 공산주의야말로 성장과 평등을 동시에 가져다줄 수 있는 유일한 체제라는 것이었네. 참된 공산주의의 비전과 실천방안에 대해서는 이미 자세히, 구체적으로 설명했고 앞으로 북한에서 내 꿈을 펼쳐 보이겠네.

내가 원하는 상황은 아니지만 시진핑 치하의 중국에서 부르주아 혁명의 기운이 느껴지고 객관적으로도 유리한 상황이 하나둘 만들어지고 있어. 18세기 유럽에서 부르주아지가 국왕, 귀족, 대상인들에게 저항하여 혁명을 일으켰던 사회경제적 여건과 오늘날 중국의 여건을 보면 비슷한 점이 한둘이 아니야. 중국의 자본가계급은 자신들의 계급적 이익을 가로막는 공산당의 압제를 가만히 앉아서 지켜보기만 하지는 않을 거야.

혁명이 성공하려면 인민대중의 호응이 들판의 불길처럼 일어나야 하는데 그 진원지는 인민대중의 빈곤이지. 지금까지는 고도경제성장의 떡고물이 절대빈곤에 허덕이던 수억 명의 인민대중을 굶주림과 헐벗음으로부터 구해 주었기 때문에 혁명의 기운이 힘을 쓰지 못하고 있지. 그러나 공산당이 자본가계급을 억압하고 경제성장이 정체되면 언제라도 인민봉기가 일어날 수 있다고 보네. 인민혁명이 참다운 공산주의와 자본주의 시장경제 중에서 어느 길로 귀결될지는 예상하기 어렵지만 나는 중국에 있는 나의 신봉자들이 나의 사상을 올바르게 이해해서 진짜 공산주의사회를 건설해 주기를 간절히 바라네.

자네는 부르주아지가 정치권력을 먼저 장악하고 나서 그 후에 경제권력을 장악했다고 했네. 영국에서 입헌군주제가 성립하게 된 역사를 보면 그렇게 보이지. 국왕, 귀족, 대상인의 전권을 제한하고 부르주아지들이 권력을 분점하다가 점점 무게추가 부르주아지 쪽으로 이동하고 있었지. 자네가 정치 민주화라고 표현했는데 농민들과 도시 서민들은 여전히 정치과정에서 소외되고 있었으니까 부르주아지 그들만의 잔치였지.

그러나 부르주아지들이 정치권력을 장악할 수 있었던 것은 산업혁명의 주역으로 참여해서 부를 축적하고 경제적 지위가 높아지면서 기득권계급에 대항할 수 있는 힘이 생겼기 때문 아니었겠나? 그들이 경제적 힘과 세력이 없었다면 무슨 수로 왕과 귀족, 대상인 등 기득권력세력에 맞서고 이길 수 있었겠나?

내가 믿는 변증법적 유물론을 자네 생전의 영국에 적용해 보세. 기존의 생산관계를 보면 특권계급이 소유하는 토지에서 농노와 소작농들의 노동을 투입해 생산하고 그 대부분은 토지소유자들의 수중으로 들어갔지. 더해서 수공업자들의 생산활동이 있었는데 이들은 길드라는 동업자조합을 만들어서 배타적으로 자신의 이익을 지키고 있었지.

산업혁명이 시작되면서 봉건제 농노사회의 지주와 농노로 구성되는 생산관계는 기계제 공장생산이 요구하는 생산력을 충족시키기는커녕 훼방만 놓는 질곡으로 작용하게 되었지. 공장생산이 필요로 하는 노동자를 공급받기 위해서는 농노들을 지주의 사슬로부터 해방시켜야 됐는데 그러기 위해서 지주계급을 타파하는 부르주아혁명이 일어나게 되었지. 자네가 말하는 정치 민주화를 내 방식으로 해석한 것이네.

부르주아지들은 경제적 자유를 얻었으나 프롤레타리아트는 새로운 형태의 경제적 속박에 묶이게 되었네. 농노의 신분적 예속에서는 벗어났으나 자본가의 지시를 따를 수밖에 없는 실질적 예속에서는 벗어날 수가 없었던 거지. 자네가 자본가와 노동자의 계급대립을 심각하게 고민하지 않은 것은 아마도 자네 생전에는 산업혁명이 막 시작하는 초기 단계라서 새로운 계급관계 역시 태동하기 시작하고 있었기 때문일 거야.

스미스 소련과 중국에서 노동자혁명이 성공하고 자본가계급이 사라졌는데도 불구하고 공산당 독재가 계속된 것은 변증법적 유물론으로 설명이 되는가? 하부구조인 생산관계는 계급대립이 소멸됐으니 모순도 사라진 거지. 그러면 상부구조인 정치에서도 지배와 피지배의 모순이 사라지고 절대평등이 실현되었어야 하는 것 아닌가? 현실은 반대였지. 공산당은 사상의 자유는 물론이고 신체의 자유, 표현의 자유, 집회결사의 자유 등 기본권을 짓밟았네. 선거에서도 공산당원만 출마할 수 있고 의회는 공산당원과 위장된 야당으로만 채워지지. 공산당의 권력은 절대왕정의 권력보다도 더 공고하다고 보네.

마르크스 공산당 독재는 일시적인 현상이라고 봐. 자본가를 비롯한 반혁명세력을 발본색원하고 복고주의적, 부르주아적, 퇴폐적

정신을 뿌리 뽑고 종교와 문화계마저 오염시킨 반동주의가 다시는 고개를 쳐들지 못하게 하기 위해서는 공산당 독재가 불가피했어. 과도기가 지나면 프롤레타리아독재의 필요성이 없어지니까 공산당 독재도 사라졌어야 되는 건데 역사는 그렇게 흘러가지 않았지. 그건 나도 예상하지 못했어. 이제는 노동자가 주인이 되는 참다운 공산주의를 향해서 역사의 물길을 바로잡아야 해.

스미스   자네는 소련의 공산당 독재가 70년 가까이 계속되다가 망한 것을 보지 않았는가? 그리고 망한 이후에도 푸틴정권은 무늬만 정치적 민주주의인 척하면서 권위주의 정치에다가 시장경제를 보태 자본가계급을 부활시켰어. 중국에서는 아직도 공산당 독재가 계속되고 있는데 경제는 자본주의를 선택했고. 자네의 변증법적 유물론은 역사의 흐름을 설명하지 못하고 뒤죽박죽이 되어 버렸네. 자본주의 하부구조와 일당독재 상부구조는 자네의 분석틀 안에서는 양립할 수 없는 것이지.

마르크스   중국과 러시아는 무늬만 자본주의지, 속은 자본주의가 아니야. 짝퉁 자본주의이지. 중국은 자신의 체제를 자본주의라고 부르지도 않아. 중국 특색의 사회주의라고 부르지. 중국 공산당이 스스로를 자본주의라고 부를 수 없는 것은 자신의 태생적 한계때문이야. 모택동혁명을 부정한다는 것은 스스로 무덤을 파는 것과 같지. 자본주의라고 부르는 순간, 중국 공산당은 정통성을 상실하고 마르크시스트들로부터 정면으로 공격당하게 될 거고 중국은 다시 등소평 이래의 시장경제를 송두리째 버리고 모택동주의로 돌아가게 될 거야.

중국의 자본가는 꼭두각시 자본가야. 공산당이 시키는 대로 해야 해. 부르주아 자본가들이 투쟁을 통해서 자유를 쟁취하고 자본주의를 확립해서 지위를 확고히 한 것과는 달리, 중국 자본가들은 공산당이 용인했기 때문에 태어났고 공산당이 허락하는 범위 내에서만 자유를 누리는 가여운 존재라고.

중국경제를 흔히들 국가자본주의라고 부르기도 하는데 국가가 주도하는 자본주의는 자본주의의 발전역사에서 일시적으로 나타나는 현상일지언정 오래 계속되는 정상상태는 아니거든. 예컨대 독일, 일본, 한국 등에서 경제발전 초기단계에 권위주의 정부가 들어서면서 정부가 시장에 강하게 개입해 자원 동원과 배분의 효율성을 높인 적이 있었지만 결국은 시장의 힘이 점점 더 강해졌거든. 중국은 공산당이 시장을 우리 안에 가둔 맹수 다루듯 취급하지. 공산당이 존재하는 한 변함 없이 줄곧 그럴 거야. 그러면 시장은 공산당의 손짓대로 오라면 오고 가라면 가는 온순한 가축으로 길들여지고 혁신의 샘물인 동물적 본능은 잃어버리게 되지.

더욱이 시진핑이 하는 짓거리를 보면 왕조시대로 역행하는 것처럼 보여. 변경의 오랑캐들을 정복하고 영토확장에 전념한 황제들을 닮아 가고 있어. 인도, 일본, 동남아시아국가 등과 사방에서 영토분쟁을 일으키고 있지. 일대일로 사업은 경제영토를 넓힌다는 의미를 넘어서서 돈과 인력을 투입해 중남미, 아프리카 국가들을 자기편으로 끌어들여 영향력을 행사하려는 거야. 언젠가는 그들의 정치주권, 경제주권, 문화주권을 침해하고 실질적으로 반식민지로 만들려는 숨겨진 야욕이 있는 것으로 보여. 봉건시대의 중화민족의 영광을 되찾자는 민족주의를 내걸고 국민들을 세뇌시키고 있지 않나.

중국 공산당이 마르크시즘을 내거는 걸 보면서 나는 분노하지 않을 수 없어. 마르크시즘이 추구하는 목표는 노동자의 해방이야. 자본가의 착취와 질곡에서 해방되어 자유인으로서 노동하고 행복을 누리는 삶을 꿈꾸었던 것이지. 그런데 중국 공산당은 자본가가 그랬던 것처럼 노동자를 억압하고 노동자들이 당연히 받아야 할 몫을 주지 않고 있어.

중국의 빈부격차가 미국보다도 더 크다는 사실을 나는 도저히 믿을 수가 없어. 공산당 간부, 국영기업 경영자, 민영기업의 자본가들이 누리는 호사는 중국보다도 훨씬 더 잘 사는 선진자본주의 국가와 비교해도 더했으면 더했지, 뒤처지지 않아.

한술 더 떠서 명실상부한 공산독재 중국과 실질적인 공산독재 러시아는 영토야욕까지 드러내고 있어. 서구 제국주의의 침탈 앞에서 중화민족의 자존심을 짓밟히는 수모를 겪었던 중국이 절치부심해서 옛날의 영광을 되찾겠다는 중국몽을 실현하고 있지. 그러면서 주위의 거의 모든 나라들과 영토분쟁을 일으키고 있으니 서구 제국주의를 따라 하겠다는 것인가? 러시아 역시 옛 소련의 영광을 회복하겠다면서 심지어는 전쟁을 일으키기까지 하고 있어. 이 모든 신제국주의적 야욕들이 노동자의 해방과는 아무런 관련이 없고 오로지 독재자들의 권력유지에만 봉사하고 있는 거지.

나는 국가의 존재 이유는 지배계급이 피지배계급을 다스리는 것이라고 믿어. 국가가 출현하기 이전의 원시 공산사회를 제외하고 고대 노예제사회, 중세 봉건제 농노사회, 자본주의사회의 국가가 모두 그랬어. 자본주의사회의 사상적 기초가 된 계몽주의 학자들 중에는 국가가 구성원들의 자유계약에 의해서 성립했다고 주장하는 자들이 있지. 그들에 의하면 정치인과 관료는 국민들을 위해서 봉사하는 공복이 되어야 하는데 실제와는 거리가 멀지.

정치인과 관료는 자신들의 이익을 위해서, 또 특정계급의 이익을 위해서 행동한다고. 민주주의가 가장 발달되었다는 미국을 보자고. 백악관과 상하원 의원들이 국민 모두의 이익을 위한다고 생각하나? 그들은 월가의 대형 금융기관과 다국적 기업의 집요한 로비압력으로부터 자유롭지 않지. 정치 자금줄을 쥐고 있는 부자들을 무시할 수 없고. 중소기업 사장이나 노동자들이 고위관리나 의회의원들을 만날 기회는 지극히 한정되어 있지. 그래서 정책이 기득권자와 가진 자들에게 유리하게 수립되는 거지. 자본주의하에서 국가는 부르주아계급의 전체적인 공동업무를 관장하는 위원회에 지나지 않아. 가장 규모가 크고 조직화되고 강력한 권력을 행사하는 부르주아 이익단체에 지나지 않네.

자본주의 이후의 공산주의사회에서는 국가가 소멸되어야 해. 노동자들이 민주적으로 자치조직을 만들어서 공동사회의 유지에 필요한 최소한의 기능을 발휘하게 하는 거야. 기업도 노동자들이 자치적으로 경영하게 해야 해. 이러한 조직에서는 상하관계 대신에 수평적 관계가 작동하는 거지. 기업의 의사결정을 자본주의에서와 같이 최고경영자(CEO)가 하는 것이 아닌 노동자들로 구성된 기구에서 하지. 이를 이사회라고 불러도 무방해. 중요한 것은 자본가, 경영가, 노동자의 계급적 구별이 없다는 점이지.

중국의 현 체제는 임시방편이지. 소련과 모택동체제가 생산력의 침체를 피해 갈 수가 없었기 때문에 소련은 제풀에 무너졌고 중국은 개혁개방으로 관제자본주의를 도입했어. 중국의 관제자본주의가 눈부신 생산력을 발휘하면서 관제자본가는 공산당의 손아귀에서 벗어나 더 많은 자유를 누리길 바랐지. 중국판 부르주아혁명의 씨앗이 자라나고 있었던 거야.

돈과 권력은 바늘에 실 따라가듯 같이 움직이기 마련인데 알리바바를 창업한 마윈 같은 대부호에게 권력이 따라붙는 것은 자연스러운 현상이지. 마윈이 공산당 간부들을 앞에 앉혀 놓고 공산당의 경제정책을 대놓고 비판한다는 것은 그가 기업가를 넘어서서 권력가의 반열에 들어섰다는 것을 증명한 것이 아니겠는가?

이를 간파한 시진핑은 신흥자본가들을 억압하기 시작했어. 그렇다고 해서 모택동시절로 돌아가는 것은 선택지가 아니지. 중국 인민들은 이제 더 이상 혁명을 위해 굶주림을 참는 애국심은 발휘하지 않을 거야. 그렇다고 해서 중국판 부르주아지들을 그냥 놔둘 수도 없어. 경제적 자유는 정치적 자유를 동경하게 되어 있으니까. 시진핑은 헤어나기 힘든 딜레마에 빠지기 시작했어.

시진핑은 결국 경제를 다소 희생해서라도 공산당 독재권력, 즉 자신의 권력을 공고히 하는 길을 선택했어. 이미 호랑이 등에 올라탔으니 살기 위해서는 계속 달리는 수밖에 다른 길이 없거든. 정치가 경제를 지배하는 거지. 나는 하부구조인 경제가 상부구조인 정치를 규정한다고 설파했는데 시진핑은 거꾸로 가고 있어.

문제는 공산당 독재를 절대적 우위에 두고 경제는 사적소유와 국가소유 사이에서 왔다 갔다 하는 줄타기가 얼마나 오래갈 수 있느냐이지. 경제가 무너지면 중국 인민들을 단결시켜 주고 있는 중국몽의 실현이 요원해지는 거야. 당과 시진핑에 바치는 인민들의 충성심이 동요하기 시작하지. 설상가상으로 아직도 풍요와는 거리가 먼 대다수 인민들의 실업이 늘어나고 생계가 어려워지면 이미 심각해진 빈부격차는 불평과 저항심리에 기름을 붓게 될 거라고.

중국경제는 이미 성장률이 계속 떨어지고 있어. 앞으로도 반전

할 가능성은 희박하지. 중국 공산당은 지금까지 그래 왔듯 재정을 풀어서 가라앉는 경제를 떠받치고 있어. 국가부채가 낮은 것이 얼마나 다행인지 몰라. 재정확대에 더해서 공동부유라는 이름의 복지정책을 새로이 도입하고 있더군. 졸부들에게서 반강제적으로 기부를 받아 복지재원으로 쓴다는 거야. 공산당이 돈으로 인민들의 불만을 잠재우겠다는 것은 부르주아지가 낸 세금으로 복지를 제공해서 노동자들의 환심을 사고 혁명의지를 무력화시키는 자본주의와 다를 바 없어.

중국 공산당이 진정으로 노동자들의 편에 서기 위해서는 공산당의 권력을 노동자들의 민주적인 자치기구에게 나누어 주는 길밖에 없네. 자신을 해체해야만 참다운 공산주의사회가 실현될 수 있는 거지. 중국 공산당은 혁명의 주체가 아니라 혁명의 걸림돌이야. 현실적으로 아무리 어려울지라도 그렇게 되어야만 내가 200여 년 전에 그렸던 진정한 노동자국가가 도래하고 노동자들이 참된 해방을 맞이할 수 있다고.

스미스 공산주의의 시조인 자네가 중국의 공산주의를 가짜라고 맹비난하다니 내 귀로 직접 듣고 있으면서도 믿기가 어렵네. 중국 노동자들을 향해서 가짜 마르크시스트인 공산당 지도자들을 축출해내는 혁명을 일으켜야 한다고 선동하다니 하늘이 놀라고 땅이 흔들릴 엄청난 일이야. 한편으론 오죽했으면 자네가 왜 그런 생각까지 털어놓는지 이해가 되기도 하네. 자네가 느끼는 배반감과 분노의 크기는 가늠할 수 없겠지.

그런데 중국이 정치적으로 민주화되는 순간부터 혼란과 분열의 아수라장이 벌어지지 않을까? 21세기에 들어와 북아프리카와 중동의 여러 나라에서 국민들이 독재자를 몰아내고 민주정부가 들어섰지만 정치적, 종교적, 인종적인 대립과 갈등으로 혼란이 극심하고 심지어는 내전으로 비화해 강대국들이 개입하면서 대리전쟁으로 확산되는 비극이 일어나고 있지 않은가?

중국이라고 뭐 다르겠나? 독립을 원하는 소수민족들이 무력항쟁에 나서고 민주 개혁세력과 공산주의 세력 간의 다툼이 벌어지면서 내전으로 치닫는 최악의 상황이 전개될 가능성이 높다고 보네. 그 결과 세계경제도 큰 타격을 받을 거야. 내가 뭐 중국 공산당의 독재가 계속되어야 한다고 말하는 것은 아니네. 다만 중국의 지도자라면 분열과 대혼란을 미연에 방지해야 한다고 굳게 믿을 수 있다는 것이지.

마르크스 자네의 관찰이 맞을 거야. 나도 중국 공산당이 권력을 놓는 순간 대혼란이 올 것이라는 본능적인 예감이 드네. 대혼란은 어떤 방향으로 수습될 수 있을까? 고르바초프 수상 시절의 사태 전개를 되돌아보면 예측의 실마리를 찾을 수 있을 거네.

고르바초프 수상이 결행했던 개혁과 개방노선은 소련이 처했던 제반 모순을 해결하기 위해서는 불가피한 선택이었다고 봐. 그런데 고르바초프가 전혀 의도하지 않았던 소련 해체가 일어나고 말았지. 철옹성처럼 굳건해 보이던 소련 공산당이 그렇게 맥없이 무너져 내렸다는 것은 역사의 불가사의임이 틀림없네. 그 후에 많은 소련 국민들은 강대국에서 약한 대국으로 전락한 러시아의 초라한 위상에 좌절과 분노를 느꼈지. 푸틴은 소련 시절에 대한 향수를 가지고 강한 러시아를 선망하는 민심을 교묘히 이용해서 종신집권의 독재권력을 누리고 있지 않나.

중국이 분열하면 민주주의로 나아가는 대신에 또 다른 독재자가 출현할 가능성이 높다고 보네. 그렇다 하더라도 현재의 중국 공산당 독재통치가 계속되어서는 안 되네. 진정한 공산주의를 실현하기 위해서는 가짜 공산주의를 무너뜨리는 것이 먼저이지. 역사의 진보가 평화적으로 순조롭게 이루어지기는 거의 불가능해. 새로운 질서가 세워지기 위해서는 낡은 질서를 파괴해야 되는데 많은 희생과 고통이 따를 수밖에 없지.

체제경쟁: 스미스의 남한과 마르크스의 북한

스미스 이번에 자네와 함께 세상 구경을 다니는데 한국이라고 하는 나라가 나의 관심을 끌었어. 내 생전에는 조선이었다고 하는데 듣도 보도 못했지. 동양에서 내가 아는 나라는 인도와 중국뿐이었어. 인도는 영국 식민지여서 이런저런 소식을 접할 기회가 많았고 또 인도 차를 즐겨 마시기도 했지. 중국은 도자기와 비단을 통해서 알게 되었어. 중국 도자기에 매료되어 인도차를 중국 다기에 따라 즐겁게 마시곤 했지. 두 나라 모두 오랜 문명을 가졌고 인구가 많고 농업이 주된 산업이라는 정도의 지식을 가졌을 뿐이고, 그들의 깊이 있는 사상과 철학에 대해서는 무지했어. 그러니 조선이라고 하는 조그마한 왕국을 알 리가 만무했지.

조선은 1910년에 일본의 식민지가 되었다가 1945년에 일본이 2차대전에서 패망하면서 독립을 하기는 했는데 이번에는 북반부는 소련이 지배하는 독재주의, 공산주의 정권이 들어서고 남반부는 미국이 지배하는 민주주의, 자본주의 정권이 들어섰다는군. 그 분단은 지금까지 계속되고 있고. 설상가상으로 1950년에는 북한이 남한을 무력 침공하여 적화통일을 시도했는데 거의 성공할 뻔했다가 미국을 비롯한 연합군이 참전해서 이번에는 남쪽이 북쪽을 통일할 뻔했지만 중국이 인해전술로 개입하는 바람에 통일은 무산되었대.

서두가 길었는데 한국이 나의 관심을 끈 것은 존재감이 전혀 없었던 약소국가 한국이 어떻게 해서 오늘날 선진국 반열에 합류할 정도로 경제가 발전했는지 궁금했기 때문이야. 내가 따로 한국에 대해서 공부를 좀 했네. 자네가 흥미가 있으면 얘기를 이어 가겠으나 지루하면 그만두겠네.

마르크스 나도 한국이란 나라에 대해서 흥미를 가지게 되었지만 자네와는 까닭이 다르네. 근 1400년 동안 세 개의 왕조를 거치면서 통일되어 있던 나라가 분단되었는데 북쪽은 나의 이념적 추종자가 지배하고 남쪽은 자네의 이념적 동조자가 지배하게 되었으니 어찌 흥미를 불러일으키지 않겠는가? 더욱이 내 사상을 표방하는 북쪽은 지금 세계에서 최하위 10위권에 드는 최빈곤국인 데 반해서 자네 사상을 숭배하는 남쪽은 세계 10위권의 국력을 가진 선진국으로 발전했네. 나와 자네의 사상적 대립의 승부가 한국에서 결판나고 말았으니 내 어찌 무심할 수 있겠는가?

스미스 한국에서는 재벌을 정책적으로 키워서 경제성장을 견인하게 했어. 재벌의 힘이 커지니까 엄격하게 규제하는 것을 보니 흥미가 생겼고 더 깊이 알고 싶은 지식욕도 생기더라고. 나도 사실은 대자본가보다는 소상공인들이 중심이 되는 자유시장경제가 바람직하다는 생각을 했거든.

기업이 공룡처럼 커지면 시장을 지배하게 되고 그 독점적 지위를 남용해서 소비자와 경쟁기업에게 피해를 끼치고 또 기득권을 유지하기 위해서 정치권력을 상대로 로비를 하고 나아가서는 정경유착이라는 부패 고리로 엮이게 된다고 생각했어. 생전에 대상인들이 저지르는 부도덕한 행위들을 목격하면서 공업자본가들도 대자본화하면 비슷한 행태를 보이지 않을까 우려했지.

한국에서는 박정희라는 정치 지도자가 급격한 공업화를 위해서 대기업이 중화학공업 분야로 새로이 진출하는 것을 전폭적으로 지원했어. 그러다 보니 수십 개의 계열기업을 거느리는 재벌이 탄생했고 창업자의 자손들이 경영권을 나눠 가져 세습하다 보니 소수의 가문이 경제를 좌지우지하는 독특한 경제체제가 생겨났더군.

그들의 공과를 일일이 나열할 정도로 파악한 것은 아니지만 좌우간에 재벌에 대해서 종합적으로 규제하고 있더라고. 특히 흥미를 끈 것은 '골목상권보호' 정책이었네. 제조업으로 몸집을 키운 재벌이 빵가게, 식당, 백화점, 대형 유통점 등으로 손길을 뻗쳐서 기존에 있던 소상공인들의 생계를 위협하니까 그러한 업종에 진출하는 것을 제한하는 정책을 마련한 거지.

나는 기본적으로 그러한 정책은 필요하다는 생각이 들더라고. 재벌이면 세계시장으로 뻗어나가야지, 비좁은 국내시장에서 영세상공업자들과 경쟁하게 되면 그 경쟁이 공정할 수 있겠느냐고. 권투에서 헤비급과 라이트급 선수를 평평한 링 위에 올려놓고 싸우라고 하면 사실은 링이 라이트급에게 불리하게 기울어져 있는 것이나 마찬가지 아니겠어.

마르크스 스미스 선생이 현실공부를 좀 하더니 국부론에는 언급조차 않던 기업규제론을 펼치고 있네. 그런데 남한은 이미 세계적 차원의 자본주의 질서에 깊숙이 편입되어 버렸으니 국내시장과 해외시장을 구분할 수 없는 지경이 되지 않았나? 식당, 백화점, 유통 부문에도 외국의 거대기업이 남한시장으로 진출하는데 국내 대기업의 손발을 묶어 놓으면 급기야는 외국 대기업들이 남한시장을 석권하게 될 것 아닌가? 그럴 바에야 국내 재벌이 석권하는 것이 국부의 해외유출을 줄일 수 있지 않겠나?

스미스 자네가 나보다도 더 시장경쟁을 두둔하고 있으니 참으로 역사의 아이러니구먼. 세계화가 깊이 진행되면 국내정책을 하고 싶은 대로 못하는 제약이 가해지는데 자네가 바로 그 점을 지적하였네.

마르크스 나의 자본주의관에 따라서 설명하자면 다음과 같지. 자본은 이익을 좇아 세계시장으로 진출하는데 나라마다 다른 경쟁규칙은 영리추구에 장애물이 되기 때문에 각국의 정부를 압박해서 동일한 규칙을 채택하게 하지. 세계무역기구(WTO)를 무대로 펼쳐지는 글로벌자유무역규범은 강대국 대기업이 세계시장에서 하고 싶은 대로 돈을 벌게 해 주는 보이는 손이야. 자네는 보이지 않는 손이 기업을 어루만진다고 했지만 WTO는 보이는 손으로 글로벌기업의 이익에 봉사하는 거지.

스미스 남한의 경우는 좀 다르네. 자네 말대로 미국의 개방 압력에 굴복해 유통시장을 열어젖히니까 유럽의 백화점, 미국의 대형마트가 국내로 진출하였네. 국내의 재벌 대기업이 돈벌이 기회가 되겠다 싶어서 너도나도 백화점을 세우고 대형마트를 개점했는데 신통하게도 강대국 기업에게 국내시장을 내준 것이 아니라 대등하게 경쟁하다가 급기야는 경쟁우위를 차지하니까 강대국 기업들이 견디지 못하고 떠나가더라고. WTO가 반드시 강대국 기업의 배를 채워 주는 것은 아니야. 남한은 떠밀려서 개방했지만 강대국 기업과 경쟁하다 보니 더 강해져서 위기를 기회로 전환시킬 수 있었어.

원래 논점으로 돌아가자고. 한국이 본격적으로 고도성장 궤도에 들어선 시기는 1961년 무렵이었어. 그해에 박정희라고 하는 장군이 쿠데타를 일으켜 정권을 장악하고는 그 다음 해부터 일련의 경제개발 5개년계획을 세워서 경제성장률을 대폭 높이기 시작했다는 거야.

경제개발 5개년계획은 나에게는 전혀 생소해. 자유방임을 주장한 내가 보기에는 정부가 5개년계획까지 수립해 가면서 국부를 키우려고 한다는 점이 도무지 이해가 안 되더군. 강한 군대를 키운다든지 치안을 강화한다면 모를까. 경제를 발전시키기 위해서 몇 개년 계획을 짜는 것은 자네를 숭배하는 공산주의 국가에서 시작되지 않았나? 공산주의는 민간기업이 없고 국가가 생산을 직접 담당하니까 계획이 필요할 수도 있겠지. 포도주 몇 병, 고기 몇 킬로그램, 빵 몇 개를 생산해야 하는지 정부 관리들이 결정해야 하는데, 공장을 증설하려면 시간이 오래 걸리니 미리미리 계획을 세워야 수급차질이 안 생기겠지.

한국은 자본주의경제임에도 불구하고 5개년계획을 세웠다고 해서 그 내용을 보았더니 공산주의 국가의 계획과 유사하더군. 대표적인 예로서 자동차산업을 보겠네. 한국은 1960년대부터 일본 모델의 부품을 거의 전부 수입해 국내에서 단순조립해 왔는데 1970년대에 들어오면서 고유모델을 생산하겠다는 목표를 세웠더군.

1973년에 상공부가 4개의 자동차회사에 사업계획을 제출하라고 지시를 내렸어. 약 2개월 후에는 대통령이 자동차공업육성에 대한 지시를 내렸더군. 회사에서 제출한 사업계획을 바탕으로 상공부가 정리한 방향은 외국에서 생산, 시판된 적이 없는 새로운 모델, 가격은 2천

달러 내외, 엔진 용적은 1,500cc 이하, 국산화율은 95% 이상, 생산대 수는 연 5만 대 이상, 생산개시는 1975년이었지.

대통령의 지시를 보니까 1975년 말까지 완전국산화, 차종과 차형을 단순하게 조정, 부품생산과 조립생산으로 분리해서 육성하되 조립공장은 기존공장을 중심으로 육성, 부품공장은 조립공장별로 난립하지 말고 규격화하여 공동생산, 부품공장 입지는 가급적 창원 기계공업기지 내로 할 것 등이었어.

나에게는 의문투성이야. 민간기업이 결정해야 할 구체적인 사업계획을 어찌 정부가 정해서 발표를 하느냐고? 그 당시 한국이 소련이나 중국 같은 공산국가는 아니었는데 말이지. 그래서 한국의 산업정책 전문가에게 물었더니 다음과 같은 답변이 돌아왔어.

첫째, 당시 한국 자동차회사들은 전부 일본이나 미국 자동차회사의 하청을 받아 단순조립을 했다. 부품도 물론 수입하므로 싼 인건비만 국내에 부가가치로 귀속됐다. 기술도 없고 돈도 턱없이 부족하니 고유모델을 내놓기란 부지하세월이었다. 한국 정부는 하루빨리 고유모델의 자동차를 만들어 수출하고 싶어 했는데 기업들이 움직이지 않아 정부가 나서서 기업들을 끌고 갈 수밖에 없었다.

둘째, 정부가 가격, 차종과 차형, 생산규모와 생산시기까지 결정한 것처럼 보이지만 실상은 기업의 의견을 경청하면서 가이드라인을 제시한 것이다. 기업의 당시 능력을 감안하여 향후 국제경쟁력을 갖추기 위해 충족되어야 할 기준을 세운 것이다. 저렴한 소형차를 규모의 경제에 맞게 생산하고 수입부품의 조립이라는 안일한 방법 대신 부품까지도 국내에서 생산해 명실상부한 한국 자동차를 만들겠다는 취지였다.

셋째, 미국, 유럽, 일본 등 자동차 선진국들이 이미 세계시장을 석권하고 있는 상황에서 자유무역을 하면 당시 한국 같은 후진국은 값싼 옷을 위주로 수출하고 자동차는 수입에 의존할 텐데, 정부가 나서서 기업이 못 하는 부분을 보완하고 해결해 주면 빠른 시일 내에 자동차를 만들 수 있으리라는 판단이었다.

나는 전문가에게 질문을 퍼부었어. 그런 사항들은 기업가들이 제일 잘 아는데, 어찌 공무원들이 가이드라인을 제시하느냐고 했더니 대답인즉 정부는 기업가는 물론이고 자동차 분야의 전문가들과 폭넓게 논의해서 최선의 방안을 만들어 내려고 했다는 거야. 당시 한국 기업인들은 세계 자동차시장의 기술적이고 사업적인 동향, 한국경제의 거시적 능력과 한계 등을 소상히 파악하지 못하고 있었다는 거지.

나는 나름대로 해석했어. 시장의 보이지 않는 손이 때로는 동작이 느리다든가 정확하지 못하다든가 하여 멀리 있는 것을 집어내지 못하는 경우가 있다. 이럴 때는 정부가 나서서 모든 정보를 수집하고 분석해 기업을 인도하는 보이는 손이 효과적일 수 있다. 여하튼 지금 한국의 자동차가 세계 각국을 누빌 정도로 발전한 것을 보면 보이는 손이 그 임무를 성공적으로 해내었다고 생각되네.

만약에 내가 국부론을 다시 쓴다면 한국의 경험을 반영해서 시장의 보이는 손과 정부의 보이지 않는 손의 관계를 고쳐 써야 할 것 같네. 두 손이 서로를 밀어내는 것이 아니라 굳게 잡고 한 손만으로는 해낼 수 없는 큰일을 성취할 수도 있다는 점을 인정하고 그 성공의 조건을 분석하고 싶어. 한국이 소련이나 중국과 달랐던 점은 실제 생산은 민간기업에게 맡겨서 기업가의 창의를 충분히 활용했고 또 세계시장을 겨냥했다는 점이었어.

마르크스 남한이 자네의 자유방임설을 교조적으로 맹종하지 않고 시장의 불완전성을 정부의 보이는 손으로 보완하는 실사구시적 정책을 채택했기 때문에 성공했다는 말이군. 그런데도 한강의 기적을 자신의 자유시장경제의 공적으로 치켜세우고 있으니 자네가 영리하기는 해.

남한이 공산주의와 싸워서 패퇴시키고 비록 변형이긴 하지만 시장경제를 활용한 것은 인정하겠네. 남한은 보이지 않는 손과 보이는 손이 각자의 역할에 충실하여 선진국으로 도약했는데 북한은 보이는 손에 전적으로 의존했지만 아직도 빈곤의 늪에서 허우적대고 있군. 한반도는 자네의 시장경제가 나의 국유경제를 이긴 살아 있는 증거가 되어서 당혹스럽기 그지없네.

북한은 공산주의를 김정일 일가가 세습왕조체제를 대대손손 누리기 위해 사용하는 천박한 수단으로 전락시키고 말았어. 노동자 천국은커녕 노동자 지옥의 나락으로 추락한 채 나아질 기미조차 보이지 않고 있네. 노동자들은 하루 세 끼 배불리 먹지도 못하고 추위를 막아 주는 따뜻한 옷조차 걸치지 못하고 있지. 그들이 피땀 흘려 수확한 생산물은 김일성 일가와 노동당 간부, 그리고 이들에게 빌붙어서 호사를 누리는 소수 특권층의 수중으로 약탈당하고 있지. 공산주의의 탈을 쓴 원시적인 약탈경제야.

노동자들의 입에 재갈을 물려서 오로지 지도자에 대한 개인숭배와 체제찬양만 허용되고 일체의 비판에 대해서는 가혹한 징벌이 어김없이 가해지네. 돈 없고 권력 없는 일반 국민들에게는 집단수용소와 다름없어. 공산당이 노동자를 억압하는 어처구니없는 비극이, 지금 이 순간 디지털문명의 대전환기에 백주 대낮에 벌어질 수 있는 일인지 내 머리로는 도무지 이해할 수가 없네.

내가 저주하여 마지 않던 자본주의조차도 북한의 사이비 공산주의보다는 훨씬 낫네. 자본주의의 노동자들은 자유나마 누리고 있지. 남한의 노동자들이 사는 형편을 보면 평양시민들보다도 훨씬 더 부유하고 여유로워. 의식주 모든 면에서 그러하고 의료와 교육의 기회 접근 면에서 그러하고 문화생활도 다소 누리고 있는 것으로 보였어. 물론 남한의 빈부격차는 심각하지만 말이야.

북한의 모순투성이 체제를 타파할 수 있는 세력은 북한 노동자들 자신밖에 없어. 노동자들은 김일성 일가에 저항하여 봉기해야 하네. 그들의 운명을 주체적으로 개척하는 용기야말로 주체사상의 핵심 아닌가. 내가 저승으로 다시 돌아가지 않고 이 세상에 남을 수 있다면 나는 북한에 머물면서 참된 공산주의사회를 열기 위한 투쟁을 하겠네. 이승에서 살 수 있게 해 달라고 염라대왕에게 간청해 보아야겠어.

이 칼 마르크스가 북한 땅에 재림해서 "노동자들이여, 단결하라. 그대들이 잃을 것은 쇠사슬뿐이고 얻을 것은 이밥과 쇠고깃국이다"라고 외친다면 잠들어 있던 노동자들의 투쟁의식이 깨어나게 될 거야. 자본가에 대한 증오, 미국에 대한 원한, 남한에 대한 열등감에 빠져서 자신들의 신산한 삶의 원인을 외부에서만 찾는 잘못을 깨닫고 진정한 적은 바로 김일성 일가라는 진실 앞에 눈을 뜨게 될 테지.

독재가 민중의 저항으로 무너지는 것은 동서고금의 진리라고. 김씨 왕조독재가 너무 오래가니까 대대손손 세습될 것으로 보는 자들이 흔한데, 그렇지 않아. 태산 같은 무게로 영원히 버틸 것 같았던 독재체제가 하루아침에 어이없이 사그라드는 예를 들자면 열 손가락이 모자라. 독재자가 권력을 유지하기 위해 자행하지 않으면 안 되는 임기응변식 무리수들이 쌓이고 쌓여서 모순을 누적시키지. 변증법은 바로 독재국가에서 자기실현의 때를 맞이하는 거야.

물론 민주주의라고 해서 무너지지 않는 것은 아니네. 민중의 저항이 아니라 민족주의의 가면을 쓴 독재자가 국민을 속여서 선거에서 표를 얻고 이기게 되는 거지. 히틀러가 그 전형 아닌가? 그러다가 민주주의를 파괴한 독재는 민중의 저항 또는 독재자가 일으킨 전쟁에서 패배해 쓰러지고 민주주의가 다시 부활하는 거지.

내가 북한에서 실현할 민주주의는 계급민주주의가 아니야. 부르주아 민주주의가 아니라는 얘기지. 계급이 소멸한 사회에서 모든 국민들이 지역별, 직장별로 자치기구를 만들어서 공동체를 이끌어 가는 일종의 직접민주주의를 할 거야. 필요하면 중앙정부를 세우겠지만 최소한의 권력을 가진 느슨한 연방정부에 그치겠지.

스미스 자네가 북한에서 일구고 싶은 나라가 어떤 나라인데? 남한을 따를 건가? 중국을 따를 건가? 그렇지 않으면 옛적 소련을 따를 건가?

마르크스 그 어느 것도 아니야. 자본론에서 명명하게 그려 내지 못했던 공산주의의 진면목을 북한 땅에서 제대로 만들어 볼 거야. 노동자들이 주인이 되는 진정한 노동자 천국 말일세. 아니 주인이 된다는 말 자체가 하인의 존재를 전제하는 것이니까 어폐가 있네. 그냥 노동자들의 세상을 이루어 나갈 거야.

노동자들이 생산수단을 소유해서 생산하고 유통하고 분배하는 사회가 될 거야. 노동자들이 생산수단을 소유하니까 자본가가 되고 생산을 담당하니까 노동자가 되고 유통하니까 상인이 되는 거고 분배받은 소득을 소비하니까 소비자가 되는 거지. 노동자-자본가 일체이니 노사갈등, 대립, 파업, 시위, 계급투쟁이 원천적으로 사라지는 거야. 사람들의 머릿속에서, 의식 속에서 그런 부정적인 생각조차 흔적 없이 종적을 감추게 될 것이네.

스미스　자네의 꿈과 이상을 현실 속에서 어떻게 구체화해 나가려고 하나? 아직은 너무 추상적이고 자네가 비과학적이라고 몰아붙이던 공상적 사회주의의 냄새밖에 안 나서 그러네. 지금까지 인류 역사에 그런 세상이 있기나 했나? 소설 속에서나 존재했지. 토머스 모어의 소설 『유토피아』에서 그려진 이상사회가 떠오르는구먼. 존재하지 않기 때문에 더 선망의 대상이 되는 사회 말일세.

마르크스　나도 아직은 북한을 어떤 사회로 만들어 갈 것인지에 대해서 체계적으로 정리가 끝난 것이 아니네. 만약 내가 자본론을 다시 쓴다면 참된 공산주의사회를 창조해 나가는 구체적이고 현실적인 방안이 중심이 될 걸세. 그러니 지긋이 참을성 있게 기다려 주게. 다만 몇 가지 원칙에 대해서만 내 생각을 정리해 보겠네.

우선 공산당의 위에서 밑으로 내리박는 독재정치를 없애겠네. 지금 북한의 독재적 통치는 조선왕조 시대보다도 더 일방적, 억압적, 전횡적이네. 김일성 일가는 최고통치자의 직위를 자식들에게 세습하고 있지. 봉건의 악습을 일소하여 역사의 수레바퀴를 앞으로 돌리는 것이 공산주의의 대의명분인데 김일성 일가는 악습을 답습하면서 공산주의를 사칭하고 있으니 위선도 그런 위선이 없지.

왕이라는 칭호 대신에 수령이라는 칭호를 좋아하는데 속으로는 황제로 불리고 싶어 하겠지만 차마 그렇게까지 할 수는 없겠지. 볼셰비키가 공산혁명 이후에 러시아 황제를 총살했는데 북한에서 공산주의를 표방하는 자가 어떻게 스스로를 황제라 칭할 수 있겠는가? 프랑스에서 부르주아지들이 혁명 이후 루이 16세와 왕비를 단두대에 눕혔는데 부르주아지를 반동분자로 처단하는 자가 황제의 관을 쓸 수는 없지.

수령의 분부를 공손히 떠받드는 공산당 간부들은 조선왕조의 신하에 해당하는데 겉으로 보기에는 신하들보다는 독립적이야. 수령 앞에서 엎드리고 머리를 조아리지는 않으니까. 그러나 실상은 신하보다도 더 종속적이지. 조선의 신하들은 왕 앞에서 의연히 자신의 소신을 밝히다가 귀양 가거나 사약을 들이키는 자들이 부지기수였어. 김일성과 그 아들, 손자 앞에서 소신을 밝히다가 숙청당했다는 소리를 들어 본 적이 없어. 그냥 괘씸죄에 걸려서 강제수용소로 귀양 가거나 총살당하는 거지. 조선의 성리학은 왕에게 직간하는 명분을 제공하였으나 북한의 주체사상은 수령에게 절대복종해야 한다는 구실을 만드는 데 악용되고 있네.

북한에서는 노동자가 주인이고 모든 권력은 노동자에게서 나온다고 입에 발린 소리를 하고 있는데 마치 조선에서 농민이 천하의 근본이고 민심은 하늘의 뜻이라고 경건한 음성으로 가르치던 선비들의 위선과 다를 바 없지.

나는 북한의 공산당을 해체하고 노동자들이 자율적으로 자치기구를 구성해서 공동체의 문제를 해결해 나가는 분권형 노동자 자치정부를 수립할 거야. 느슨한 연방국가라고 해도 되겠지. 중앙정부는 국방,

외교, 거시경제정책에 국한하고 치안, 교육은 지방정부의 몫으로 할 것이네. 지방정부건 중앙정부건 간에 행정업무는 주민들이 봉사직으로 돌아가면서 담당하고 중앙정부의 행정도 지방정부와의 협의로 담당자를 파견받아서 역시 봉사직으로 임기 동안 수행하게 할 걸세. 나는 북한에서 통치니, 정치니 하는 개념이 발을 못 붙이도록 할 걸세.

기업경영이 관건이지. 노동자들이 기업을 공동소유, 공동분배하면 경영도 공동경영 하는 건가? 하는 의문이 나 자신에게도 일었네. 예를 들어 천 명의 노동자가 있는 기업이라면 천 명이 전원 회의를 해서 경영방침을 정할 것인지, 아니면 대표자를 선출해서 구성되는 의결기구에서 결정할 것인지의 기로에 서게 되는 것이지. 정치에 비유하면 직접민주주의와 대의민주주의 사이에서 선택하는 문제가 되는 것이네.

고민 끝에 내가 내린 결론은 자본주의의 주식회사에서 채택하고 있는 지배구조를 준거하는 것이 바람직하다는 거네. 노동자 전원으로 구성되는 전원협의체는 주주총회에 해당하고 대표자 회의는 이사회에 해당하는 것이지. 이사회에서는 일상의 경영을 책임질 최고경영자(CEO)를 선출하고 감사도 선출해야 하겠지. 이런 회사형태를 편의상 공유회사라고 부르겠네.

공유회사의 목표가 이윤극대화인가 아니면 노동자이익 극대화인가의 의문이 당연히 제기될 것이라는 점은 나도 충분히 예상하고 있네. 자본주의의 주주이익 극대화를 당연히 받아들이고, 오랫동안 익숙해 있는 추종자들의 눈에는 노동자이익 극대화라는 것이 마치 잠꼬대 같은 엉뚱한 지껄임으로밖에 들리지 않을 것이라는 점도 잘 알고 있네. 그러나 그 질문 자체가 엉뚱하기 짝이 없어. 회사주인이 노동자이니까 회사의 목표도 노동자이익 극대화가 되는 것은 너무나도 당연한 일이지.

노동자들이 무슨 돈이 있어서 자본을 출자하느냐고? 주식회사의 대주주는 설립 당시부터 큰돈을 출자하였나? 아니지. 그들도 적은 돈을 출자해서 회사를 설립하고 키우고 주식시장에 상장해 더 큰 자본을 유치하고 은행에서 빌리면서 대기업으로, 재벌로 몸집을 키워나간 것이 아닌가? 요즈음의 빅테크 기업들이 모두 그런 과정을 거치면서 성장하지 않았나?

공유회사도 주식을 발행하느냐고? 물론이지. 회사의 성장에 필요하다고 판단하면 주식을 발행하는 주식회사가 되는 것인데 이 경우에도 노동자들만 배타적으로 주식을 소유할 수도 있고 기업공개를 해서 동학개미 주주들을 받아들일 수도 있는 거지.

동학개미 주주의 투자를 받으면 공유회사를 노동자만 소유하는 것이 아닌 노동자가 아닌 주주에게도 소유권이 생기는데, 그렇다면 노동자이익 극대화에 대해서 주주들이 당연히 반발할 것이고 자본유치도 어려울 것이라고?

스미스, 자네도 자본주의에 지나치게 익숙해진 나머지 다른 체제에 대해서는 의구심과 회의감에 차서 우선 불신부터 하는데, 내 말 잘 들어보게. 공유회사의 노동자가 아닌 주주들은 노동자주주들과 구분해야 하네. 그들은 의결권이 없고 이익배당만 받는데 배당률은 은행이자보다도 조금 높게 책정될 거야. 돈놀이 하는 사람들에게 땀 흘려 일하는 노동자들과 똑같이 이익을 나누어 줄 수는 없는 거지.

회사가 망하면 쪽박 차는데 은행금리 정도의 쥐꼬리만 한 배당을 바라보고 투자할 바보가 있겠느냐고? 동학개미들의 투자가 회사 성장에 필수적인 조건은 아니지 않나? 자본주의에서 대기업의 자본조달 경로를 보면 자본금보다는 은행대출금이 중심이야. 그런데도 주주들에게 최대의 이익을 배당하려고 노동자들이 아등바등 고생만

하는 것을 보면서 나는 분노를 참을 수가 없네.

스미스 노동자들이 기업가정신을 발휘할 수 있다고 보나? 자네는 기업의 주인을 자본가에게서 노동자로 바꾸어 놓고 여타 기업경영은 자본주의 방식으로 하면 기업이윤이 노동자에게 배분되니까 노동자착취도 자취를 감추고 소득불평등도 사라지고 계급대립도 해소되어 평등사회가 도래한다는, 장밋빛으로 도배질한 이상향을 내놓았어.

공유기업의 경영을 노동자들에게 맡기면 그들이 기업가정신을 충분히 발휘할 것이라고 낙관하는 근거가 무엇인가? 형식상 주인이 있지만 사실상 주인 없는 기업이 되어서 모두들 경영책임은 안 지고 과실배분에만 눈이 팔려 공짜점심만 바라고 무임승차를 한다면 그 회사꼴이 어떻게 되겠는가? 자네는 인간성에 대한 통찰이 부족하네. 자네가 바라는 대로 인간들이 행동하리라고 믿는 것 같은데 순진하기 짝이 없지.

마르크스 자네는 기존의 주식회사에서 자본가를 축출하고 노동자들이 접수하는 경우를 상상하고 있구먼. 시키는 일만 기계적으로 수행하던 노동자들이 회사를 인수하면 제대로 경영을 할 수 있겠느냐고 묻고 있는 거지. 공유는 모든 종업원들의 소유이지만 실제로는 어느 누구의 소유도 아닌 주인 없는 회사가 될 거라는 얘기 아닌가? 주인이 없으니 종업원들은 열심히 일하지도 않을 것이고, 열심히 일하나 게으름 피우나 돌아오는 보상은 같은데 어느 바보가 성의 있게 일하겠느냐는 거지?

자네의 선입견이 인간 본성에 맞다고 보는가? 이기심이 인간 본성임을 인정하네. 그러나 그 이기심이란, 회사가 자본가의 소유가 아닌 노동자들의 집단적 소유가 되면, 열심히 일해 규모를 키워서 자신에게 돌아오는 몫도 늘리겠다는 그런 이기심이 작동하는 게 아닌가? 회사를 발전시켜 잘 살아 보겠다는 동기부여는 자본가에게나 노동자에게나 동일한 것이지, 왜 자본가에게만 나타나고 노동자에게는 나타나지 않는단 말인가?

자본가들의 회사에서 노동자는 그저 부속품 같은 존재이고 아무리 열심히 일해 봐야 자신의 운명이 개선된다는 희망이 없는데 무슨 주인의식이 생기고 충성심이 생기겠는가? 자본가와 노동자의 구별은 타고 난 것이 아니고 자본주의가 만든 인위적 계급에 지나지 않아. 노동자도 회사의 소유자가 되고 경영에 참여하면 자네가 좋아하는 이기심이 발로해서 누가 시키지 않더라도 기업가정신을 발휘할 것이네.

인간은 환경의 지배를 받는 존재이네. 인간 본성을 성찰한 자네니까 나보다도 더 잘 알고 있겠지. 그런데 환경은 자연이 빚은 것도 아니고 신이 내려준 것도 아니고 인간이 만든 것이네. 노동자가 처한 열악한 환경은 다름 아닌 자본가가 만들었단 말일세. 노동자들이 경영을 못 할 것이라는 낙인은 자본가가 찍은 오류에 지나지 않으니 노동자를 해방시켜 경영자의 환경에 처하게 하면 잘 해낼 걸세. 걱정 말게.

공유회사에서는 노동자 중에서 가장 유능한 자들이 경영을 맡게 되겠지. 정부가 임명하는 게 아닌 그런 자들이 경영자로 선출되도록 하는 시스템을 만든다는 뜻이지. 시스템만 제대로 만들어 놓으면 뛰어난 경영자들이 두각을 나타내게 되어 있지. 남한에서 탁월한 재벌 1세대 기업가들이 출현했고 중국에서도 그러했다시피 북한에서도 같은 일이 일어날 걸세. 내가 만들어 나갈 북한경제는 소련이나 모택동 중국의 중앙계획경제가 아니야. 이 두 나라에서는 공산당 관료들에게 경영을 맡겼으니까 창의적인 기업가를 질식시키기만 했지. 나의 공유회사는 주인이 노동자일 뿐이고 자본주의처럼 경영의 자유를 누리게 할 거야.

공유회사는 망하는 숙명을 피해 갈 수 없다는 자본주의자들의 집요한 편견은 소련과 모택동 중국의 실패 경험과 자본주의 국가에서의 공기업의 비효율이 증명한 실패 사례에서 생긴 것이지. 소련과 중국의 국영기업, 집단농장, 인민공사와 내가 구상하는 공유회사는 태생적으로 다르다는 걸 안다면 그런 편견은 눈 녹듯이 사라질 것이네.

소련과 중국의 지배구조는 공유회사가 아니라 국유회사였네. 공산당 정부가 독점적으로 소유하고 경영권을 독점하고 분배방법도 독점했지. 노동자들과 농민들은 그저 공산당이 시키는 대로 해야 하는 꼭두각시이고 하수인이었을 뿐이야. 자본가가 공산당으로 바뀌었을 뿐이고 노동자, 농민의 처지는 달라지지 않았어. 아니 자본주의 때보다도 더 불쌍해졌어. 내가 예언했던 노동자계급의 비참한 삶은 자본주의보다도 공산주의하에서 더 적나라하게 펼쳐졌네.

소련의 집단농장에서는 농민들이 피땀 흘려서 수확한 농산물을 공산당이 공출해 가고 농민들은 굶어 죽는 참상이 벌어졌지. 노동하지 않는 공산당원과 군인들의 배를 채우는 대가는 농민들의 굶주림과 죽음이었어. 중국의 인민공사도 대동소이했지.

노동자들과 농민들이 열심히 노동하지 않았던 이유는 자신들의 소유가 아니고 공산당의 소유였기 때문이야. 내가 실천할 공유회사, 공유농장은 노동자와 농민들이 소유하고 결정하는 지배구조인데 무슨 이유로 그들이 게으르고 공짜만 바랄 것이라고 섣불리 단정하는가? 나는 확신해. 공유회사의 노동자들과 공유농장의 농민들은 휘파람을 불면서 신바람 나게 일할 것이니 두고 보자고.

내가 비유적으로 말하겠네. 농업시대에 지주는 토지를 소유만 하고 실제 경작은 소작인과 농노가 땀 흘리면서 일했지. 토지개혁으로 토지소유권을 소작인과 해방 농노들에게 넘겨주었더니 결과는 놀랍게도 수확량이 늘어났어. 지주들에게 착취당하는 대신에 노력하는 만큼 식구들이 배불리 먹을 수 있게 되니까 신바람 나게 땅을 일구고 씨를 뿌리며 해충을 잡고 농업용수를 끌어오는 열성을 보인 거지. 노동자들이 기업을 인수하게 되어도 같은 결과가 나올 걸세. 이기심의 신봉자인 자네가 이런 역사적 사실을 모를 리가 없을 텐데.

스미스　 그럼, 자네가 그리고 있는 공산주의경제는 자유경쟁시장에 바탕을 두고 있나? 기업의 주인만 노동자로 바뀔 뿐 나머지 경제체제는 자유시장경제와 대동소이한가?

마르크스　그렇다네. 노동자들이 경영하는 기업들이 자유롭게 경쟁해서 얻은 이익을 노동자들에게 배분하는 거네. 이기는 자는 번성하고 패배하는 자는 도태되는 것이지. 효율과 평등이 공존하는 경제가 바로 나의 공유경제이네. 극도의 효율과 극도의 불평등이 공존하는 지금의 자본주의와 다르고 극도의 비효율과 하향평등이 공존했던 과거의 공산주의와도 다르지. 나도 모르게 으쓱해지는군. 비로소 북한에서 그동안 잠자고 있던 나의 진정한 이상세계가 펼쳐질 것이라는 기대에 가슴이 설레네.

　스미스, 자네는 남한경제를 보이지 않는 손과 보이는 손의 기묘한 융합의 힘으로 성공한 케이스라고 치켜세웠지. 자네가 남한경제를 책임져서 새로운 비상을 이룰 자신감이 넘치는데 나의 북한 공산주의경제와 자네의 남한 자본주의경제가 선의의 체제경쟁을 벌인다면 얼마나 멋진 일인가? 자본론의 북한경제와 국부론의 남한경제, 어느 쪽이 국민들에게 진정한 행복을 안겨다 줄 것인지 한번 붙어 보자고.

스미스　자네는 이미 승패의 결론을 혼자서 내어놓고 나에게 시합을 제안하는군. 자네가 승리할 것이라는 결론은 허구의 가설 위에 세워진 모래성 같아서 훅 불면 허공중에 흩어지는 한 줄기 연기에 불과해. 자네는 인간 본성을 거스르고 있어. 자기이익과 부합하는 행위를 할 때 최고 수준의 집중, 노력, 정열, 창의의 미덕을 경주하는 인간 본성은 절대 변하지 않아. 후천적인 교육을 통해서 바꾸려고 해도, 사상적인 세뇌로 개조하려고 해도 꿈쩍도 하지 않는 것이네.

자네의 공산주의 공유경제는 노동자 전체의 이익이라는 신기루를 만들어 놓고 그걸 잡으라고 하는 거네. 신기루를 믿고 열심히 노력하면 자기의 몫이 돌아오는 것으로 기대했는데 기대가 실망으로 배신당하면 어떤 반응을 보일 것 같은가? 덜 열심히 일한 옆의 동료가 똑같은 몫을 챙겨 가면 저절로 덜 열심히 일하게 되는 걸세. 결국은 모든 노동자들이 덜 열심히 일하게 되는 것이지. 일하지 않는 자는 먹지 말라는 경구를 자본가들에게만 적용해서는 안 되지. 노동자들에게도 역시 적용되어야 하네. 그러자면 노동자의 기여도에 따라서 돌아가는 몫에 차이가 생기고 불평등이 발생하면서 자네의 평등사회도 물 건너 가는 거야.

더 큰 문제는 기존 경제를 뒤흔들고 파괴하며 새로운 판을 짜 가는 기회가 별로 없을 거라는 거네. 노동자들이 집단적으로 경영하는 공유경제에서 디지털혁명이 과연 일어날 수 있을까? 극단적 인센티브가 없는 공유경제에서는, 버려진 창고에서 아이디어를 실험하다가 급기야는 세계 굴지의 대부호가 되는 게이츠, 저크버그, 베조스, 마윈 류의 기업가가 출현하는 일이란 나무에서 물고기를 찾는 것만큼 불가능할 거야. 자네의 이상을 실현하는 북한은 나의 꿈을 실현하는 남한과의 경쟁에서 뒤처질 것이고 정체에 빠지게 될 것이 불 보듯 뻔해.

공유경제의 실험은 자네 이전에도 숱하게 많았지만 대부분 실패로 끝났지. 공상적 사회주의자들은 협동조합경제를 주장했고 실제로 19세기 초반에 로버트 오웬은 실행에 옮겼지. 그는 영국에서는 조합형태로 섬유공장을 경영하여 큰 성공을 거두었으나 미국에 건너가서는 실패했어. 협동조합 형태의 기업이 주식회사처럼 광범위한 성공사례를 만들지 못하는 이유는 개인의 이기심을 억누르고 평등주의에 기반한 상생경영 때문이라는 생각은 안 해 보았나?

이번에 여행하면서 보니 사회적 기업도 있더군. 영리기업과 비영리기업의 중간 형태인데 경영목적이 주주가치 극대화가 아니고 취약계층의 고용과 사회서비스 제공인 점이 눈에 띄더군. 다시 말해서 자선단체처럼 기부나 재정지원에만 의존하는 것이 아니고 재화의 생산과 유통 활동으로 얻는 이익을 사회적 책임에 재투자한다는 것이지. 구체적으로는 조합 형태도 있고 유한회사 형태도 있더군. 그러나 이역시 경제의 주역이 될 수는 없고 그저 부분적으로 의미 있는 역할을 담당하는 정도이더군.

마르크스 자네는 미국에서 벌어지는 창조적 파괴활동이 남한에서도 벌어질 수 있다고 생각하나? 남한에서 자유방임의 시장경제를 실현한다고 해도 미국처럼 될 수는 없네. 오히려 양극화의 부작용과 병폐만 생길 것이네.

남한에서 디지털혁명을 이끄는 세계적인 기업가가 나왔나? 아직도 재벌 3세, 4세들이 득세하고 있지 않나? 남한은 자본주의의 변방일 뿐이야. 자네가 자본주의의 유일한 장점으로 꼽는 것이 창조적 파괴가 연속적으로 일어나는 혁신인데 남한은 지금까지 미국을 따라 했을 뿐이야. 자체적인 창조적 파괴는 없었지. 반면에 자본주의의 단점인 불평등은 미국 못지않지. 나는 남한의 자본주의를 높게 평가하지 않아.

남한이 '세계에서 가장 가난한 나라'에서 '10대 경제대국'으로 비약했고 1인당 국민소득도 3만 달러를 훌쩍 넘어 선진국이 된 것은 대단한 성취야. 공산주의-독재정치를 버리고 자본주의-민주정치를 선택한 결과라는 점도 인정해. 북한의 반동적 왕조체제가 남한까지도 지배할 뻔했다는 것은 상상만으로도 끔찍해.

그러나 나는 남한의 어두운 곳을 주목했어. 남한 국민들은 스스로를 불행하다거나 또는 최소한 행복하지 않다고 여긴다는 거야. 행복한 삶을 누리고 있다는 국민은 소수라는 거야. 나에게는 의외였어. 가난의 질곡에서 벗어나 풍족한 삶을 살게 되면 과거와 비교하면서 행복감에 젖어야 당연한 것 아닌가? 가난을 기억하는 세대는 이미 늙어 버렸고 젊은 세대는 가난하지 않은 가정에서 자라났기 때문에 주어진 풍요를 당연하게 여겨서 그렇다고?

그렇다손 치더라도 선진국 중에서 한국 국민들이 유별나게 행복감이 낮은 원인에 대해서는 곰곰이 되새겨 보게 돼. 한국은 여러 불행지수에서 세계 최상위를 기록한다는군. 자살률, 노인 빈곤율, 청년 실업률, 낮은 복지지출 비율, 주택난, 사교육, 자영업자 비율, 비정규직 비율 등 꼽자면 열 손가락이 모자랄 지경이라고. 경제성과와 사회성과의 현격한 차이는 한강의 기적이 감추고 싶은 치부이지.

한국 특유의 역사적, 사회문화적 유산에서도 그 원인을 찾을 수 있을 거야. 일본의 식민지로 추락하기 전 오백여 년 동안 조선이라는 왕조국가에서는 유교, 그중에서도 사상적 경직성과 교조주의가 강한 성리학이 지배이념이었다는데 그 사회에서는 유학자들이 지배계급으로 군림했다더군. 2천 년 전에 중국에서 유학을 창시한 공자와 맹자의 가르침을 성경이나 코란처럼 떠받들면서 그 이외의 일체의 학문은 이단으로 배격할 정도로 배타적이고 내부지향적인 사상이었다는군. 그 정도면 학문이라기보다는 종교라고 할 수도 있는데 학문과 종교가 결합하면 배타성이 더 짙어질 거야.

여하튼 유학(儒學)을 공부한 선비들이 '과거'라고 하는 관료시험에 합격하여 국왕을 보필하는 관료집단으로서 왕조국가를 다스렸는데 이들은 단순히 국왕의 명을 받아서 집행하는 하수인이 아니고 국왕을 견제할 수 있는 힘을 가졌다는 거야. 국왕이라고 해도 유학의 가르침대로 통치를 해야 하는 왕도정치에서 벗어나면 관료집단의 가차 없는 비판에 직면했다는군. 이런 점에서 왕과 신하가 수직적인 주종관계였던 근대 유럽의 절대왕정과는 달랐더군.

조선의 유학자 관료계급은 왕에게 맹목적인 충성을 바치는 처지를 벗어나서 공자, 맹자의 가르침을 현실정치에서 구현한다는 목표를 가졌고 왕을 자신들의 이상 실현을 위한 도구로까지 여겼던 것 같아. 그러니 사명감과 자부심이 남달랐을 거라고. 물론 이 말도 나의 희망과 기대에서 나온 것이지 현실이 항상 그랬다는 것은 아니야. 입으로는 왕도정치를 추구한다면서 행동은 왕의 비위를 맞추어서 일신의 부귀영화를 차지하겠다는 간신배들이 더 많았겠지. 뭐 조선만 그랬던 것이 아니고 정치라는 것이 동서고금을 막론하고 속을 들여다보면 대동소이했지. 나의 자본론을 자신의 권력유지에 악용했던 자들이 떠오르는군.

학자들이 지배계급을 구성한 전통은 남한이 독립하여 근대적인 민주공화국으로 탄생한 이후에도 계승되었는데 부모들의 꿈은 자식들을 일류대학에 보내어 국가공무원으로 출세시키거나 판검사로 만들거나 의사가 되게 하는 것이었대. 아이들은 초등학교 때부터, 아니 유치원에서부터 오로지 공부만 열심히 해서 일류대학에 입학하도록 길러졌다는 거야. 한국이 경제대국으로 부상하면서 재벌 대기업의 위상이 올라가니까 대기업에 취직하는 것이 입신양명의 리스트에 추가되었다는군.

남한사회는 공부를 잘하는 것이 계층사다리를 올라가는 유일하고도 절실한 동아줄이라는군. 조선왕조에서는 양반 부모를 두지 못하면 아무리 머리가 좋고 공부하기를 원해도 글줄 하나 배울 수 없었지. 지배계급으로의 통로가 모태봉쇄되어 있다가 그 철옹성만큼 견고하던 신분장벽이 허물어지고 나니까 너도나도 자식공부에 혈안이 되었다는 거야.

남한에서는 1970년대까지 우골탑(牛骨塔)이라는 유행어가 있었대. 대학을 학문의 전당이라는 뜻으로 상아탑(象牙塔)에 비유하는데 실상은 우골탑이라는 거지. 농부들이 재산목록 제1호인 소를 팔아서 자식의 대학등록금을 대는 현실을 풍자했던 것이네. 부모들은 허기진 배를 움켜쥐고 뙤약볕 아래에서 논밭을 갈면서도 목숨보다 더 소중한 소를 팔아 자식공부를 시켰다는 거지.

행복으로 가는 길은 여러 갈래여야 하네. 마찬가지로 젊은이들이 천태만상으로 다른 재능과 자질, 자신만의 가치관을 좇아 자기의 길을 가야 하는데 외길만 있고 모든 사람들이 오로지 그 길을 가기 위해 기를 쓰면 어떻게 되겠는가? 외길에 올라탄 소수의 선택된 자들은 승리자가 되고 나머지 다수는 패배자로 낙인 찍히는 사회가 되지. 패배자는 당연히 불행해지고. 승리자라고 해서 모두 행복해지는 것도 아니야. 그들은 승리하기 위해서 인생의 소중한 것들을 희생할 수밖에 없었거든. 친구를 사귀고 이웃과 어울리고 자연의 숨결을 느끼면서 취미활동을 하는 것은 사치일 뿐이야. 자네가 지인의 아들과 같이 유유자적 유럽을 여행하면서 견문을 넓히고 지식을 섭취하던 낭만은 먼 나라의 얘기일 뿐이지.

남한이 민주자본주의 국가로 탄생한 지 80년이 거의 되어 가는데도 사람들의 인생관이 다양화, 개성화되지 못하고 아직도 규격화, 획일화의 굴레에 갇혀 있는 이유는 무엇일까? 내가 보기에는 여태껏 천민자본주의 단계에 머물러 있기 때문이야. 생산력으로만 보면 고도 자본주의 단계에 이른 것처럼 보이지만 그건 착시현상이지. 사고방식과 의식은 물신주의, 배금사상, 물질만능주의, 출세만능주의에 머물러 있는 거야. 이 또한 나에게는 수수께끼이네. 내가 믿는 것은 물질이 정신을 지배한다는 것인데 세계 10위권의 물질적 생산력을 발휘하는 남한에서 어떻게 아직도 천민자본주의의 정신이 지배할 수가 있는 거지?

스미스, 자네의 남한경제에 대한 비전을 풀어놔 보게. 남한경제를 이끈다면 어떤 방향으로 끌고 갈 것인지 포부를 가지고 있는가?

스미스 내가 남한경제를 무대로 해서 나의 포부를 펼쳐 보겠다는 이유는 자네가 북한을 선택한 것과는 다르네. 자네는 선택지가 별로 없지. 지구상에서 아직도 공산주의를 채택하고 있는 나라가 북한 이외에는 거의 없는 데다, 그곳의 노동자생활이 비참하니까 자네의 명예회복을 위해서 제대로 된 공산주의를 해 보겠다는 의욕을 보이는 것 아닌가?

나의 경우에는 고르기가 여간 어렵지 않았어. 대부분의 나라가 자본주의를 채택하고 있는 데다 그중에서 한 나라를 콕 집어내기가 결코 수월하지 않았거든. 선진자본주의는 나를 추종해서 성공했으니까 내가 새로이 할 일이 별로 없어.

신흥개도국 중에서 골라야 했지. 정치가들의 포퓰리즘 때문에 망가지고 있는 중남미국가를 생각하기도 했고 시장경제로 체제전환을 한 동유럽국가를 떠올리기도 했어. 그런 대로 잘 나가고 있는 동남아에 관심이 머물기도 했지. 심지어는 러시아나 중국에 가서 제대로 된 시장경제를 구현하고 정치도 민주주의로 전환시켜 보겠다는 야심을 가지기도 했어. 그러다가 결국 남한으로 귀결된 이유가 몇 가지 있네.

첫째, 이미 언급했다시피 한반도에서 자네와 선의의 경쟁을 하고 싶네. 체제경쟁을 본격적으로 해서 온 세상에 보여 주고 싶어. 자네가 북한에서 짝퉁이 아닌, 진짜 공산주의의 이상을 펼쳐 보이겠다니까 나는 남한에서 자본주의의 이상을 새로이 정립하고 싶어. 우리가 역사에 크나큰 영향을 미쳤는데 그중에는 좋지 않은 영향도 분명히 있었거든. 우리의 원죄를 속죄하는 기회를 만들고 싶네.

둘째, 남한에서는 자유시장경제에 대한 정부의 직간접적인 개입이 있었는데 결과적으로 한강의 기적을 이루어 냈어. 보이지 않는 손과 보이는 손이 대립하고 갈등했다기보다는 협력하고 조화를 이루면서 경제를 발전시킨 것으로 보인단 말이야. 그런데 최근에 들어서서는 정부의 입김이 더 세지고 있는 것 같아. 나는 남한이야말로 이제 경제적 자유를 더 폭넓게 허용하면 제2의 한강의 기적이 일어날 것이라고 생각하거든. 내 가설이 맞는지 검증하고 싶다네. 맞다면 다른 나라에도 큰 도움이 될 걸세. 정부의 비중이 커지는 것은 세계적으로 공통된 현상이거든.

셋째, 남한은 선진자본주의 국가 중에서 좌우의 이념투쟁이 첨예한 나라로 보여서 관심을 끄네. 다른 선진국에서도 물론 보수와 진보의 대결이 있지만 남한만큼 첨예하게 두 진영으로 쪼개져 있지는 않거든. 나에게는 남한 내의 이념대립이 낯설기 짝이 없어. 지금 남한 수준의 1인당 국민소득 3만 5천 달러 이상인 나라 중에서 남한만큼 급진적인 사회변혁 세력이 강한 나라는 거의 없을 거야. 여러 가지 이유가 있겠지만 가장 중요한 것은 북한의 영향일 거야. 독재 공산국가인 북한을 극복의 대상으로 보기보다는 포용과 통일의 대상으로 보는 민족주의에 몰입하다 보니까 독재 공산주의에 대한 비판의식이 무뎌지고 자유 민주주의의 소중함에 대한 보호의식 역시 잠식되는 거지.

남북한으로 분단된 지 70여 년이란 긴 세월이 흘렀고 그동안 대규모 전쟁을 치른 데다가 크고 작은 무력도발이 부지기수였네. 북한은 이제 핵보유국이 되었으니 안보 불안은 가중되었지. 평화정착을 위한 숱한 회담에도 불구하고 눈에 띄는 성과가 없으니 중국과 혈맹관계인 북한과 미국의 동맹국인 남한 간의 긴장은 미중대결의 향방에 따라서 언제라도 무력충돌의 가능성이 열려 있거든. 북한을 주적으로 보는 우파는 북한에 유화적인 좌파가 북한의 핵무장을 방관하고 있다고 비판하는 반면에 북한을 포용해야 한다고 보는 좌파는 안보 불안이 보수의 대북 적대정책 때문이라며 화살을 우파에게 겨누고 있지.

자네가 지적한 남한의 천민자본주의적 의식과 사고방식이 이념투쟁에 기름을 붓고 있다는 생각이 드네. 성숙한 자본주의에 걸맞은 시민의식이 부족하다 보니 사회 전반에 불공정, 반칙, 연고주의가 스며들고 이는 소외계층을 중심으로 자본주의에 대한 반감을 낳는 거지. 시장경쟁의 폐단만을 부각시키고 국가가 개입해서 개선하겠다는 좌파적 이념이 독버섯처럼 자라나게 되었다고 생각해. 나는 남한경제를 겉과 속이 모두 성숙한 선진자본주의로 거듭 태어나게 하고 싶다네.

넷째, 남한은 짧은 기간에 고도성장을 이루어 냈어. 그러다 보니 여러 가지 문제가 생겨났는데 그 해결이 지연되고 누적되다 보니 갈수록 심각해져서 지금은 폭발 직전이야. 주택난, 사교육비 폭증, 세계 최고 수준의 자살률과 노인 빈곤율, 낮은 복지 수준과 세계 최고 수준의 복지예산 증가율, 역시 세계 최고 수준의 국가부채 증가율, 유난히 높은 비정규직 비율과 자영업자 비율, 대기업과 중소기업의 큰 격차 등등… 세계 어디에 내놓아도 손색이 없는 글로벌 대기업, 뛰어난 전통적 인프라와 IT 인프라, 깨끗하고 현대적인 서울 거리의 모습 등 성공의 광채와 사회 전반의 어두운 그림자는 묘한 대조를 이루고 있어. 남한이 누적된 사회적 문제를 해결하지 못하면 참된 자본주의의 실현은 멀어져만 갈 것이네. 나는 남한에서 사회적 선진화까지 이루어 내고 싶어.

마르크스 그럼 자네는 남한의 자본주의를 어떻게 바꾸어 나가려고 하나? 기업이 경제적 자유를 더 많이 누리도록 하겠다면서 동시에 양극화 등 사회적 고질병도 치유하겠다고? 자네가 그런 야망을 가지는 것은 당연하다는 생각이 드네. 자네 역시 현재의 자본주의에 대해서 만족하지는 않지? 국부가 엄청나게 축적되었으니 자족감에 젖을 수도 있겠으나 자네도 새로운 세상을 꿈꾸었던 학자로서 자본주의의 병리현상을 고치고 싶을 거야. 결코 쉬운 일은 아니겠지만 자네라면 묘방을 내놓을 수도 있지 않을까 싶네.

자네 대답을 듣기 전에 남한의 좌우이념 대립에 대한 나의 생각을 얘기해 보겠네. 남한의 좌파세력은 낡은 이념의 틀에 갇혀서 시대의 요청에 부응하지 못하고 있어. 좌파정당들이 오로지 권력에만 눈이 어두워서 노동자들의 진정한 해방이라는 본래의 사명을 망각하고 있는 것으로 보여.

남한에서 좌파정당이 선거를 통해서 세 번 집권했었고 앞으로도 집권하려면 유권자들의 지지를 얻는 길밖에 없음을 스스로 인정하고 있지. 혁명으로 자본주의를 타도하겠다는 말을 꺼내는 순간에 감옥으로 갈 것이고 실제로 특정 좌파정당이 자유민주주의의 헌법 가치를 위반했다는 이유로 해산당하기도 했다고 들었어. 여하튼 혁명집권이 현실적으로 불가능하다는 것은 내가 보기에도 분명한 사실이야.

자본주의체제를 허물어뜨리는 것을 포기한 좌파정당이라면 자본주의체제와 공생하면서 좌파의 목적을 더 잘 이루어 내는 길이 무엇인지를 고민해야 한다고 생각해. 그 답은 자본주의의 막강한 생산력을 인정하고 활용하는 것 아니겠나? 자본주의의 엄청난 생산력의 위력은 내가 『공산당선언』에서 명확하게 밝혔어. 황금알을 낳는 거위네. 그 거위의 배를 가르는 대신에 계속해서 황금알을 낳게 하고 그

알을 좌파의 가치인 평등의 실현을 위해서 이용할 생각을 해야 해.

자본주의를 받아들이지도 못하고 거부하지도 못하는 어정쩡한 입장을 견지할 것이 아니라 자본주의와 손을 잡고 생산력을 발휘하도록 해 주면서 세금을 더 많이 내게 하여 노동자를 비롯하여 차별받고 소외되는 국민들을 위해서 쓰는 것이 실용적 아니겠나.

자본주의를 받아들인 유럽의 사회민주주의를 변절자, 배반자라고 손가락질하던 내가 남한의 좌파에게는 자본주의와 결탁하라고 하는 것은 모순 아니냐고? 그렇지 않아. 유럽 사민주의의 뿌리는 공산주의이지만 남한의 좌파는 해방 이후에 공산주의와 싸우던 자유민주주의에 뿌리를 두고 있더라고. 그 후에 우파 독재에 맞서서 투쟁하던 민주화 인사들이 대거 합류했으니까 공산주의와는 거리를 둔 것이지. 일부 민주화 투사들은 북한에 동조하거나 우호적이거나 포용하자고들 하는데 그들이 남한 좌파의 주류인지는 확실하지가 않지.

남한에는 가짜 좌파, 짝퉁 좌파도 꽤 있더라고. 살아가는 방식은 우파이면서 입으로만 좌파 행세를 하는 자들 말일세. 그들은 자본주의체제 내에서 남 부럽지 않게 살면서도 말로만 기업가들을 비난하고 가난한 자들 편을 들지. 교육 평등을 부르짖으면서 학교를 평준화해 놓고는 정작 자신의 자녀는 외국의 일류 학교에 보내는 위선을 저지르기도 해. 이런 자들을 일컬어서 강남좌파라고 하더군. 기득권을 누리면서도 좌파행세를 해서 양심의 불편함을 달래 보려는 지적 허위의식에 젖어 있는 거지. 이런 자들 때문에 진짜 좌파들이 욕을 먹고 있지. 남한에서 진짜 좌파들이 늘어날수록 살맛 나는 사회가 될 것이네. 소외계층의 고통에 관심을 기울이고 배려하고 돕기 위해서 자신이 일구어 낸 소중한 재산을 나누려고 하는 부자들이야말로 자본주의의 또 다른 모습이지.

미국에도 할리우드 좌파, 월가 좌파라고 불리는 자들이 있지 않나. 자본주의의 심장인 할리우드와 월가에서 부를 얻어 낸 자들이 막대한 기부를 하면서 소외된 계층을 위해 쓰도록 하는 경우가 흔하지. 이런 자들은 자본주의를 비난하지는 않고 이용하는 자들이지. 북구의 사회민주주의 좌파정당들도 자본주의의 힘을 키워 주면서 그 힘을 이용해 평등사회를 지향하고 있지. 남한의 좌파들이 주의 깊게 살피고 분석하면 좋을 것이라고 생각하네.

내가 옆길로 샜네. 자네에게 남한의 자본주의를 어떻게 바꿀 것인지를 물었는데 그 대답을 듣고 싶네.

스미스 대답하기 전에 남한의 과격한 노동운동에 대해서 한마디 하고 싶네. 지금의 선진자본주의국가들은 예외없이 폭력적 노동운동을 겪었는데 남한도 역시 지금 노사극한대립의 홍역을 치르고 있는 중이더군. 민주노총으로 불리는 막강한 노동조합은 자본주의를 부정하는 듯한 투쟁노선을 걷고 있는 것으로 보이기도 해.

민노총이 사유재산제도를 흔쾌히 받아들일 수 없다면 차라리 협동조합형태의 기업을 설립해서 공유경제를 실현하는 데 앞장서면 좋겠다는 생각을 떨쳐 버릴 수가 없네. 공유의 협동조합이 사유의 주식회사와 경쟁할 수 있다는 실증을 보여 주면 그것이야말로 그들이 내거는 노동착취근절, 노동해방, 노동자유의 가치를 남한땅에서 실현하는 것 아니겠나? 자본주의를 홈집 내서 노동해방을 이루겠다는 네거티브투쟁을 버리고 자본주의와 경쟁해서 이기는 포지티브투쟁이야말로 진정한 노동자세상을 만드는 것이라고 생각해.

이제 자네 질문에 대답하겠네. 나라고 남한자본주의를 리셋하는 무슨 신통방통한 묘책이 있겠는가? 문제가 어렵고 복잡하더라도 체념하기보다는 해법을 내놓기 위해서 있는 지혜를 모두 짜내 보아야지. 그렇다고 해서 당장 정책으로 써먹을 수 있다고는 기대하지 말게. 나는 아직까지도 학자이거든. 세상 돌아가는 이치를 밝히고 사람들의 심성을 교화시키면 좀 더 인간적인 자본주의의 시대가 열리지 않을까 기대하네.

우선 남한에서 진정한 자유시장경제를 펼쳐 보이려고 하네. 남한은 지금까지 보이지 않는 손이 지배하는 경제적 자유를 온전히 누려 본 적이 없었네. 한강의 기적을 일군 개발시대에는 정부의 선한 손이 시장을 지도하고 감독하고 때로는 명령까지 내렸지.

다행히 그때는 성공했어. 시장을 부정하지 않고 시장의 부족한 점을 보충하고 시장과 협력했기 때문이지. 노력하고 성공하는 자에게 합당한 보상이 제공되었어. 창의적인 기업가들이 우후죽순처럼 등장했고 국민들도 '잘 살아 보세'의 의욕으로 뭉쳐서 밤낮없이 일했지. 정치적으로는 권위주의적 독재였으나 민주정치의 낭비를 줄이는 긍정적 효과가 컸던 반면에 부정부패와 사리사욕의 비용은 최소화되었으니 참으로 다행이었지.

1997년에 외환위기가 발생했어. 세계은행과 국제통화기금이 경제개발의 최우등생으로 칭찬해 오던 남한이 국가부도의 위기에 몰리는 믿지 못할 일이 벌어졌던 거야. 당연히 원인분석과 책임규명이 뒤따를 수밖에 없었는데 한마디로 딱 정리하면 재벌들이 원흉으로 지목되었고 책임을 뒤집어쓰게 되었지.

한강의 기적을 이루어 낸 주역이 재벌이었는데 위기가 닥치니까 재벌들에게 온갖 비난이 집중되었어. 방만경영, 부채경영, 문어발식 확장, 정경유착, 가족경영, 독과점 등 상상할 수 있는 비난거리들이 총동원되었어. 많은 재벌들이 해체되거나 인수합병을 당했고 재벌들이 다시는 활개 치지 못하도록 족쇄를 채우게 되었지.

그 과정에서 중요한 점이 간과되었어. 기업자유의 신장이 바로 그거야. 기업자유를 확대해 투자가 늘어나고, 투자가 늘어나면 일자리가 늘어나고, 일자리가 늘어나면 소비가 늘어나고, 소비증가가 다시 투자확대로 이어지는 선순환생태계를 만들었어야 되는 거지. 외환위기 이전의 특혜형 투자촉진과 결별하는 대신 시장경쟁형 투자촉진으로 남한경제의 패러다임을 바꿨어야만 했던 거야.

현실은 반대로 흘러갔어. 노동자보호, 골목상권보호, 중소기업보호, 환경보호, 투자자보호, 소비자보호 등의 부담을 대기업의 등 위에 차곡차곡 얹어 놓았어. 단기적, 단편적, 임기응변적으로만 대응한 나머지 전체적이고 구조적인 해법을 놓치게 된 거야.

노동자보호가 이미 좋은 일자리를 꿰찬 노동조합원들의 기득권보호에 치우치다 보니 노조원이 아닌 대다수 노동자들의 이익이 무시되었고 기업투자 부진으로 좋은 일자리가 많이 생기지 않으니 청년들의 실업률이 올라가게 된 거야. 노동시장이 양지와 음지로 양극화되고 노동자의 소득격차가 심해졌어.

골목상권보호 역시 거꾸로 가는 효과를 낳았지. 대기업이 골목상권에 진입하지 못하도록 하는 것이 얼핏 보기에는 영세상인들에게 큰 도움이 될 것 같지. 대기업이 침범해서 영세상인이 가게를 닫으면 당장 생계가 어려워지니까 아주 바람직한 정책으로 비쳐지지. 그런데 전체적으로 보면 남한은 영세상인이 너무 많은 것이 큰 문제라고. 영세상인들은 대부분 저소득층이지. 그들은 더 좋은 일자리를 찾기 힘드니까 어쩔 수 없이 자영업에 뛰어든 사람들이네. 기업투자가 활발해져서 전반적으로 좋은 일자리가 많이 생기면 굳이 자영업에 뛰어들 필요가 없지. 골목상권보호는 한시적으로 필요하지만 근본적으로는 기업투자의 확대를 통해서 이미 지나치게 많은 영세자영업의 자발적인 구조조정을 열어 주는 것이 바람직하네.

이처럼 선한 의도의 정책이 악한 결과를 낳는 정책의 배반은 중소기업 적합업종, 최저임금의 과도한 인상, 획일적이고 무리하게 추진되는 비정규직의 정규직화 등 숱한 분야에서 발견되고 있어.

나는 전체적이고 종합적인 시각에서 남한경제의 생태계를 자유중심으로 바꿀 거야. 그러면 남한경제는 한강의 기적을 이루어 낼 적에 분출하였던 역동성, 생동감, 유연성, 창의성이 되살아날 거야. 젊은이들의 기술창업이 봇물 터지듯 활기를 띠게 되겠지. 거시경제가 한 단계 업그레이드되고 성과가 커지면 비정규직, 영세자영업자, 하청 중소기업, 청년층 등 지금 소외되어 있는 국민들에게 혜택이 미치게 될 거야. 바닷물이 차 오르면 작은 돛단배까지도 높이 떠오르듯이 거시경제의 성과는 구석구석까지 온기를 전달할 것이라고.

지금의 복잡다단한 규제 거미줄은 특정한 문제가 생길 때마다 그 해결에만 집중하고 다른 부분에 미치는 영향을 도외시하는 방식에 매달려 있었기 때문이지. 마치 손가락에 생긴 상처의 치료를 위해서 항생제를 남용하다 보니 내성이 생겨 발가락이 곪아 터져도 항생제가 든지 않게 된 처지와 같은 거지. 나중에는 손가락 상처마저 낫지 않고 곪아 터지게 될 수밖에 없어. 이런 식으로 아랫돌 빼서 윗돌 괴는 구태를 고집하면 담장 전체가 와르르 무너질 수밖에 없어.

교육도 자유화의 바깥에서 신성불가침한 안전지대로 남아 있지 않게 할 것이네. 교육은 공공재이므로 가격과 수요공급을 이해타산이 지배하는 시장원리에 맡기는 것은 불가하고 정치와 정부가 책임을 져야 한다는 대의명분이 지배하여 왔지. 정치와 정부가 공공의 이익을 실천하는가 하는 핵심적인 질문은 던지지도 않은 채 말이야.

지금의 교육 현실을 한마디로 요약하면 모든 학생들이 어릴 때부터 대학입시 준비를 목표로 무한경쟁을 벌이고 있다네. 초등학교와 중고등학교 시절의 12년 동안을 더 좋은 대학에 합격하기 위해 질주하고 있는 거지. 12년 동안 대학입시를 위해서 열심히 공부하는 것이 뭐가 문제냐고? 빈들빈들 시간 허비하지 않고 밤낮으로 공부하니 한국 중고생들의 학력수준이 경제개발협력기구 회원국 중에서 최상위인데 기뻐할 일 아니냐고? 물론 지식을 주입하는 효과는 크지. 교육의 주요한 목적 중의 하나가 모르는 것을 깨우쳐 주는 것이니까, 그 목적에는 충실하다고 볼 수 있네.

문제는 공부의 내용과 방법이 미래에 필요한 인재를 길러 내는 데 적합하지 않다는 것이네. 교과서와 참고서를 맹목적으로 암기하는 데 그치고 있다는 것이지. 의문을 제기하고 답을 얻기 위한 토론을 거치면서 자신의 생각을 정리하고 남의 의견을 거울삼아 자신의 착오를 고쳐 나가는 살아 있는 교육이 아니란 말일세. 대학이 살아 있는 교육을 받은 학생들을 합격시키면 입시준비 공부도 저절로 살아 있게 될 것이라고? 대학입시의 세세한 방법까지도 정부가 통제하는 까닭에 대학은 자율성이 거의 없네. 정부가 시키는 대로 할 뿐이지.

대학교육은 더 심각해. 디지털 시대에 필요한 인재를 공급해 주어야 디지털 전환이 순조롭게 이루어질 텐데 이것 역시 정부의 불필요하고 시대착오적인 규제 때문에 발이 묶여 있지. 물론 대학구성원들이 학생의 이익보다는 자기이익을 앞세우는 폐단도 지적되어야겠지.

이제는 교육의 결정권을 정부에게서 학교로 돌려주어야 하네. 교육이 개인의 인생을 좌우할 만큼 삶에 미치는 영향력이 막중한데 학생과 사회의 필요에는 눈을 감고 집권세력의 호불호를 따라가고 있어. 그렇다고 해서 정치인이 학생들의 인생을 책임질 수도 없는 노릇 아닌가? 학생들은 억울한 희생양이 될 뿐 어디 가서 하소연할 수도 없네.

교육결정권을 학교에 돌려 주면 교육현장에서도 창의와 혁신의 불꽃이 타오를 것이네. 새로운 지식을 새로운 방법으로 가르치게 되면 원래 향학열이 투철한 학생들 역시 그동안 억눌려 왔던 잠재력을 아주 충분히 발휘하게 될 거야. 남한의 경제 기적을 가져온 일등 공신은 우수한 인적자원이었지 않은가? 이제 교육의 자유화를 통해 남한은 디지털 시대에 제2의 기적을 이룩할 것이라고 믿네.

그런데 경제적 자유를 억압하는 손이 정부 규제에만 국한되는 것은 아니야. 사회 곳곳에 도사리고 있는 수직적 위계질서가 자율과 창의를 질식시키고 있어. 부모는 자식을, 교사는 학생을, 직장 상사는 부하직원을, 대기업은 중소기업을, 경영자는 노동자를 수평적인 파트너로 취급하지 않아. 혁신은 최고경영자의 전유물이 아닌 기업 구성원 모두의 협력을 통해서 더욱 큰 모습으로 나타나지 않는가?

남한은 아직도 가부장적 문화의 잔재가 많이 남아 있어 강자가 약자를 억누르는 갑을 관계가 심각해. 조직 구성원 개개인을 주체적이고 독립적인 인격체로 인정해 주어야만 활력과 창의가 봇물 터지듯 솟아 나올 것이라고 믿네. 정부의 규제개혁이 물론 중요하지만 사회 전체의 자유로운 분위기가 뒷받침되면 경제자유화의 효과는 극대화될 걸세.

마르크스 자네는 남한의 학생들이 오직 좋은 대학에 입학하기 위해 어릴 때부터 살인적인 입시경쟁에 내몰리는 병폐를 개탄하는 구먼. 그 해결책으로서 굳이 일류 대학을 나오지 않아도 인간적인 삶을 살아갈 수 있도록 다양한 기회의 창을 열어 주어야 한다고 역설하는군. 내가 좀 더 구체적으로 보완하겠네.

남한의 교육 정상화는 노동시장의 정상화 없이는 아무리 떠들어 보아도 백년하청일세. 노동시장은 대졸자와 고졸자, 대기업과 중소기업, 정규직과 비정규직 간에 과도하게 퍼져 있는 임금격차, 승진격차, 복지격차 등의 노골적인 차별 때문에 심각하게 양극화되어 있네. 그러니 누군들 좋은 대학을 나와 대기업의 정규직으로 취직하려고 하지 않겠나. 노동시장 양극화를 없애야만 대학입시 준비에 집중하는 파행적인 교육을 바로잡을 수 있네.

노동시장 양극화는 노동을 상품으로만 취급하는 천민자본주의적 노동관의 결과이지. 자본가들이 이윤만을 좇는 무한욕망을 분출하다 보니 다수의 노동자들은 저임금으로 내몰리고 사람대접도 제대로 받지 못하는 지경이 되어 버렸어. 노동시장은 상품으로서의 노동을 거래하는 곳이 아니라 노동자들이 삶의 터전을 일구고 자아를 실현하면서 행복을 추구하는 무대가 되어야 하는데 자본주의에서는 연목구어요, 자본가 앞에서는 언감생심이네.

실제적인 질문을 하겠네. 경제자유의 신장을 위해서 규제를 과감하게 철폐하겠다는데 현실 속에 켜켜이 도사리고 있는 반대세력을 어떻게 설득하거나 극복할 요량인가? 남한의 좌파세력은 몇 번이나 집권할 정도로 힘이 세졌는데 그들은 체질적으로 경제자유주의를 거부하지 않는가?

스미스 자네가 나보다도 훨씬 더 실천을 중시하지. 나도 현실 속에 두 발을 굳게 디디고 서서 세상 돌아가는 이치를 이해한다고 자부하지만 나의 생각과 사상을 실천하는 방법에 대해서는 좀 소홀했지. 솔직히 말하면 나는 실천가라기보다는 이론가이지. 그렇다고 해서 내가 실천의 문제를 경시한다는 뜻은 결코 아닐세. 나도 실천이 중요한 것은 아는데 다만 구체적인 실천방안을 내놓을 만한 준비는 안 되어 있거든.

남한 국민과 정치인들이 진영논리에서 헤어나야만 규제개혁의 목소리가 힘을 얻을 거야. 우파의 경제자유주의를 좌파에서는 기업자유주의라고 몰아붙이고 심지어는 재벌자유주의라는 딱지를 붙이기까지 하지 않는가? 즉 경제자유주의는 가진 자들만의 잔치라는 거지. 우파는 우파대로 규제개혁의 당위성만 앵무새처럼 되뇌지 말고 경제자유주의의 이익이 재벌과 대기업을 넘어서서 경제 전반에 폭넓게 스며든다는 구체적인 청사진을 가지고 설득해야 할 것이네.

경제 자유를 재벌 대기업의 이익과 동일시하는 좌파들의 주장은 참으로 속 좁은 생각이야. 구더기가 무서워서 아예 장 담글 엄두도 안

내는 어리석음을 저지르고 있지. 재벌 대기업에게 더 많은 자유를 주고 더 많은 이익을 내도록 한 다음 더 많은 세금을 걷어서 복지 재원을 늘려 나가는 실용적인 사고를 왜 못하는 것인지 답답해.

그런데 지금까지 우파가 시도했던 규제개혁의 민낯이 대기업의 이익만 도모한 모습을 보여 준 것 또한 사실이기도 해. 많은 보수인사들은 규제개혁을 친기업 정책으로 포장해서 국민들에게 제시했거든. 그들은 대기업을 자유롭게 풀어 놓으면 창의와 자율이 샘물처럼 솟아나고 투자가 늘어나 일자리가 생기고 대중들의 소득이 늘어나 소비가 늘어나면 음식점 등의 자영업자들까지도 돈 버는 재미가 솔솔 생기게 된다고 했거든. 골수 보수주의자는 기업의 주인이 주주이기 때문에 기업은 주주이익에만 봉사하면 된다고 고집을 부리거든. 그렇다면 친기업적 규제개혁은 주주이익만을 위하는 것이 되는데 그렇게 되어서도 안 되고 그렇게 되면 규제개혁반대세력을 도와주는 셈이 되는 거야.

참다운 규제개혁은 친기업이 아니라 친시장이 되어야 하지. 규제개혁을 친시장으로 범위를 넓혀야 하는 거야. 시장의 행위자로서 주주만 있는 것이 아니라 노동자, 협력중소기업, 소비자를 망라하게 되니까 규제개혁도 이들 모두의 이익을 균형적으로 조화를 이루면서 도모할 수 있도록 설계되고 실천되어야 해. 친시장적인 개혁이야말로 시장의 효율성을 높이면서 불평등도 개선할 수 있다고 봐.

마르크스 자본가, 노동자, 소비자, 협력 중소기업 등 시장 참여자들이 고루고루 혜택을 보는 시장친화적 규제완화를 하겠다니 듣기는 좋은데 자네 같은 명석한 경제학자가 그런 앞뒤가 안 맞는 얘기를 하는가? 행위자 간의 이해관계가 상충되는 일이 흔하지 않나? 소비자보호를 위해서 유해물질을 사용하지 못하게 하면 기업은 유해하다는 증거가 부족하다면서 불만이지. 노동자의 건강을 위해서 근로시간을 단축하면 기업은 인건비 부담이 늘어난다고 아우성이지. 협력 중소기업의 납품대금을 일방적으로 깎지 못하게 하면 원가부담이 늘어난다고 반대하지.

친시장이 아니라 친기업적 규제개혁이라고 말하는 것이 솔직하지 않나? 친시장적이라고 자처하는 자들이 실제로는 친기업적 규제를 주장하면서 내세우는 상투적인 이유가 있기는 하지. 규제개혁이 기업투자를 늘리고 일자리를 늘려서 시장 참여자들이 광범위한 혜택을 받게 된다고 말이야. 이른바 낙수효과(trickle down effect)가 작동한다는 거지.

규제개혁이 실제로 누이 좋고 매부 좋은 방향으로 효과를 나타냈는가? 막상 벌어진 일들은 장밋빛 낙관과는 반대되는 잿빛 비관적인 것이 비일비재하지 않았나? 대기업이 빵집, 음식점, 커피점을 차리니까 오래된 가족 가계들이 문을 닫게 되고 골목상권이 붕괴되기 시작했지.

자네의 자유지상주의가 과연 자네가 기대하는 효과를 낼 수 있는지 나는 회의적이네. 낙수효과가 사라진 지 언제인데 거기에 의존하다니. 자네의 선한 의도와는 달리 대기업, 가진 자, 기득권자들에게 대부분의 이익이 돌아가고 소외계층은 빵 부스러기나 헤집고 있겠지. 자네가 아직도 보이지 않는 손, 자연조화설을 맹신하다니 시대착오야. 오죽하면 낙수효과를 콩고물 효과, 국물 효과라고 비웃겠나? 소외계층은 규제개혁의 콩고물이나 주워 먹게 되는 거지.

스미스　상생적인 규제개혁에 대해서 구체적인 실천방안을 설명하겠네. 나의 주장은 규제제로 또는 자유방임의 극단적 자유지상주의가 결코 아닐세. 개념적으로 일단은 모든 규제를 백지화해 놓고 필수 불가결한 규제를 우선순위 대로 그려 넣은 다음에 남은 규제는 일괄해서 없애는 방법을 따를 것일세.

규제 우선순위는 규제비용과 이익을 비교해서 순이익이 큰 순서가 될 것이네. 비용과 이익은 단기적이고 눈앞의 효과를 볼 것이 아니라 장기적으로 국민경제 전체에 미치는 영향을 보아야 하고 좁은 범위의 이익단체에만 영향을 미치는 경우에는 가중치를 두어서 조정할 것이네. 이러한 과정을 밟은 후에는 필수규제로 명시된 사항을 제외하고는 자유가 허용되는 네거티브 시스템으로 대전환을 이룩하게 되니 남한의 경제는 유례없는 자유와 예측가능성을 가지게 되어서 국민들의 창의가 꽃피고 활력이 충만하는 신시대를 맞이하게 될 것이네.

성장과 불평등의 관계에서 실제로 어떤 일이 일어났는가를 보자고. 남한에서 불평등이 커지기 시작한 것은 1997년에 발생한 외환위기 이후부터였어. 혹자는 국제통화기금이 주도했던 경제개혁의 기본방향이 시장자유를 대폭 늘리는 신자유주의 노선을 추종하였기 때문에 불평등이 커졌다고 하지. 자네가 좋아할 비판 아닌가?

나는 생각이 다르네. 외환위기 이후에 기업투자가 급감하고 성장률도 현저하게 떨어진 것이 불평등을 키웠다는 것이 나의 관찰이네. 성장률이 떨어지면 새로 생기는 일자리가 줄어들 수밖에 없는데 고용이 최선의 복지라는 말이 있듯이 성장과 고용창출은 불평등을 줄이는 최선의 약이라고 믿네. 성장은 불평등해소의 필요조건이지. 성장 없이는 복지를 늘리려고 해도 재원이 지속적으로 마련되지 않고 그렇다고 해서 계속 빚잔치하면서 복지를 늘릴 수도 없지 않은가?

자네 지적이 온통 틀린 것은 아니네. 기업에게 자유를 더 주면 그 과실이 가진 자들에게 더 많이 돌아갈 수도 있네. 그 문제는 별도로 풀어 나가야지 그게 무서워서 성장을 못 하게 하는 것은 구더기 무서워서 장 못 담그는 어리석음과 무엇이 다른가?

지금 남한이 양극화가 심각하다고 하는데 그 해법을 성장 없는 분배에서만 찾으려고 하면 양극화는 더욱 심해질 수밖에 없어. 소득양극화 이외에 자산의 양극화도 자주 거론되는데 그 중심에 있는 것이 주택문제 아닌가? 자기 집을 가진 국민과 전월세에서 사는 국민은 자산가치의 격차가 갈수록 커질 뿐만 아니라 전월세 비용을 내느라고 저축할 여력이 줄어드니까 그 또한 자산 불평등을 더 확대시키는 거지. 그런데 주택문제는 성장과는 별개의 사안으로서 이해하고 해법을 찾아야 할 것이네.

마르크스 자네는 성장과 분배의 두 마리 토끼를 잡는 비방이라도 있는 듯이 자신만만하군. 성장은 효율에서 나오고 분배는 평등을 위한 것인데, 효율과 평등이 상충관계라고 자네 제자인 신고전학파 경제학자들이 고전적으로 믿고 있지 않나?

스미스 효율과 평등의 두 마리 토끼를 잡는 길이 아주 없는 것은 아니네. 인간이 가진 뛰어난 문제해결 능력을 최대한 동원하면 그 길을 찾을 수 있을 것이네. 흔히들 인간의 발전동력을 진화론으로 설명하곤 하지. 인간의 진화가 주어진 환경에서 살아남기 위해서 스스로를 변화시키는 적응에 있다는 것이 진화론의 본질 아닌가?

그러나 적응하는 자만이 자연의 선택을 받는다는 자연선택설은 인간의 능동적이고 주체적인 변화의지의 중요성을 제대로 보지 못하고 있어. 피동적인 자연선택설은 우리가 이번 여행에서 생생하게 목격한 눈부신 디지털 문명을 충분히 설명할 수가 없네. 인간은 수동적으로 살아남는 데 만족하지 않고 환경을 자신에게 유리하도록 변화시켜서 한층 더 번영하고 싶다는 본능적 욕구를 가지고 있다고 생각해.

디지털 문명까지 가지 않더라도 인간의 생존에는 아무런 지장이 없다고? 나물 먹고 물 마시는 목가적 생활이라고 해도 생존하기에는 차고 넘치지. 굳이 말도 많고 탈도 많은 문명사적 전환을 하는 배경에는 인간이 본능적으로 더 편리하고 풍부하고 평등한 세상을 만들고 싶어 하는 욕망이 꿈틀거리고 있는 거지. 자네와 내가 비록 바라보는 방향은 정반대였을지 몰라도 더 나은 세상을 꿈꾸었듯이 지금도 더 나은 세상을 꿈꾸어야 되고 꿈꾸는 자만이 얻을 수 있는 걸세.

자본주의가 평등을 이룰 수 없다는 고정관념과 선입견의 포로가 되지 말고 조금이라도 더 평등한 자본주의를 꿈꾸어 보게. 자네도 꿈을 포기하지 않았지? 디지털 중앙계획경제나 노동자 자치 공유경제 역시 공산주의는 효율의 무덤이라는 낙인에 굴복하지 않겠다는 의지의 발현 아닌가? 우리 서로 격려하고 도와서 평등한 자본주의, 효율적인 공산주의를 향한 선의의 경쟁을 해 보는 것이 어떤가?

효율과 평등의 두 마리 토끼를 동시에 잡는 것이 결코 쉬운 일이 아니고 또 잡는다고 하더라도 어느 정도의 희생은 불가피하다고 보네.

무슨 말인가 하면 두 목표가 완벽히 보완적인 것이 아니라는 거지. 효율을 높일수록 더 평등해지고 평등해질수록 더 효율적이게 되는 관계는 아니거든. 효율에만 초점을 맞추면 불평등이 계속 커질 수가 있고 결과의 평등만을 겨냥하면 효율이 떨어질 수 있다는 거지.

그럼 어떻게 해야 하나? 내 생각에는 사회적으로 수용 가능한 불평등 수준을 상정해 놓고 효율의 희생을 최소화하는 방법을 찾아내야 할 것으로 보여. 경쟁사회에서 불평등이 불가피한데 공정한 경쟁의 결과로 발생하는 불평등은 사회구성원들이 큰 저항 없이 수용할 수 있는 반면에 불공정한 경쟁이 낳는 불평등은 불만과 저항을 피해 가기가 어렵지. 그렇기 때문에 규제개혁에서도 경쟁의 공정성을 담보하는 규제는 더욱 강화되는 경우도 생길 수 있을 거야.

북유럽의 여러 나라들은 높은 수준의 보편적 복지를 통해서 불평등을 줄이면서도 경제의 역동성을 유지하고 있는 것으로 보이거든. 그들은 오랜 사회민주주의의 시행착오를 통해서 올바른 교훈을 얻은 것 같아. 사유재산제도는 경제적 성취동기의 발현을 위해서 필요하고 기업의 자유는 창조적 기업가정신의 고양을 위해서 필수라는 점을 노사 모두가 받아들이는 것 같아. 사유재산과 기업자유를 보장하는 대신 높은 조세부담을 지우고 그 재원으로 높은 복지를 제공하는 체제를 만들어 온 것으로 보여. 실용적이고 중도적인 접근방법 아니겠나?

마르크스 남한에도 북유럽식 사회민주주의를 이식해 보겠다고? 자연과학의 세계에서는 '콩 심은 데 콩나고 팥 심은 데 팥 난다'이지만 사회과학에서는 '귤을 심었는데 탱자도 날 수 있다'가 되네. 개도국이 선진국의 제도를 모방했다가 실패하는 사례가 얼마나 많은가? 남한의 우파는 사회민주주의를 빨갱이 사상이라고 몰아붙이고 좌파는 이념적 배반이라고 폄하하고 있는데 어떻게 성공할 수 있단 말인가?

스미스 적극적으로 그렇게 하겠다는 것이 아니고 효율과 평등이 상생하는 하나의 방안이 될 수 있다는 뜻이네.

효율과 평등의 최대공약수적인 양립을 위해서 나는 남한의 자본주의를 주주이익 극대화에서 이해관계자 상생으로 바꾸고 싶어. 먼저 독자들의 이해를 돕기 위해 약간의 설명이 필요해.

현대 자본주의에서 보편적이고 일반화된 기업형태는 주식회사네. 불특정 다수의 투자자들로부터 투자를 받고 주식을 교부하면 투자자는 자신이 보유한 주식의 비율만큼 기업을 소유하고 이익을 배당받게 되지. 주주는 주주총회에 참석해서 기업의 주요 결정사항에 대해서 의견을 개진하고 주식비율만큼의 의결권을 갖게 되지. 기업의 경영은 많은 주식을 보유한 대주주가 직접 최고경영자가 되기도 하고 전문경영인을 고용해서 위임하기도 하지.

주식회사는 최대의 이익을 올려서 배당을 많이 해 주고 주식가격도 올라가도록 경영하는 것이 주주이익에 부합하는 거지. 이익을 많이 올리기 위해서는 비용을 줄여야 하니까 임금도 억제하고 납품가격도 깎고 상품가격은 올리는 것이 답이 되는 거지.

자본주의가 불평등을 낳는 것은 주주이익 극대화를 기업의 목표로서 당연하게 받아들이는 분위기 때문이야. 기업은 이익을 낳기 위해서 매출액을 늘려야 하고 매출을 늘리기 위해서는 구매력이 있는 수요자들이 원하는 상품을 만들어 내야만 해. 구매력이 없는 수요자들이 필요로 하는 상품은 만들어 봤자 안 팔리니까 아예 관심을 두지도 않아. 즉 시장은 수요에만 반응하고 필요에는 반응하지 않지.

가난한 사람들이 필요로 하는 저렴하면서도 거주할 만한 주택, 값싸고 영양가 있는 음식, 학비가 싸면서도 내용이 알찬 교육이 항상 부족한 이유는 기업들이 공급해 보아야 이익을 올리는 데 별 도움이 안 되기 때문이야. 지금은 스마트폰이 그렇지. 고기능의 스마트폰은 너무 비싸서 서민들이 엄두를 못 내는데 값싸고 기능이 단순한 휴대전화를 사용하는 가난한 사람들은 디지털 문명이 제공하는 기회의 무대에서 소외되는 거지.

결국 주주이익에만 눈이 먼 자본주의에서는 불평등이 심화될 수밖에 없어. 시장이 만들어 내는 불평등의 해결은 정부, 종교단체, 자선단체, 시민사회 등 시장 외적 기관들이 담당하고 있지. 시장에서 세금을 걷고 기부금을 받아서 필요한 비용을 충당하면서 말일세.

이해관계자 상생은 주주이익 극대화의 시스템을 바꾸어 불평등의 발생을 시장 안에서 줄여 보자는 것이네. 임금, 납품가격, 고용형태 등 시장분배를 결정하는 요인들이 공정하게 결정되도록 하는 것이 핵심이네.

마르크스 기업은 임금과 납품가격은 최대한으로 낮추고 고용형태는 언제라도 해고 가능한 시스템을 가장 좋아하지. 그래야만 이익을 최대한 높일 수 있으니까. 이해관계자 상생은 이익을 갉아먹고 기업이 싫어하기 때문에 시장 내에서는 지속가능하지 않고 시장원리와도 배치되지 않나. 즉 시장 인센티브에 어긋난단 말일세. 시장 인센티브를 정면으로 거슬리는 것인데 어떻게 해서 시장내재적 분배 시스템으로 작동할 수가 있는가?

기업경영의 불확실성도 높아질 걸세. 내가 볼 때 자본주의경제에 가장 적합한 기업정책은 자네 말대로 최대한의 자유를 주어 기업가 정신과 동물적 본능이 마음껏 뛰어노는 환경을 만들어 주는 거야. 파이를 최대한 키우면서 그 과정에서 발생하는 불평등은 세금을 많이 걷어 정부가 해결해 주는 거지. 스웨덴 등의 북유럽 나라들이 이와 유사한 체제를 갖추어 효율과 평등의 두 마리 토끼를 잡는 데 어느 정도 성공을 거두고 있다고 보네.

기업에게 사회적 책임이니, 이해관계자 상생이니 하면서 여러 가지 목표를 주면 득보다 실이 더 크네. 기업에게는 개같이 벌라고 하고 정부가 세금을 징수해 정승같이 쓰면 되지. 미국의 록펠러가 수단과 방법을 가리지 않고 거대한 부를 일군 후에 그 돈으로 좋은 일을 하지 않았나. 나는 그 방법이 좋다고 보네.

기업도 이 방법을 선호할 걸세. 경쟁의 규칙이 간단명료하고 예측가능하거든. 이해관계자 상생은 경쟁의 규칙을 복잡하게 만들고 예측가능성을 줄이지 않나. 단기적인 이윤을 얼마만큼 희생하면서 이해관계자의 이익을 충족시켜 주는 것이 적절한가에 대한 기준이 모호하거든.

나서기 좋아하는 정치권은 자기들이 기준을 만들겠다고 팔을 걷어붙일 위험성이 있고 힘센 노동조합도 이해관계자 상생을 구실로 해서 사사건건 경영에 간섭하려고 할 거야. 이해관계자 상생을 강조하다 보면 모든 기업을 사회적 기업으로 만드는 결과를 초래할 수도 있어. 사회적 기업은 이해관계자의 이익을 기업이익보다도 우선시하는데 그러다 보니 기업의 경쟁력이 취약해져서 글로벌 경쟁 무대에 나설 수가 없거든.

스미스 자네가 나보다도 더 시장주의자다운 주장을 펼치고 있구먼. 주주이익 극대화를 감싸고 돌다니 믿을 수가 없어.

마르크스 내가 탐욕 덩어리인 기업을 감싸고 돌 이유가 있겠는가? 자네가 자본주의를 제대로 해 보겠다니까 충고를 한 것이네. 제대로 된 자본주의는 기업이 원 없이 돈 벌게 해 주는 것이네. 불평등이 마음에 걸리면 기업에게 사회적 책임이니, 이해관계자 상생이니하는 성가신 역할을 강요하지 말고 세금이나 많이 걷어 가난한 사람을 도와주라는 것이네.

스미스 알았네. 자네 말대로 기업은 이익 없이는 생존할 수 없으니 이해관계자 상생이 현실성을 가지기 위해서는 이익이라는 시장인센티브와 부합해야 돼. 여기서 단기이익과 장기이익의 구분이 중요한 차이를 가지게 된다네. 주주이익 극대화는 단기이익이 목표이고 이해관계자 상생은 장기이익이 목표가 되는 거지.

최소임금을 지불하고도 경영난에 처하면 가차 없이 직원을 해고하고 직원 직무훈련을 등한시하고 납품가격을 후려치고 가격을 담합하며 소비자를 속이는 것은 눈앞의 이익을 좇는 것이지. 이건 불나방이불을 향해 뛰어들 듯이 파멸을 향해서 돌진하는 것이나 다름없네. 직원들은 기회만 있으면 떠나려고 하고 협력회사가 생산하는 제품의 질은 퇴보하며 소비자 평판은 악화되어 기업의 경쟁력과 생산성은 가라앉을 수밖에 없지 않겠나. 단기이익이 장기손실로 이어지는 것은 불을 보듯 분명하지.

반대로 직원을 비용이 아닌 자산으로 여기면서 그에 합당한 대우를 해 주고 협력회사를 쥐어짜는 대신에 살찌우는 대우를 해 주고 소비자의 안전과 건강을 앞세우면 단기이익은 줄어들지 몰라도 시간이 흐를수록 기업은 밑바탕에서부터 내실이 채워지고 사회적 평판이 올라가 탄탄대로에 들어서게 되는 거지.

미국의 세계적인 항공기 제작회사인 B사의 예를 보면 장단기이익의 차이가 극명하게 드러나네. 이 회사의 기업문화는 원래 단기수익보다는 항공기의 안전을 우선하고 재무보다는 엔지니어링을 중시했다는군. 안전한 비행기를 만들어서 많이 팔면 이익은 저절로 따라오는 것이라고 믿었다는 거야. 종업원 임금과 복지에도 신경을 많이 썼기 때문에 직원들은 소속감과 협력 마인드가 강했다는군. 즉 주주이익뿐만 아니라 종업원, 소비자, 협력기업의 이익을 동시에 고려하는 이해관계자 상생형 경영을 했다는 거야.

그런데 1990년대에 들어오면서 에어버스의 도전이 거세지고 시장점유율이 떨어지고 수익이 악화되니까 경영목표를 수정하기 시작했다는군. 단기수익을 극대화하기 위해 비용절감, 제작기간 단축, 종업원 감축을 밀어붙이는 과정에서 안전을 최우선 하는 기업문화의 쇠퇴를 피할 수 없었다는군. 단기수익과 주가를 기준으로 매분기마다 평가가 이루어지고 보너스가 결정되니 CEO를 비롯한 경영진은 비용이 많이 들고 성과가 천천히 나타나는 안전을 성가시게 여겼다는 거야.

그 당시 미국경제에는 탈규제의 거센 바람이 불었어. 월가의 금융자본이 기업의 운명을 좌지우지할 정도로 막강한 힘을 구사하기 시작한 것도 엔지니어링 중심에서 재무 중심으로 바뀐 배경이었다는군. 결국 2008년과 2009년에 대형 추락사고가 연달아 발생하는데 그 이유가 항공기 설계상의 문제를 안전수칙대로 해결하지 않고 임기응변으로 대처했다는 것이 밝혀지면서 경영은 큰 타격을 받았고 아직까지도 그 악영향에서 벗어나지 못하고 있다는군.

이 사례를 길게 소개하는 이유는 이해관계자 상생이 하늘에서 떨어진 것처럼 생소한 것이 아닌 주주이익 극대화의 원조인 미국에서도 1980년대 이전에 존재했다는 점을 상기시키기 위해서이네. 굳이 이해관계자 상생이라는 명칭을 붙이지 않더라도 장기이익을 추구한다고 하면 교조주의적 자유시장주의자의 비난을 피해 갈 수도 있을 거야.

2차대전 이후에 일본 기업들이 채택한 경영원칙도 이해관계자 상생의 특성을 풍부하게 보여 주었지. 종신고용, 노사협력과 소통, 대기업과 협력 중소기업 간의 장기적인 계약, 사내유보에 의한 설비투자와 주주배당 간의 조화, 소비자이익의 중시를 바탕으로 해서 일본은 무서운 속도로 미국을 추격하지 않았나. 2차대전이 끝난 후 30여 년간은 자본주의가 성장과 형평의 두 마리 토끼를 잡았는데 그 주역이 미국과 일본이었지. 그러니 이해관계자 상생을 자본주의에 대한 공격이라고 비난하는 자들은 역사 공부를 더 해야 할 것이네.

남한 역시 1960년대 이후에 본격적으로 경제성장 궤도에 진입했는데 일본의 성공 경험을 참고하고 활용하였지. 기업들은 종신고용, 연공서열형 인사관리, 이익의 주주배당보다는 투자재원 활용, 하청기업과의 장기적 거래 등을 채택하였다는군. 경제학자인 쿠즈네츠가 경제발전의 초기에는 소득분배가 악화되다가 어느 단계를 지나면서부터는 개선된다는 경험 법칙을 발견했지. 남한은 고도성장이 일자리를 만들고 소득을 높이는 선순환을 달성하였는데 그 배경에는 이해관계자 상생경영이 중요한 역할을 했다는군.

내가 강조하는 것은 주주가치 극대화 경영이 보편적인 현상이라고 일반화하지 말고 이해관계자 상생경영도 자본주의의 진화과정에서 상당한 위치를 차지한 적이 있었다는 사실을 제대로 알아야 한다는 점이네.

마르크스 자네 말대로 이해관계자 상생이 주주이익 극대화보다도 평등사회를 위해서 훨씬 더 바람직하다는 점은 나도 전적으로 동감이네. 그런데 왜 덜 바람직한 체제가 더 바람직한 체제를 밀어냈는가? 무슨 이유로 악화가 양화를 구축하게 되었는가 말일세. 다름 아닌 세계화의 광풍 때문이었어.

자네가 언급한 항공사를 예로 들어 보자고. 에어버스가 저가 공세로 거세게 추격해 오고 시장점유율이 급락하고 이익이 줄어드는 급박한 상황에 처하게 되니까 생존이 최우선의 과제가 될 수밖에 없지. 시급히 결행해야 하는 대응책이 결국 비용 줄이기가 되니까 대량해고부터 하는 거지. 종업원 복지, 비행기 안전을 위한 연구개발과 제작과정의 안전제일주의 등 장기적으로 필요하지만 단기적으로 이익에 도움이 안 되는 항목들은 삭감되지. 제작기간이 길수록 비용이 늘어나니까 '빨리빨리'의 압력이 가중되고 안전을 철저히 확인하는 대신에 대충하자는 분위기가 지배하게 되는 거지.

그렇다고 세계화의 경쟁을 제한할 수도 없는 노릇 아닌가? 주주 이익 극대화는 자본주의의 숙명일세. 자네를 추종하는 주류 경제학자들이 한결같이 세계화의 이익을 입에 침이 마르도록 칭송하지 않았나? 전 세계가 동질적인 경제체제와 규범을 따르게 되면 경제적으로는 하나의 지구촌 경제권이 형성되고 기업들이 세계무대에서 마음껏 효율을 높이고 생산성을 제고하게 되어 그 혜택이 지구인 전체에게 미친다고 떠들어 댔지. 심지어는 개별 국가로 쪼개진 정치제도가 세계화의 걸림돌이기 때문에 세계정부를 수립해야 한다는 주장까지 나왔었어. 내가 공산당선언에서 부르주아지는 국가를 부정하고 전 세계를 자기들의 이익확대 무대로 만들 것이라고 했는데 내 예언이 적중하고 있었지.

그러다가 2008년에 세계금융위기가 폭발하고 미국과 중국의 패권 다툼이 현실화되고 러시아의 우크라이나 침공으로 세계적 공급망이 흔들리면서 지금은 세계화가 후퇴하고 있어. 세계화의 후퇴가 지구적 경쟁 압력을 완화해서 기업이 장기적 이익을 최우선으로 여기는 풍토를 만든다면 다행이지.

그러나 현실은 반대로 흘러가고 있네. 지정학적 불확실성과 공급망 불안이 가중되니까 기업들은 경영위기가 닥치고 있다고 인식하고 위기극복을 위해서는 비용절감, 현금흐름 중시 등 단기적인 경영목표에 더욱 매달리고 있지 않은가. 그러니 이해관계자 상생은 공염불일세. 케인즈가 대공황 때 경기가 살아나기를 기다리다 보면 시장의 자동조정기능이 잘 해결해 줄 것이라는 주류 경제학자들의 낙관주의를 경계하면서 '장기에는 우리 모두 죽고 없다'라고 했다지. 장기이익을 추구하다가 모두 사라지게 될걸.

스미스 그 항공사의 대응이 잘못된 것이네. 결국 항공기 설계 결함으로 대형 추락사고가 연이어 발생해 단기이익조차도 큰 타격을 입는 어리석음을 범했던 거지. 항공기 안전은 그 어떤 이익과도 바꿀 수 없다는 원칙을 견지했어야 했네. 파산 직전까지 갔기 때문에 안전마저도 포기한 것이 아니라 더 많은 이익을 올려서 주가를 떠받치고 보너스를 많이 받으려고 안전을 포기한 것이지.

지금 기업들은 디지털 대전환이라는 문명사적 격변기에 처해 있는데다 양극화 때문에 사회적으로 반기업, 반시장 정서가 퍼져 가는데 단기적인 눈앞의 이익만 좇다가는 더 큰 위험을 피할 수 없을 것이네. 이해관계자 상생경영은 기업이 생존하고 번영할 수 있는 사회경제적 생태계를 만들기 위해 기업이 반드시 추구해야만 한다고 생각해. 이해관계자 상생은 자본주의의 장점인 효율을 다소 희생하더라도 자본주의의 결점인 불평등을 현저히 개선할 수 있는 대안임이 분명하네.

이해관계자 상생이 자본주의에 족쇄를 채우고 사유재산을 부정하는 잘못된 처방이기 때문에 약간의 평등을 얻기 위해서 치러야 할 희생이 너무 크다는 비판도 할 수 있을 거야. 자본주의의 최대장점이 효율의 극대화인데 크고 작고를 불문하고 이를 희생할 수는 없다고 강변할 수도 있어. 그러나 이는 단견에 불과하다고 봐. 이미 자본주의의 효율은 공공의 이익과 사회적 가치실현을 위한 다양한 시장간섭에 의해 끊임없이 훼손되어 왔어.

노동자보호는 가장 오래된 예이지. 자본가들이 아무런 제약 없이 해고자유와 노동조건의 일방적 결정을 누린다면 효율은 극대화되겠지. 비용을 최소화할 수 있으니까. 그러나 몰인간적인 비용 줄이기는 결코 지속가능하지 않은 것으로 판명되지 않았는가.

그 외에도 독과점 규제와 공정거래제도가 도입되었고 최근에는 환경보호를 위한 규제와 기후변화규제가 등장했지. 자본가들은 새로운 규제가 부과될 때마다 어김없이 반대했어. 기업부담을 늘리고 비용을 가중시키고 효율을 갉아먹어서 경제성장을 둔화시킨다고 주장했지. 그들은 단기적인 이윤추구만을 지상의 과제로 여겼고 장기적이고 공동체적인 이익추구를 무시했어.

만약에 자본가들의 요구를 따라 아무런 규제도 가해지지 않았다면 지금쯤 자본주의는 어떤 모습을 보이고 있을까? 높은 효율과 생산력이 거침없이 발현되어 더 풍요한 세상을 만들어 냈을까? 아니면 극단적인 빈부격차, 독과점, 환경파괴가 자행되었을까? 나는 후자의 모습이 나타났으리라고 봐.

마르크스 나도 자네의 예상에 동의해. 그런데 자네의 예상은 고전파 경제학의 기본가정과 부합하지 않는다는 점을 지적하고 싶네. 자본가들이 하고 싶은 대로 내버려 두어야만 국부가 최대로 축적된다는 것이 자유방임 아닌가? 자본가들이 욕망하는 대로 방임하면 노동자와 소비자의 이익도 따라서 늘어난다는 것이 보이지 않는 손 아닌가? 자네가 그걸 부정하는 건가? 궁금하기 짝이 없네.

경제가 성장하면 노동수요가 늘어나 임금이 올라가고 독과점 이윤이 증가하면 신규기업이 진입해 독과점이 저절로 해소된다는 것이 자유방임의 예언 아닌가? 물론 환경오염은 외부경제효과 때문에 발생하므로 정부의 개입이 필요하다고는 하지.

스미스　내가 세상을 하직한 후에 자본주의 국가에서 실제로 일어난 광경을 보면서 자유방임과 보이지 않는 손을 맹목적으로 믿어서는 안 된다는 각성을 하게 되었네. 물론 생전에도 상인들의 탐욕을 경계하고 독과점규제를 옹호하기는 했지만 지금은 더 넓게 시장의 실패를 바라보게 되었네.

가설과 이론은 현실의 반증 앞에서 눈을 감아서는 안 되고 똑바로 직시하면서 유연하게 바꿔 나갈 때 비로소 사람들의 삶을 나아지게 만들 수 있다고 보네. 그렇다고 해서 시장의 본질을 부정하는 것은 결코 아닐세. 오히려 시장의 온전한 기능이 작용하는 데 방해가 되는 장애물들을 치우고 고쳐서 시장기능을 정상화하려고 하는 것이네.

시장의 온전한 기능은 효율을 보장하는 데 그치는 것이 아닌 공정하고 평등한 분배까지도 보장해야 한다고 보네. 고전파 경제학은 분배의 교정을 시장 바깥의 외생적 변수로 취급하지. 정부가 세금을 거두고 복지를 베풀어 분배를 개선하려고 하는 거지. 기업은 생산 효율성의 제고가 목표이고 분배 공정성의 제고는 정부에게 맡기고 관심을 끊었네. 기업은 일자리를 만들고 세금을 납부하는 역할을 수행함으로써 공정분배의 책임을 다한다고 여기고 있네.

이해관계자 상생은 분배과정에서의 기업과 시장의 역할을 근본적으로 바꾸어 보려는 시도이지. 공정분배 기능을 시장기구 내부에서 작동하는 내생변수로 끌어들이자는 것이네. 평등사회의 실현을 정부, 종교단체, 시민사회의 책임으로만 돌리지 말고 기업의 경영목표로 내생화하자는 것이지.

시장 내의 분배가 개선되면 정부의 부담이 가벼워지는 데 그치지 않고 기업의 부담도 줄어들어 누이 좋고 매부 좋은 상생의 관계가 맺어질 수 있지. 공정과 평등을 내걸고 정부가 기업을 옥죄는 간섭을 줄일 수가 있네. 정부 규제의 필요성을 근본부터 약화시켜서 정권이 바뀔 때마다 추진하지만 실효성이 의문시되는 규제 완화를 이루어 낼 수 있지.

분배와 복지를 에워싸고 자본과 노동이 줄다리기하면서 대립하고 갈등하는 관계를 청산하고 협력과 보완의 관계로 나아갈 수 있다고 보네. 이는 사회적 통합과 결속력을 굳게 다져서 궁극적으로는 기업에게도 우호적인 환경을 제공할 수 있다고 보네. 기업을 바라보는 의심쩍은 눈초리와 비판적인 시각을 신뢰와 호의로 바꿀 수도 있지. 묶은 자가 풀어야 한다는 말이 있듯이 반기업 정서를 초래한 장본인이 기업이므로 그걸 친기업 정서로 바꾸는 것도 기업의 몫이네.

마르크스 구체적으로 어떻게 이해관계자 상생을 실현해 나갈 작정인가? 자네가 아무리 권해도 기업이 받아들이고 실천해야 될 일 아닌가? 설마 국가가 나서서 강제해야 한다고 생각하는 것은 아니지?

스미스 최근 기업의 무한 욕망추구에 대한 반성이 기업 내부에서 나온 것은 주목할 만하지. 2019년 8월 19일 미국 주요 기업의 최고경영자 모임인 'Business Round Table'에서 181명의 대표적인 최고경영자들이 포용적 번영(inclusive prosperity)을 강조하는 '기업의 목적에 대한 성명'을 발표하였네. 서명자 중에는 JP모건체이스, 아마존, 애플, 뱅크오브아메리카, 보잉, GM 등 쟁쟁한 거대기업들의 CEO들이 포함되어 있더군.

그들은 기존의 주주이익 극대화를 뛰어넘어서 고객, 근로자, 납품업체, 커뮤니티 등 모든 이해관계자에 대한 사회적 책임을 강화하겠다고 밝혔어. 그들은 성명에서 "우리는 이해관계자 모두를 위한 근본적인 책무를 공유한다"면서 "고객에게 가치를 전달하고 보상, 교육 등 직원에 대한 투자를 강화하며 납품업체를 공정하게 대하고 커뮤니티를 지원하며 주주들을 위한 장기적 가치를 창출한다"고 밝혔네.

언론의 반응은 엇갈렸어. 월스트리트저널은 이번 성명서가 '주주가치 극대화'라는 자유주의 경제학자 밀턴 프리드먼의 오래된 이론을 신봉하는 기존 입장으로부터의 '주요한 철학적 전환'이라고 분석했지. 그러면서도 WSJ은 CEO들이 민주당의 거센 비판에 직면해서 주주보다 이해관계자를 더 중시하겠다는 성명을 발표했지만 이는 옳지 않다고 지적했어. 이러한 성명에도 불구하고 미국기업은 민주당의 유력한 대통령 경선 후보인 워렌 의원 등 사회주의자들의 마음을 살 수는 없을 것이며 오히려 그들이 기업 통제권을 강화하는 빌미만 내줄 것이라고 비난했지. 뉴욕타임스는 동 성명이 갖는 의미를 인정하면서도 구체적인 행동계획이 없다고 꼬집었더라고.

CEO들의 성명이 나온 지 한 달이 지난 9월 18일에 파이낸셜타임스는 'Capitalism: Time for a Reset'이라는 제목하에 자본주의의 개혁 캠페인을 들고 나왔어. 기업이 자신들의 이윤 극대화에만 몰두할 것이 아니라 고객, 근로자와 함께 나누는 사회적 책임도 중요하게 다루어야 한다고 강조했지. 아울러 불로소득자가 높은 소득을 누리는 '불로소득 자본주의'에서, 열심히 일하는 사람이 많은 보상을 받는 자본주의로 바뀌어야 한다고 주장하기도 했어.

FT의 바버 편집장은 자유자본주의는 지난 50년간 전 세계적으로 빈곤을 줄이고 생활 수준을 극적으로 높였지만 글로벌 금융위기 이후 10년이 지난 지금 자유 자본주의 모델이 주주가치 극대화에만 집중하는 것은 필요조건이지만 충분조건은 아니게 되었다고 지적했지. 이어 자본주의의 개혁 없이는 현재의 자유 자본주의 모델의 위험이 가져올 고통이 더 커질 것이라고 경고했더군.

이 성명이 전달하는 의미는 대단히 크다고 보네. 자본주의를 상징하는 대표적 기업의 CEO들이 기존의 이익우선 관념에서 벗어나 상생과 배려의 필요성을 받아들이게 된 것 아니겠나. 그 배경은 무엇보다도 날이 갈수록 커져 가는 불평등이 기존의 주주이익 극대화에 대한 대중들의 반감과 저항을 불러일으키고 있다는 점이지. 기업은 사회적 생태계의 한 부분 아닌가. 물고기가 물을 떠나서 살 수 없듯이 기업 역시 사회와 유리되어서는 번영할 수 없네. 대중들의 불만을 무시하는 이익추구는 지속가능하지 않지.

성명서에 참여한 CEO들의 심성이 이기심을 벗어나서 이타심으로 바뀐 것은 아니라고 보네. 이윤극대화라고 하는 목표에 이르는 과정이 수정된 것이라고 해석하고 싶어. 단기적이고 일시적인 이윤추구에서 장기적이고 영속적인 이윤추구로 변화한 것이지. 이해관계자들에 대한 사회적 책임을 강조하다 보면 그렇지 않은 경우에 비해 단기적 이윤이 줄어들 수도 있겠지만 그것이 아까워 과거의 방식을 고집하다가는 더욱 큰 손실을 보게 될 것이라는 판단을 한 것이 아닐까?

단기이익이든 장기이익이든 간에 어차피 기업이윤 극대화를 답습하는 게 아니냐며 성명서의 의미를 깎아내리려고 해서는 안 된다고 보네. 기업에게 좋고 이해관계자들에게도 좋으면 금상첨화가 아닌가? 누이 좋고 매부 좋은 격이지. 계몽자본주의라고 불러도 좋을 것 같아.

마르크스 미국 CEO들이 이해관계자 상생 선언을 한 이후에 실천적으로 가시적인 변화가 있었는가?

스미스 이해관계자 이익을 경영목표에 포함하겠다는 성명을 발표한 미국 주요 기업인들이 그 내용을 기업경영에 구체적으로 어떻게 반영하고 실천에 옮겨 나갈지는 아직까지 확실하지 않네. 그들의 성명이 선언적 의미에 그치고 만다면 참으로 실망스러운 일이 될 것이고 반대로 행동으로 이어진다면 큰 의미를 부여받게 되겠지.

자본주의의 메카인 미국의 주요 기업들이 앞장서서 이해관계자들의 이익을 중시하면 그 효과가 다른 기업과 국가들로 파급되어 나갈 것 아니겠나. 그 과정에서 실천적 방법론에 대해서 격렬한 찬반논쟁이 벌어지겠지만 시간이 지나고 시행착오를 거치면서 최적의 해답이 떠오르겠지.

단기적으로 기업의 수익이 악화되고 연봉이 삭감되는데도 당초의 의지를 관철시켜 나갈 수 있을 것인가? 아니면 투자자들이 사회적 책임에 투철한 기업의 가치를 높이 평가해서 오히려 주가가 올라가고 소비자들 역시 그 기업의 제품을 선호하게 되어서 기업경영이 더 좋아질 것인가? 미리 예단하기는 어렵지만 그들의 좋은 뜻이 찻잔 속의 태풍으로 그치지 않고 널리 퍼져 나가 동참하는 기업들이 속속 나타나고 투자자와 소비자들이 기업을 평가하는 시각도 넓어지면서 거대한 변화의 흐름으로 확산되려면 여러 가지 조건들이 충족되어야 할 것이네.

기업철학의 변화를 이끌어 내고 확산시키는 주체는 최고경영자들과 주주들이지. 그들이 불평등 심화라는 시대적 병리 현상에 대해 더 많은 관심을 기울이고, 그 치유를 위해 자신들이 기여할 수 있는 소지가 다분히 존재하며, 나아가서는 자신들이 그 중심에 서야 한다는 자각을 할 때 비로소 의미 있는 성과가 나타날 수 있지 않겠는가. 인내심을 가지고 기다려 보자고. 역사의 물줄기를 바꾸는 일에는 오랜 시간이 걸리겠지.

마르크스 그러니까 자네는 이해관계자 상생이 당장 실현되지 않는다고 실망할 것이 아니라 자본주의의 진화 과정에서 중요한 의미를 지니는 것이며 앞으로 자본주의는 그 방향으로 변화해 나갈 것이기 때문에 장기적인 안목으로 지켜보아야 한다는 것인가?

스미스 그렇다네. 이것은 자본주의 역사에서 코페르니쿠스적인 전환이지. 전통적으로 자본주의의 꽃인 주식회사 제도는 이윤이 기업가치를 결정한다는 가설에 입각해 주주이익 극대화를 추구하여 왔네. 최대한의 이윤을 창출하는 과정에서 일자리가 생겨나고 임금소득이 분배되며 재투자를 통한 확대재생산이 이루어지도록 하는 것이야말로 기업의 사회적 책임의 요체라고 인식했지. 괜스레 기부, 봉사, 상생 등을 운운하면서 기업역량을 분산시키다가 경영이 어려워지면 그것이야말로 사회적 책임을 방기하는 것이라고 여겼지.

그러나 불평등이 날로 심화되고 있는 오늘날에는 이러한 전통적인 기업철학의 유용성에 대한 새로운 성찰이 요구되고 있어. 미국의 대표적 기업들의 최고경영자들이 주주이익 일변도를 넘어서서 이해관계자들의 이익을 동시에 고려하겠다는 것도 종래의 기업철학을 고집하다가는 기업의 장기적 번영을 확신할 수 없다는 고뇌 어린 반성에서 나왔다고 생각하네.

기업철학이 이기심 본위에서 상생으로 넘어가는 고개는 자본주의의 진화과정에서 커다란 획을 긋는 분수령이야. 자본주의는 인류 역사상 유례없는 물질적 풍요를 가져다주었지. 개인의 욕망이 인도하는 성공의 길을 개척하는 여정에서 수많은 발명과 혁신이 생겨났고 인류는 불과 200여 년 남짓한 기간 동안에 그 이전 수천 년에 걸쳐서도 이루어 내지 못한 물질문명을 누리게 되었네.

빛이 있으면 그림자가 있게 마련이지. 생산력의 비약적 발전은 환경파괴, 노사갈등, 불평등 심화의 부작용을 낳았어. 부작용을 해소하려는 시도는 항상 이익추구의 목표와 대립했고 정치적으로는 보수와 진보의 편 가르기를 초래했지.

민주주의가 성숙하지 못한 국가에서는 좌우대립으로 폭력이 난무하는 어두운 시대를 거치기도 했고 혁명의 소용돌이에 휩쓸리기도 했어. 좌우파 간의 사회적, 정치적 대립은 현재 진행형이고 오히려 더욱 악화되는 조짐마저 보이고 있어. 민주주의의 요람인 영국, 민주주의가 꽃핀 미국에서 가진 자와 못 가진 자 간의 골이 깊어지고 이에 편승한 대중영합적 정치인들이 좌우를 막론하고 유권자들을 현혹시키고 있네. 민주주의가 위기에 처했다는 우려의 목소리가 여기저기서

들려오고 있어.

이러한 반자본주의적 포퓰리즘을 잠재우는 최선의 방책은 자본주의가 스스로 변하는 자정 기능을 발휘하는 것이지. 자본가가 앞장서서 불평등을 완화하는 길을 선택해야 한단 말일세. 평등사상을 좌파의 전유물로 내주고 반대와 방어에만 급급한 피동적 자세에서 탈피해 스스로 불평등 완화를 주도하는 능동적 자세를 취할 때가 되었네. 이것이야말로 좌파 포퓰리즘을 무력화시키고 자본주의의 본질을 지켜 내는 첩경이야.

역사적으로 보면 사회주의는 자본주의를 위협하면서도 동시에 자본주의의 일탈을 견제하는 빛과 소금의 역할을 수행했지. 자본주의가 초기의 천민자본주의에 머물지 않고 공정경쟁과 복지사상을 수용한 것은 사회주의의 위협으로부터 스스로를 지켜 내겠다는 자위적인 동기였네. 그러므로 사회주의는 자본주의의 진화과정에서 일정한 지분을 갖는 것 아니겠나.

그러나 자본주의를 부정하는 사회주의가 정권을 장악하면 거의 예외 없이 경제를 망치는 결과를 낳았네. 사회주의는 자본주의를 견제하고 규율하는 역할에 그쳐야 한다는 것이 역사의 가르침이네. 사회주의가 정권을 잡는 것은 경제발전과 문명 진보의 수레바퀴를 거꾸로 가게 하는 퇴행적 결과를 낳을 뿐이지.

자본주의의 진화과정은 타율과 외부 압력에 의한 수정과 개선의 연속이었지. 사회주의와 공산주의의 위협으로부터 자신을 보호하고 유권자들의 지지를 얻어 내기 위해서 마지못해 체제개혁을 받아들인 성격이 강했어. 그런 경우조차도 자본가보다는 정치인들이 앞장서서 개혁을 주도했지. 자본가들은 정부의 체제개혁 조치에 대해서도 반항하기 일쑤였어.

남한도 예외가 아니었더군. 박정희 정부 때 공정거래법을 제정하려고 하였으나 재계의 극심한 반대로 여러 차례 무산되었고 기업공개를 추진할 때도 사유재산권의 침해라는 이유를 들어 반대하였다는군. 전두환 정부 때 금융실명제를 실시하려 하였으나 재계의 반대로 수포로 돌아갔다가 김영삼 정부에 와서야 대통령 긴급조치라는 비상수단을 동원해 겨우 성사되었더군.

오늘날에도 많은 자본가들은 복지 확대, 산업안전 강화, 노조의 경영 참여 등 진보적인 어젠다에 대해 알레르기 반응을 보이고 있어. 물론 그들이 염려하는 바는 충분히 이해할 수 있네. 노조의 투쟁적 자세가 바뀌지 않는 상태에서 그들의 요구만 들어주다가는 기업경영이 더욱 어려워질 것이라는 우려는 귀담아들어야 하는 것이고 특히 노조가 진지하게 받아들여야 하지. 그럼에도 불구하고 노사대립을 노사협력으로 전환하고 노사불신을 노사신뢰로 탈바꿈시키는 데에는 어느 한쪽이 주도권을 잡고 손을 내밀어야 하는데 기업가들이 앞장서서 얽히고설킨 실타래를 풀어 나가야 한다는 생각이 든단 말일세.

자본주의의 자정 필요성에 대한 이해 부족과 소극적 태도는 최근의 보수정부가 반성해야 할 점이지. 그 이전 박정희, 전두환, 노태우, 김영삼 정부는 보수정권의 한계에 얽매이지 않고 자유시장경제의 진화적 노력에 적극적이었어. 박정희 정부 때 최초로 종업원 의료보험제도를 불완전한 형태로나마 도입했고 기업공개제도를 실시해 많은 국민들이 주식을 보유할 수 있는 길을 열었어. 전두환 정부는 공정거래제도를, 노태우 정부는 전 국민 의료보험제도를, 그리고 김영삼 정부는 금융실명제를 실시했어.

보수정권의 자본주의 수정을 비판하는 사람들은 보수정권이 사회적 저항을 무마하기 위해서 어쩔 수 없이 도입한 것이라고 깎아내리지만 정치적 행위는 근본적으로 여론의 향배에 따라서 영향을 받고 결정되는 것 아닌가. 정치적 행위에 대한 평가는 의도의 선악과 옳고 그름보다는 결과의 성패에 따라서 이루어지는 것이 바람직하네. 마음속에 숨은 의도를 자기 입장에서 추측하고 그에 기반하여 결과를 평가하면 흔히 말하는 진영논리의 노예가 되기에 십상이지. 자식이 부모에게 "낳아 주셔서 감사합니다"라고 말하는 것과 "부모님, 나를 왜 낳으셨어요?"라고 힐난하는 것의 차이를 분별해야지.

주주이익만 바라보지 말고 광범위한 이해관계자들의 이익도 동시에 고려해야 한다는 주장에 대해서도 아마 대부분의 자본가들은 반대할 것이네. 기업경영자율권의 침해, 사유재산권의 훼손, 사회주의적 위험한 발상, 대중인기영합주의 등 이유를 내세우면서 그 부당함을 강조하리라는 예감이 들어. 그러나 역사에서 교훈을 얻는다면 앞으로 언젠가는 결국 이해관계자들을 포용하는 기업경영철학이 하나의 원칙으로서 자리 잡으리라는 예상을 할 수 있지.

이러한 방향으로의 기업경영철학 전환은 좌파의 공격으로부터 자본주의를 지켜 내는 자위적 효과를 넘어서서 복지지향적인 정부의 비대화를 막고 큰 정부의 간섭과 통제로부터 기업을 보호하는 친기업적인 효과도 있음을 주지할 필요가 있네.

마르크스 당위론적인 주장만으로는 부족하고 구체적으로 어떻게 실천해 나가려고 하는가?

스미스 이해관계자 상생경영을 실천하려고 할 때 가장 먼저 떠오르는 장애물은 현재의 임직원 평가기준이 눈앞의 이윤 중심으로 설정되어 있다는 점이네. 높은 수익을 올려야 기업의 주가가 올라가고 신용평가도 격상되며 CEO들의 연봉도 올라가게 되어 있지. CEO들은 이러한 유인체계에 종속되어 단기이윤을 극대화할 수밖에 없게 되어 있지.

회사의 최고경영자부터 평사원에 이르기까지 모든 구성원들의 연봉과 상여금의 책정 및 승진과 보직을 결정하는 으뜸가는 요인은 이윤창출에 얼마나 기여했는가이지. 그러니 직원들의 행태 역시 회사의 이윤에 어긋나는 짓은 하고 싶어도 할 수가 없게 되어 있는 거지.

어떤 회사직원이 상사에게 이렇게 말한다고 가정해 보자고. "금년 우리 회사실적이 좋습니다. 반면에 하청 중소기업은 납품가격이 매우 박해서 재무상태가 압박을 받고 있고 직원 봉급을 올려 줄 수 없는 실정이라고 하니 납품가격을 좀 더 올려 주었으면 합니다." 아마도 그 직원은 상사로부터 쓸데없는 데 신경 쓰지 말라는 핀잔을 듣거나 좀 더 엄격한 상사를 만나면 더 심한 꾸중을 듣고 고과 평정까지도 감점될 것이네.

이해관계자 상생은 기업의 단기이익에 부정적 영향을 미칠 수 있네. 종업원의 임금을 올리고 협력기업에 대한 납품단가를 인상하며 기후변화 등 환경보호에 적극적으로 동참하는 것은 단기적으로 비용

상승요인이 되는 것이지. CEO들이 현존하는 유인체계와 상반되는 행동을 해 주기를 바라는 것은 무리 아니겠나.

물론 CEO 중에는 이해관계자들을 배려하는 미덕을 가진 사람들도 적지 않게 있지. 지금도 기업이 어려울 때 종업원들을 해고하지 않고 보듬어 안으면서 힘을 모아 어려움을 이겨 나가는 미담이 들려오곤 하지. 같은 배를 타고 있다는 동질감과 소속감은 종업원으로 하여금 경영진과 일체가 되어 오직 회사를 살리겠다는 일념으로 전력을 투구하게 할 것이네.

이런 경우의 CEO들은 이타심의 미덕을 가졌다기보다는 단기적인 손해를 감수하는 것이 장기적으로 더욱 큰 이익을 만들어 낼 것이라는 좀 더 세련된 이기심을 가졌다고 해석할 수도 있겠어. 이를 두고 이타심으로 포장한 이기심이라고 비난까지 해서야 되겠는가. 회사와 종업원, 경영진들이 모두 이익을 나누어 갖는 상생의 결과가 나오면 뭘 더 바라겠나?

주식시장에서의 주가 평가기준도 바뀌어야 하네. 현재는 가장 중요한 기준이 기업이윤, 특히 단기이윤인데 이는 이윤극대화와 주주이익 우선에 맞춰 생긴 기준이지. 기업이윤이 늘어나면 주가가 올라가고 CEO들의 연봉과 상여금도 올라가고 이윤이 줄어들면 주가하락으로 직결되고 주주들로부터 주가를 올리라는 압력을 받게 되지. 상황이 계속 악화되면 적대적 인수합병의 위험이 커지고 최고경영자를 교체해야 한다는 주주들의 목소리까지 나오게 되어 있지.

그러므로 이해관계자 상생은 개별 기업의 노력만으로는 실천되기 어렵게 되어 있네. A기업이 먼저 이해관계자 상생을 채택한 결과 단기적으로 이윤이 감소하면 주주가치모형을 유지하는 여타 기업들에 비해 불리한 평가를 받게 되는데 누가 섣불리 그렇게 하려고 하겠는가?

이해관계자 상생이 작동하기 위해서는 이윤 이외에 종업원들의 근로조건, 납품업체들과의 공정한 거래 관계, 소비자보호와 환경보호 등의 요소들이 주식가치평가와 주가 흐름에 반영되어야 해. 그렇게 함으로써 주주가치모형에 갇혀 있던 기업경영목표를 해방시켜 이해관계자들의 이익도 포함하는 열린 경영목표가 자리 잡도록 환경조성을 해 줄 필요가 있네.

이해관계자들과의 상생의지가 실천적 추진력을 갖기 위해서 또 중요한 실천적 과제가 있는데 바로 회사의 정관을 수정하는 것이지. 정관은 회사의 조직과 활동에 대한 근본규칙을 정하기 때문에 회사의 헌법에 해당하는 것이네. 정관에 이해관계자와의 상생을 천명하는 규정을 명시해야만 회사의 조직과 활동이 그에 부합되게 전개될 수 있지. 이해관계자 상생 여부가 CEO 개인의 경영전략에 의해서 결정되는 것이 아닌 제도적으로 보장되기 위해서는 정관 속에 이를 수용하고 권장하는 정신이 담겨 있어야 하지 않겠나.

정관은 주주총회에서 의결되어야 하므로 이해관계자들과의 상생이 회사의 목적으로 명기된다는 것은 주주들이 이에 동의하였다는 뜻이네. 주주들이 회사의 임직원들에게 모든 수단을 활용해서 이익을 창출하고 주가를 올리며 배당이 늘어나도록만 하라는 압력을 바꿔서 이윤과 더불어 종업원, 협력회사, 소비자, 공동체사회의 형편까지 살피고 배려하며 상생의 길을 찾아 나아가도록 주주권리를 행사하겠다는 뜻이 되는 것이지. 이러한 정관변경이 이루어진다면 그 효과는 넓고 깊게 경제 전반에 퍼져 나갈 것이라고 확신하네.

이해관계자와의 상생을 지향하는 정관변경은 기업 내부의 보상체계를 바꾸어 조직구성원들의 행동양식을 변화시키고 궁극적으로 자본주의체제의 운용양태를 변형시키게 될 것으로 기대하네. 의사결정을 할 때 단기적인 기업이익을 넘어서서 종업원, 소비자, 협력업체에 미치는 영향까지 감안하게 되어 상생적 생태계가 구축될 것이네.

남한에서는 노사대립과 갈등비용이 매우 높다고 들었네. 대기업과 공기업, 금융기관과 공공기관의 잘 조직된 노동조합이 과격하고 전투적이라는 말도 들리고 이 때문에 국내투자 대신 해외투자를 많이 해서 좋은 일자리가 빠져나간다고 하더군.

나는 이해관계자 상생이 노사협력을 이루어 내는 계기가 될 수 있다고 믿네. 자본가들이 먼저 상생의 손길을 내밀면서 노사협력의 분위기를 만드는 데 앞장서면 이를 지지하는 여론도 비등할 것이고 노동조합도 마냥 반대를 위한 반대를 할 수는 없지 않겠는가?

납품대금을 둘러싼 갈등도 해결의 실마리를 이해관계자 상생에서 찾을 수 있을 것이네. 제조 중소기업의 65% 정도는 대기업과 하도급 관계를 맺고 있다는데 그들이 납품하는 상품과 서비스는 시장경쟁을 통해서 가격이 결정되는 것이 아니고 대기업이 가격을 결정한다지. 대부분의 하도급업체는 납품하는 대기업 이외에는 국내외의 판로가 별로 없기 때문에 근원적으로 을의 위치에서 가격결정에 대한 발언권이 약하다는군. 이러한 불평등한 거래 관계에서는 대기업이 가능한 한 납품가격을 낮게 책정함으로써 더 큰 이익을 남기려는 경향을 피할 수 없게 되겠지. 대기업의 이러한 행태는 주주이익 극대화를 위해서 당연하다고까지 말할 수 있겠지.

중소기업은 우선 생산원가를 보장해 주면서 추가해서 대기업의 절반 수준에 불과한 종업원들의 임금을 올려 주고 기술개발 및 설비확장을 할 수 있는 수준이 적정 납품가격의 기본조건이라고 주장한다지. 반면에 대기업은 수시로 변화하는 기업 여건을 반영해서 납품가격도 신축적으로 조정될 수밖에 없다고 주장한다던데.

예를 들자면 반도체의 국제시세가 급락하면 그 부담을 1차, 2차, 3차 등 중층적 납품업체와 나누어 가질 수밖에 없는 것이지 대기업 홀로 지고 갈 수는 없다는 것이네. 물론 틀린 말이 아니지만 결국은 부담을 어떻게 나눌지가 관건인데 현재의 주주이익 중시하에서는 아무래도 납품업체에게 더 많은 부담을 전가할 수밖에 없겠지. 또 반도체 호황시절의 막대한 이익을 납품업체와 공유하는지, 한다고 해도 비용공유와 균형을 이루는 수준에서 하는지에 대한 의문은 여전히 남는 거지.

이해관계자들의 입장을 이해하는 경영철학이 정관에 반영되면 대기업과 중소기업은 이익도 나누고 고통도 나누는 정신에 입각해 구체적인 상황에 따라서 합리적인 납품가격을 결정할 수 있게 될 것 아니겠나.

진정한 상생의 길로 가는 구체적 여정을 상정해 보면 전경련, 대한상의 등 경제단체가 상생경영에 대한 재계의 의지를 자율적으로 분명히 하는 것이 바람직하네. 또한 상생경영은 1차 협력기업과 2차, 3차 협력기업 간에도 이루어져야 하기 때문에 중소기업 협동조합 중앙회도 동참해야 마땅하지. 상생 노력은 노사 간에도 양방향으로 필요하지. 노조는 상생 노력이 기업의 성공으로 이어지도록 책임을 분담해야 하고 이러한 모든 노력들은 국가 차원의 사회적 대화를 통해서 합의를 이루어 내야 할 것이네.

내친김에 시야를 국제적으로 넓히면 개별 기업을 넘어서서 대다수의 기업들이 집합적으로 이해관계자 상생에 참여해야 할 필요성은 국경을 벗어난 세계경제 무대에서도 동일하다네. 개별국가의 노력만으로는 전환이 어렵고 다수 국가가 공동보조를 취해야만 하는 것이란 말일세.

기업의 국가 간 이동이 자유로운 지금에는 A국가가 기업에게 불리한 제도를 채택하면 그 국가 내의 기업들은 더욱 유리한 여건을 갖춘 다른 국가로 옮겨 가게 되네. 설령 기업 본사는 A국가에 남아 있더라도 생산시설을 다른 국가로 이전하거나 추가 투자를 다른 국가에서 하게 되지. 기업과 투자의 해외 엑소더스는 A국가의 산업공동화를 초래하고 일자리를 감소시키는 결과를 초래한다네.

대표적인 예가 법인세 차이로 인한 기업의 국가 간 이동이지. 경쟁국이 법인세를 인하하면 자국기업의 해외이전을 방지하기 위해서 어쩔 수 없이 인하 경쟁에 뛰어드는 이른바 바닥을 향한 경주(race to the bottom) 현상이 실제로 일어나고 있지. OECD회원국들의 평균 법인세율은 1981년 50%를 상회하였으나 오늘날에는 30% 이하로 하락하였는데 가장 중요한 요인은 국가 간의 법인세 인하 경쟁이라는 것이 통설이네. 오죽했으면 2021년에 미국이 글로벌 법인세 하한을 15%로 정하자고 제안하고 G7과 OECD에서 원칙적으로 합의하는 일까지 벌어지겠는가?

이해관계자 상생의 경우에도 이를 자국만 채택하고 경쟁국이 채택하지 않으면 기업들이 해외로 떠나는 현상이 발생하기 때문에 비록 국내적으로 국민적 공감대가 형성된다고 하더라도 국제공조가 없는 상태에서는 실현에 제약을 받게 되지. 국제공조에 대한 논의를 G20 정상회의의 의제로 채택해서 추진해 나가면 효과적일 것이네. 그러나 정상들이 전면에 나서기보다는 기업인 회의가 중심이 되어서 합의를 이끌어 내고 정상들은 이를 정치적으로 지지하는 형태가 되는 것이 바람직하네. 기업경영목표의 수정은 기업이 자발적으로 해야만 지속가능하게 추진될 수 있는 것 아니겠나.

마르크스 자네가 이해관계자 상생을 장황하리만치 자세히 설명하였네. 자네는 이기심을 좇는 사람이 어설프게 공익을 추구하는 사람보다도 사회 전체의 이익에 더 크게 기여한다고 하면서 보이지 않는 손의 마법을 설명하지 않았나. 그런데 지금에 와서는 기업 더러 이윤보다는 이해관계자 상생을 도모하라고 하니 의아하네. 자유주의 경제사상의 핵심이 되는 보이지 않는 손을 수정하겠다는 건가?

스미스 이기심을 단기와 장기로 구분해야 하네. 이기심이 사회 전체의 이익으로 파급되지 않고 남에게 피해를 끼치는 것은 눈앞에서 어른거리는 돈의 유혹을 이기지 못한 결과이지. 약자를 힘으로 누르고 속이고 거짓말하고 훔치고 심지어는 폭력까지 행사하지. 돈이 안겨 주는 풍족과 안락과 쾌락의 상상 속에서 양심을 팔고 염치를 잊고 수치를 묻어 버리는 거지.

이것이 인간 본성이므로 도덕과 윤리로 고치는 것은 한계가 있어. 이기심의 악을 치유하는 가장 강력한 치료제 역시 이기심이네. 장기적인 이기심이지. 눈앞의 이익을 좇다 보면 기다리고 있는 것은 파탄이 아닌가? 그러니 당장은 이익이 덜 나더라도 좀 더 먼 곳을 바라보면서 옳은 방향으로 가다 보면 결국에는 자신과 주위 모두에게 이익이 돌아가는 거지.

남한의 기업들이 이미 이해관계자 상생경영의 필요성을 인식하고 있음을 보여 주는 움직임이 최근에 있었네. 2022년 5월 24일에 주요 기업과 경제단체가 '신기업가정신'을 선포하였지. 대표적인 기업 70여 개와 상공회의소, 중견기업협회 등이 참여하였다네. 대기업은 물론이고 중견기업도 포함되었고 기존의 재벌기업뿐만 아니라 새로이 등장한 IT 대기업도 속해 있으니 남한 경제계가 새로운 경영을 추구하겠다는 각오를 여실히 보여 주었다네.

선언문에는 기업이 단순한 이윤추구를 넘어서 임직원, 고객, 주주, 협력사, 지역사회와 함께 하는 가치를 이룩하기 위해 노력한다고 명시되어 있다네. 지속가능한 공동체를 만들기 위해서는 기업이 역할을 새롭게 해서 국민들의 신뢰를 얻어야 한다는 자각이 드러나 있지. 이 뜻깊은 선언이 구체적인 행동계획으로 발전하고 실천으로 옮겨지기를 간절히 바라네.

남한사회에 팽배해 있는 반기업 정서에 대해서 불만을 쏟아 내는 방어적 자세에서 벗어나 기업이 선제적으로 변화함으로써 국민들의 신뢰를 얻어야만 하네. 기업이 스스로 이해관계자 상생을 실천하면 규제개혁에 대한 다수 국민들의 지지를 얻어 내기가 수월해지고 이는 기업에게 더 큰 이익으로 돌아오게 되는 거지. 부디 기업들이 내 기대를 저버리지 않기를 간절히 염원하네.

마르크스 이해관계자 상생은 옛적에 한동안 유행하다가 사라진 공상적 사회주의를 떠오르게 하네. 이상적이지만 비현실적인 공상의 냄새가 풀풀 풍긴단 말일세. 이해관계자 상생에서는 임금과 납품가격이 시장에서 수요공급을 통해서 결정되는 대신에 이해당사자 간의 협상을 통해서 결정된단 말이지. 조합주의 아닌가? 조합주의는 내가 가슴속에 품고 있던 체제이고 지금도 사회주의자들과 극소수 남아 있는 공산주의자들이 선호하는데 자네가 호감을 가진다니까 하늘이 놀랄 일이네.

이는 자본주의 시장경제의 본질에 어긋나는 것 아닌가? 보이지 않는 손은 무대 뒤로 사라지고 보이는 손이 주역으로 등장한 셈이지. 자네가 이 정도로 원칙을 양보해 가면서까지 이해관계자 상생에 애착을 갖는 이유는 무엇인가? 주주이익 극대화의 현대 자본주의가 만들어 내는 불평등이 자네가 보기에도 도저히 용납할 수 없는 지경까지 갔기 때문인가?

질문이 또 있네. 이해관계자 상생의 채택 여부를 기업 자율에 맡기자고 했지. 그러면 이익극대화 기업과 이해관계자 상생기업이 공존하면서 경쟁을 벌이겠지. 자네 말대로 단기적으로는 이익극대화 기업이 유리하나 장기적으로는 이해관계자 상생기업이 더 나은 실적을 보여 줄 수도 있겠지. 그런데 투자자들은 분명히 자신들의 이익을 중시하는 이익극대화 기업에 적극적으로 투자하지 않겠나? 즉 시장의 인센티브는 이해관계자 상생기업에게 불리하게 작용할 것이란 말일세.

스미스 어어, 자네 지금 너무 나가고 있네. 이해관계자 상생은 시장가격기구를 없애는 것이 아니고 그 부족한 점을 보완해서 더욱 온전하게 본래의 기능을 살리자는 걸세. 사유재산과 시장가격기구를 아예 부정하는 조합주의와는 섞일 수 없는 거지.

주식시장에서 어떤 기업이 투자유치에 유리한가에 대해서 자네처럼 단기적 이익극대화 기업이 유리하다고 단정하기는 이르네. 투자자 역시 단기적인 이익보다는 장기적이고 지속적으로 이익을 안겨 주는 기업을 선호하는 경향이 있지. 특히 기관투자자들이 그러하지.

마르크스 협동조합체제도 생산수단은 공유하면서 사유재산을 부정하지만 공동생산에서 나온 산출물을 시장에 내다 팔고 그 대금을 조합원들이 공평하게 나누어 갖자는 것이니까 시장가격기구를 부정하는 것이 아닐세. 시장경제에서 발생하는 사유재산의 폐단과 불공평한 분배를 시정하자는 것이지.

자본가가 지배하는 불평등하고 불공정한 시장을 제거하고 노동자들이 자유롭고 대등하고 공정하게 거래하는 시장이 만들어지는 거지. 시장가격기구의 효율성을 유지하는 것이니까 공산주의는 효율성의 무덤이라는 낙인은 사라지는 것일세.

스미스 나는 사유재산의 폐지는 득보다 실이 더 크다고 믿네. 그리고 분배도 근본적으로는 시장에 의존하되 지나친 불평등을 줄이기 위해서 이해당사자 간의 협상으로 메꿔 나가자는 것이네.

임금결정을 온전히 시장에만 맡기는 경우는 거의 없어지다시피 되

없지. 모든 자본주의 국가에서 노사 간의 협상이 임금결정에 큰 영향을 미치고 있지. 상품가격 역시 소비재는 시장수급에 따라서 거의 전적으로 결정되지만 생산재의 경우에는 공급자와 수요자의 흥정이 흔하게 일어나곤 하지. 모기업과 협력기업 간의 거래는 더더욱 협상의 역할이 중요하지.

그러니까 이해관계자 상생이 시장가격기구의 민첩성, 투명성, 효율성을 희생해 가면서까지 당사자끼리의 협상에 의존한다는 기우는 지나친 것이네. 중요한 것은 당사자 간의 신뢰를 구축하는 것이고 일단 신뢰가 구축되면 협상비용은 최소화할 수 있는 것이네.

마르크스 이해관계자 상생으로 시장 안에서 분배를 개선하고 불평등을 좁힌다고 해도 한계가 분명해. 수많은 영세자영업자, 대기업과의 협력관계에서 소외된 독립 중소기업은 이해관계자 상생의 생태계 바깥에 있거든. 질병, 사고, 장애, 노령 등의 이유로 노동의 기회를 박탈당한 사람들도 같은 운명이지. 이들도 성장의 혜택을 받도록 낙수효과가 작동하는 생태계를 만들어야 되고 나아가서는 복지혜택을 제공하는 수밖에 없지. 그러니 복지는 여전히 중요한데 보편적 복지와 선별적 복지 중에서 어느 쪽을 지지하는가?

스미스 이해관계자 상생은 복지를 대체하는 것이 아니고 보완하는 것이네. 자네 말대로 이해관계자 상생의 생태계 바깥에 있는 사람들에게는 복지가 더 중요하지. 나는 선별적 복지가 옳다고 믿네. 복지재원이 하늘에서 펑펑 쏟아져서 무한정 쓸 수 있는 것이 아닌 이상

가장 절실하게 복지를 필요로 하는 사람들부터 우선적으로 제공해야 하네. 별로 필요하지도 않은 사람에게 복지를 안겨 주는 것은 낭비와 선심에 불과해. 모든 노인들에게 지하철을 공짜로 타게 하던데 용돈 부족을 모르는 사람들은 고마워하지도 않지.

요즈음은 기본소득을 주어야 한다면서 국민들을 현혹시키는 정치인들이 적지 않더구먼. 모든 국민들에게 일정 금액을 무조건 지급하자고 하던데 정신 나간 자들이지. 가령 부자, 가난한 자 가리지 않고 매월 백만 원씩 주면 부자는 그 돈 없이도 잘 살 수 있는 반면에 가난한 자들은 생활의 질이 확 바뀔 거야. 그러니 부자는 제외하고 가난한 자에게만 월 이백만 원을 주면 가난을 면할 수 있을 것 아닌가?

물론 노동능력이 없는 빈자와 게으른 빈자를 구별해야만 하지. 늙고 병들고 장애가 있어서 일하고 싶어도 그럴 수 없는 사람들과 빈둥빈둥 놀면서 국가의 도움만 기다리는 사람들을 같이 취급해서는 안 되지. 전자에게는 적절한 수준의 삶을 누리게 해 주어야 하지만 후자에게는 노동을 전제로 한 지원을 해야만 해. 일하지 않는 자는 먹지도 말라고 자네가 힘주어 말하지 않았던가?

마르크스 자네가 이해관계자 상생에 그렇게도 집착하고 있으니 나 역시 한 가지라도 도움될 만한 조언을 해 주고 싶어졌네. 자네는 민간기업인들, 특히 재벌 오너들이 심기일전해서 자율적으로 기업의 경영목표를 주주가치 극대화에서 이해관계자 상생으로 전환해야 한다고 강조하는데 내 생각은 다르네.

자본가는 이익을 좇게 되어 있다네. 단기이건 장기이건 상관없네. 그건 그들의 숙명일세. 자본주의는 이익을 많이 내는 자본가들이 성공하도록 부추기는 제도이기 때문이지. 이익을 내지 못하면 도태되어 버리는데 어찌해서 다른 마음을 먹을 수가 있겠는가? 내가 자본주의의 붕괴를 예언한 것은 자본가의 이기적, 반사회적 행위가 개인의 문제가 아니라 체제의 문제라는 점을 날카롭게 꿰뚫어 보았기 때문이지.

자본가들이 이익을 도외시하고 노동자복지, 협력기업 지원, 사회적 소외계층 도와주기에 더 많은 관심을 갖는다면 스스로 자본가이기를 포기하고 자선사업가의 길로 들어서는 거지. 그렇게 되는 순간 자본주의의 생산력도 내리막길을 걷기 시작할 거야. 그러니 자본주의를 지속가능하게 살려 내기 위해서 도입한 이해관계자 상생은 자본주의를 질식시키게 될 거야.

Business Round Table의 회원인 미국의 대기업 최고경영자들이 이해관계자 상생을 선언한 지가 어언 수년이 지났는데도 그 후에 구체적인 행동계획이 나오지도 않고 어영부영 세월만 흘러갔지. 당시 미국의 대통령선거를 앞두고 민주당 경선후보들이 대기업을 때리는 목소리를 높이니까 그 공격의 예봉을 피하려는 제스처에 지나지 않는다는 비웃음이 사실로 드러나고 있지 않은가?

그렇다면 자네처럼 자본가들이 스스로 이해관계자 상생을 도모하기를 기대한다는 것은 한낱 공상에 그치는 것이 아니겠나? 자네도 이 사실을 알아차렸기 때문에 빠져나갈 구멍을 준비하기는 했지. 이해관계자 상생이 단기적으로는 비용을 늘리겠지만 장기적으로는 오히려 이익을 늘려 줄 것이라는 모호한 가정을 세워서 말이야. 지금처럼 세계적인 무한경쟁에서 살아남는 것이 초미의 관심사가 된 상황에서 장기 운운하는 것은 너무 한가한 소리 아닌가?

하기야 세계화도 지금 브레이크가 걸리고 있지. 미중 갈등이 대표적인 반세계화의 징후라고 보네. 미국이 더 이상 세계화의 수혜자가 아닌 피해자가 되고 있다는 국민여론을 업고 정치가 나서서 무역과 투자장벽을 높여가고 있는 거지.

세계화의 속도조절과 후퇴는 필연적으로 시장 힘의 약화와 정부 힘의 강화를 불러오고 있네. 경제라는 하부구조가 변하니까 정치라는 상부구조도 따라서 변한다는 내 주장이 들어맞고 있는 거지. 자네는 이해관계자 상생에 정부는 나서지 말라고 하는데 내가 장담하지만 앞으로 좌파정부부터 이것을 들고나올 것이고 우파정부도 이것을 무시하기 어려워질 것이네. 대중의 여론이 그 방향으로 움직여 갈 테니까. 강한 정부 시대에는 대자본가들도 정부의 눈치를 볼 수밖에 없네. 정부의 눈 밖에 나면 재미없다는 경험적 진실을 더욱 선명하게 깨닫게 되는 시대가 온 것이지.

이해관계자 상생은 자본주의가 작동하는 원리를 바꾸는 엄청난 일일세. 그 중차대한 과업을 어찌 자본가들의 개과천선에 맡길 수가 있는가? 고양이에게 생선을 먹지 말라는 것과 같지. 역사적 전환기에는 정치적 압력과 회유로 물꼬를 트고 흐름의 방향을 바꾸어야 하지. 정치지도자가 이해관계자 상생의 시대적 당위성을 강조하는 것만으로도 탐욕적인 자본가들은 엄청난 압박을 느낄 걸세. 내 말을 잘 소화하기 바라네.

스미스　자본주의가 인간의 본성인 이기심과 탐욕을 제도적으로 권장하고 미화한다는 자네의 지적은 일리가 있네. 인간의 본성은 이기심과 배려심의 상반된 힘이 작용하고 있는데 자본주의는 유독 이기심만을 부추기고 배려심은 무시하고 무관심하지. 하기야 이기심은 이윤의 촉진제이지만 배려심은 방해요소일 뿐이지.

그러니 이해관계자 상생이 성공하기 위해서는 자본주의의 궤도 수정이 필요해. 단기적인 이윤만 바라보고 다른 모든 가치들을 종속시키는 욕심꾸러기의 탈을 벗어 던져야 하네. 주주의 이익과 더불어서 공동체의 발전에도 이바지한다는 방향으로 사고를 확장시켜 나가야 하네. 기업의 사회적 책임이 등장한 것은 오래전이지만 이익추구와 상충되는 반이익의 가치라는 인식 때문에 경영목표로서 정립되지는 않았지.

이해관계자 상생은 이익추구의 훼방꾼이 아닌 협력자라는 점이 중요하지. 종업원, 협력기업, 소비자, 공동체와의 상생이 장기적으로 기업이익을 더 키워 줄 것이네. 그러므로 이해관계자 상생은 중단되지 않고 기업과 더불어 지속될 수 있는 거지. 종업원을 소중한 자산으로 대하고 협력기업의 경쟁력을 키우는 것이 장기적으로 이익이라는 점은 모두가 쉽게 이해할 수 있는 것 아닌가?

기부, 자선 등의 형태로 공동체에 대한 사회적 책임을 이행하는 것은 이익 만들기에 직접적으로 공헌하지는 않지만 사회적 평판을 통해서 간접적으로 기여한다고 보네. 기업이 사회적으로 가치 있는 선행을 베풀면 인재유치, 소비자 평가, 투자유치 등에 긍정적인 영향을 받게 되겠지.

자본가들이 이윤극대화 경영을 탈피하고 이해관계자 상생 경영으로 바꿔 가는 것은 이제는 피해 갈 수 없는 흐름이라고 생각하네. 그러니 정부가 나서서 압력을 넣는 것보다는 자본가의 자율적 각성에 맡기는 것이 비록 시간은 더 걸릴지 몰라도 오래오래 지속되는 이점이 있을걸세. 물론 정부는 사회적 분위기를 만들고 장기적 경영이 더 유리해지도록 정책적인 유인을 제공하는 역할을 하면 좋을 걸세.

마르크스 자네의 이상주의가 내 마음을 사로잡았네. 나는 국부론을 읽으면서 자네가 영락없는 현실주의자라고 생각했어. 인간의 이기심을 인정하고 그 이기심을 국부창출의 원동력으로 활용하겠다는 논리가 그랬어. 국부가 창출되면 사회가 전체적으로 이익을 향유하고 더 나은 삶을 살게 될 것이라는 낙관주의 역시 현실주의자임을 증명하였지.

자네는 나처럼 노동자 천국이라는 현실성도 없는 이상향을 제시하면서 대중을 선동하는 짓을 하지도 않았어. 생산활동과는 담을 쌓고 생산물은 독점하는 구시대의 특권계급을 없애고 신흥 부르주아지들이 마음 놓고 생산활동을 할 수 있도록 해 주면 풍요한 사회가 올 것이라는 예언 역시 지극히 현실적이었네. 그렇기 때문에 현실에 바탕을 둔 자본주의가 오늘날까지 번영하고 있다고 생각해.

그런데 이해관계자 상생을 정열적으로 주장하는 자네의 모습에서 나는 이상주의자의 인상을 받고 있네. 더 평등한 세상을 염원하는 간절한 소망이 느껴진다는 거지. 그러면서도 자본주의를 부정하지 않고 그 장점을 보존하면서 단점을 고쳐 나가겠다는 자세는 현실적 이상주의자라고 불러도 좋겠지.

스미스 그렇게 좋게 얘기해 주어서 고맙네. 자본주의 사회의 대다수 사람들이 인류 역사에서 유례가 없는 물질적 풍요를 누리고 있으니 첫 번째 꿈은 실현되었네. 이제 새로운 꿈을 꾸고 이상을 품고 실천하고 싶네. 물질적 풍요가 더 많은 사람들에게 돌아갈 수 있도록 만들고 싶어. 하루하루 끼니를 걱정하고, 병원비를 걱정하고, 자식공부를 걱정하고, 전월세를 걱정하고, 조기퇴직을 걱정하고, 노후를 걱정하는 삶에서 한 걸음 더 나아가 자아를 실현하고 보람과 행복을 맛보는 삶이 더 많은 사람들에게 주어지게 하고 싶단 말일세.

이해관계자 상생은 우파가 왼쪽을 향해서 이동하는 상징적인 변화이네. 자본주의 진화의 역사적인 이정표가 될 걸세. 포용적 자본주의, 따뜻한 자본주의, 인간의 얼굴을 한 자본주의 등 현란한 구호들을 행동으로 집약하는 결단이지. 그렇게 해야만 자본주의는 비로소 좌파와 협력할 수 있고 좌우진영의 극한대립을 주도적으로 해소해 나갈 수 있네.

물론 남한의 좌파 역시 중간을 향해서 이동해야 하네. 그들은 아직도 자본주의가 발휘하는 엄청난 생산력의 힘을 인정하는 데 주저하고 멈칫거리고 있지. 지금까지 적대시하던 체제를 받아들이면 배반자, 변절자의 낙인이 찍힐까 봐 두려워하는 거지. 그런데 평등은 파이가 커지지 않으면 의미가 없어. 가진 자들의 호주머니에 든 것을 빼앗아서 없는 자들의 호주머니를 채우는 방식으로는 얼마 지탱하지 못하고 제풀에 자빠지게 되어 있어. 역사가 이미 명백하게 가르쳐 준 것을 어이하여 깨우치지 못하는지 답답해.

좌우가 각각 중간을 향해서 이동하여 가까워지면 두 진영은 전략적 협력동반자의 관계를 맺게 될 거야. 상대의 힘을 이용해서 나의 가치를 실현하는 마법 같은 효과를 가져오게 되는 거지. 우파는 자신을 위협하는 불평등을 개선하고, 좌파는 자신들이 이루지 못하는 생산력을 확보하게 되어 우파는 포용적 자본주의를, 좌파는 풍요로운 사회주의의 꿈을 이루게 될 것이네.

VII

작별하면서

마르크스 자네는 자본주의의 이론적 기초를 확립했고 자본주의가 인류 번영에 기여할 것이라고 예언했지. 나는 자본주의가 갖는 모순을 이론적으로 해부했고 소수 자본가가 다수 노동자를 수탈하는 체제로 낙인 찍었지. 우리 둘은 결코 화해할 수 없는 정반대의 입장에 서 있었던 거야.

이번에 서로 같이 천하를 주유하며 세상 바뀐 것을 보면서 우리가 공감하는 부분을 발견한 것은 얼마나 다행인지 몰라. 공감은 이해를 가져오고 이해는 허심탄회한 소통을 여는 열쇠거든.

자네는 자본주의가 벌여 놓은 불평등한 세상을 인정했고 보이지 않는 손이 불평등의 해소에는 한계가 있다는 점을 받아들였지. 즉 자신이 옹호한 자본주의가 심각한 결함이 있다는 점을 수용한 거지.

나는 공산주의를 실현한 소련과 모택동의 중국에서 노동자 천국 대신 노동자 지옥의 세계가 열렸다는 사실을 인정하지 않을 수가 없었고 내가 자본주의를 무너뜨리는 데 몰입한 나머지 정작 공산주의를 어떻게 운영하는가에 대해서는 소홀히 했다는 점을 부끄럽게 여기게 되었네. 우리가 자신들이 꿈꾼 새로운 세상이 실제로는 심각한 결함을 보이고 있다는 자기반성의 교집합을 공유한다는 것은 그 의미가 결코 작지 않다고 생각하네.

그래서 우리는 지금 세상에서 사람들이 겪는 고통의 많은 부분에 대하여 책임을 져야 한다는 양심의 소리에 공감하였네. 그러다 보니 자연스럽게 앞으로의 세상을 어떻게 바꾸어야 하는지에 대해 고민하지 않을 수가 없었고 서로의 생각을 나누게 되었지. 미래에 대한 처방을 놓고 자네와 나는 또다시 옛날의 대립적 관계로 돌아가게 되었다는 것은 슬프기도 하면서 안심되기도 하였다네.

자네는 자본주의를 다시 고쳐서 쓰면 자네가 꿈꾸었던 세상이 더 가까이 다가온다고 믿고 있고 나 역시 공산주의의 작동방식을 바꾸면 내가 꿈꾸었던 세상이 열릴 것이라고 믿게 되었으니까 말일세. 자네는 남한에서 이해관계자 상생의 진화된 자본주의를 구현하고 나는 북한에서 공산당 독재를 없애고 노동자의, 노동자에 의한, 노동자를 위한 진짜 공산주의를 실현해 보자고 합의했으니 우리 모두 성공을 거두고 다음에 만나서 자축의 건배를 들기로 하세.

우리가 힘을 합쳐서 자본주의도 아니고 공산주의도 아닌 제3의 체제를 고안해 내지 못한 점은 슬프지만 각자의 평생을 걸었던 자본주의와 공산주의를 완전히 폐기할 필요는 없지. 교정해서 재활용하는 지혜를 얻었으니 각자가 안도의 숨을 쉬어도 될 걸세.

스미스　자네가 솔직하면서도 분명히 입장의 차이와 공유를 지적해 주어서 고맙네. 자네와 나의 사상이 같은 목표를 바라본다는 점은 분명하네. 인간이 존중받는 세상을 향해서 나아가려고 했지. 나는 왕의 압제와 귀족의 전횡과 교회의 지배로부터 인간을 해방시키려고 했어. 특권계급을 위해서 노동하는 노예적인 처지에서 벗어나 자신의 자유의지로 노동하고 자신의 발전을 위해서 노동의 과실을 이용하는 세상을 바라보았어.

때마침 부르주아라고 불리는 신흥자본가계급이 등장해 기득권계층에 저항하여 경제적 자유를 외치고 있었는데 나는 그들로 하여금 국가의 간섭과 방해를 받지 않고 개인의 사익을 추구하도록 해 주면 사회 전체의 이익도 따라서 도모될 것이라고 믿었어. 막연한 믿음이 아니라 자신의 이익이 걸리면 최선을 다해서 노력하는 인간의 본성을 따르는 경제체제가 자연 질서에 부합하고 지속가능하다고 확신했기 때문이었네.

나의 사상을 후세사람들은 보이지 않는 손, 자유방임, 자연조화설 등으로 핵심을 정리했고 나아가서 그렇게 하는 것이 개인과 나라의 부를 축적하는 최선의 길이라는 당위성을 부여했지. 당위성은 경제정책에서 최소정부를 지향하는 보수주의가 되었고 믿음이 강건해지면서 이념의 경지까지 도달하였네.

나의 사상이 지나치게 이념화되고 교조화되는 것은 찬성하지 않네. 자본가를 비롯한 유산계급이 자신의 지위를 높이고 재산을 늘리기 위해 나의 사상을 오남용하는 경우가 빈번한 현실은 개탄스럽네. 자유방임과 보이지 않는 손은 인기 있는 용어가 되었어. 기업의 투자의욕을 높이고 기업가정신을 고양하며 일자리를 늘려야 한다는 명분을 내걸고 정부의 간섭을 배제해야 한다는 논리적 근거로 애용되고 있어. 그러나 속을 들여다보면 자본가의 이익을 옹호하려는 나쁜 이기심이 도사리고 있는 거야. 나는 남한에서 경제 자유를 신장시키겠지만 결코 이익집단의 앞잡이가 되지는 않을 거네.

남한에서 시장경제가 공정하고 정의롭게 작동하기 위해 꼭 필요한 공익적 규제에 대해서 자본가들이 반대한 사례를 몇 가지 회고해 보면 앞으로 필요한 규제와 불필요한 규제를 식별하는 데 도움이 될 거야.

1970년대에 재벌 대기업의 출현으로 시장 독과점과 경제력 집중이 문제가 되기 시작하자 정부는 공정거래법을 제정하겠다고 나섰어. 대기업들은 자유로운 경제활동을 옥죄는 악법이라고 줄기차게 반대 운동을 전개하여 국회에서 몇 차례나 입법이 무산되었네. 당시는 권위주의 정부시절이라서 행정부의 위력이 막강하고 국회의 권능이 약했던 때였음에도 그랬지.

역시 1970년대에 대기업의 주식을 증권시장에 상장하도록 유도하겠다는 방침이 추진되었는데 대기업의 소유주들은 사유재산 침해라고 들고 일어났어. 재벌들이 짧은 기간 동안 빨리 성장한 배경에는 국민세금으로 지원해 주고 노동자들이 저임금을 받고도 열심히 일한 점이 크게 기여했기 때문에 성장의 과실을 국민들에게 돌려주어야 한다는 취지였으니 자본가들의 반대는 속 보이는 이기심이었지.

한 가지 더 예를 들면 금융실명제의 도입이네. 1980년대 초만 해도 남의 이름을 빌려 은행에 예금하고 심지어는 존재하지도 않는 사람의 가짜 이름을 만들어서 은행에 예금하는 것이 일반적인 관행이었지. 차명, 허명예금은 탈세의 온상이 되고 온갖 지하자금과 더러운 돈을 숨겨 주는 은신처를 제공하고 있었던 거야.

역시 자본가들은 반대에 나섰어. 속으로는 지하경제의 달콤한 사탕을 계속 빨아 먹겠다는 심보였지만 겉으로는 그럴듯한 미사여구를 늘어놓았지. 자금이 해외로 빠져나갈 것이고 예금 대신에 부동산 투기로 뭉칫돈이 몰릴 것이라고 엄포를 놓았지. 집요한 반대로비는 성공을 거두었고 금융실명제는 10여 년이 지나서야 대통령 긴급명령이라는 비상조치를 통해서 빛을 보게 되었지.

지금 평가해 보면 이 모든 정책적 규제는 남한의 자본주의를 더 공정하고 투명하고 건전하게 만드는 효과를 가져왔다고 확신해. 나는 기업의 자율과 창의를 억누르는 규제는 과감하게 없애야겠지만 기업의 횡포와 갑질과 부도덕성을 바로잡는 규제는 필요하다고 생각해.

마르크스 자네가 남한에서 더불어 함께 잘 사는 자본주의사회를 만들겠다니 반갑기도 하고 걱정도 되네. 왜 걱정하냐고? 자본주의가 인간의 얼굴을 하게 되면 나의 인생은 실패한 것이 되고 말 것이 아닌가? 내 이름이 지금까지도 기억되는 것은 자본주의가 불평등의 문제를 해결하지 못하기 때문인데 자네가 고질병을 고쳐 버리면 내 책에는 먼지가 쌓일 것이고 내 사상은 잊히고 말 것인데 어찌 걱정이 안 되겠는가? 그래도 나는 자네가 성공하기를 비네. 나의 심성은 휴머니스트니까 노동자를 진정으로 사람 대접하는 자본주의의 도래를 마다할 이유가 없지.

나는 북한에서 생산력을 갖춘 공산주의사회를 기필코 건설하고야 말겠네. 그 길만이 풍요한 자본주의 국가에서도 집 걱정, 자식공부 걱정, 질병 걱정, 노후 걱정을 달고 살아가는 서민들을 구원하는 것이라고 믿기 때문이네.

자네가 자본주의를 고쳐 더 평등한 사회를 기필코 만들어 보겠다고 애를 많이 쓰는데 내가 보기에는 한계가 명확해. 자본주의는 태생적으로 효율과 생산력을 유일한 가치로 하는 이념이네. 자유경쟁은 효율의 가치를 실현하기 위한 수단이지. 자네를 숭배하는 주류 경제학에서는 최소비용으로 최대이익을 낳는 것이 효율이라고 정의하지 않나. 임금은 비용이기 때문에 최대한 적게 지불하고, 노동은 투입이기 때문에 마른 수건 쥐어짜듯 노동자를 줄이고 또 줄여야 하네.

자본주의가 가장 효율적인 생산조직으로 고안해 낸 주식회사는 주인이 누구냐 하면 주주네. 법적으로도 그렇고 현실적으로도 그렇고 개념적으로 그렇네. 주인의 이익에 봉사하는 것이 주식회사경영의 존재이유이지. 자본주의는 사유재산을 지고의 가치로 떠받들고 주식회사는 주주의 사유재산이기 때문에 당연히 주주가 원하는 대로 경영해서 최대의 이익을 올려 주주들의 주머니를 채워 주어야 돼. 이것이 엄연하고 냉혹한 현실이네. 이것이야말로 인간의 이기적 본성에 딱 들어맞는 자연적 질서이네.

자본주의 앞에 듣기 좋은 미사여구를 갖다 붙여 봐야 자본주의의 본질은 변하지 않네. 포용적, 온정적, 따뜻한, 인간의 얼굴을 한, 가족적, 상생적, 동반자적 등등으로 자본주의를 치장하고 있는데 한 꺼풀만 벗겨 내면 원래의 추한 모습이 적나라하게 드러나게 되어 있다고. 쓴 약에 당의정을 입힌다고 사탕이 되는 것은 아니지.

요즈음은 지속가능 자본주의라는 말이 유행이더군. 자본주의를 개조하지 않으면 얼마 가지 않아서 멸망하리라는 것을 자본가 자신도 이미 알고 있다는 얘기 아닌가. 사실은 이 말이 나온 지도 수십 년 되었지. 20세기 말에 등장한 것으로 알고 있는데 자본주의가 연년세세 장구한 세월 동안 번영을 누리기 위한 묘책을 고민하다가 발견한 것이지.

지속가능성은 3대 요소로 구성되는데 경제적 효율성, 사회적 평등성, 환경적 회복성이 그것이네. 효율성에 대해서는 더 설명하는 것이 새삼스러운 일이고, 평등성도 입 아프게 얘기했으니까 더 부연할 필요가 없지. 환경적 회복성은 지구환경을 자연상태로 회복하지 않으면 지구의 생태계가 망가져서 인류가 살아갈 터전이 없어지고 그렇게 되면 자본주의도 발 붙일 땅이 없어진다는 뜻이야.

환경에 대해서는 좀 더 설명하고 싶네. 자본주의 생산력의 본산인 공장에서 시커먼 연기를 뿜어내기 시작할 때부터 지구 생태계는 파괴되기 시작했어. 공해물질 배출은 공짜이고 배출을 줄이는 것은 비용이 드니까 자본가들은 마음 놓고 유독가스를 내뿜어 댄 거지. 급기야는 지구온도가 올라가는 지구온난화 위기가 닥치게 되었고 방치하면 지구적 재앙을 피할 수 없다는 절박감에서 석유와 석탄 등의 화석연료를 줄이고 태양열, 풍력, 원자력 등의 저공해에너지로 전환해야 한다는 목소리가 나온 거야.

기업들이 ESG경영을 해야 한다고 호들갑을 떨고 있네. Environment(환경), Social cohesion(사회적통합), Governance(지배구조)의 머리글자를 딴 것이야. 한때는 기업경영에 부담이 된다는 이유로 차일피일하더니 무슨 이유로 너도나도 마치 불나방처럼 뛰어드는지 알다가도 모르겠다니까. 대규모 연기금을 비롯한 기관투자가들이 ESG경영 우수기업에게 호의적인 평가를 내리니까 기업들은 투자유치를 위해서 좋든 싫든 ESG경영에 참여할 수밖에 없는 것 아닌가?

내 의문은 돈이라면 사족을 못 쓰는 투자회사들이 어떻게 ESG라는 지구적 공공재건설을 투자목표로 삼게 되었는가 하는 점일세. 개과천선해서 지구를 살리고 불평등을 없애고 지배구조를 투명하게 하겠다는 대의명분을 실천하겠다는 것인가? 아니지. 탈탄소경제 흐름에 부응하여 전기차, 신재생에너지에 투자하는 것이 기업이익을 낳는 한도 내에서 ESG를 수용하는 것일 뿐 그 이상은 아니네. 나는 지속가능경영을 표방하는 ESG가 정작 자신의 운명은 지속가능하지 않게 되는 것이 아닌가 하는 의구심을 지울 수가 없네.

스미스 자본주의의 본질은 변하지 않는다는 말은 반은 맞고 반은 틀렸네. 사유재산과 자유경쟁이라는 본질마저 사라져 버리면 더 이상 자본주의가 아니지. 그러나 공익을 위해 사유재산에 제한을 가하고 공정을 위해 자유경쟁을 구속하는 변화를 계속해 왔기 때문에 자본주의는 숱한 도전과 위기를 극복하고 살아남았을 뿐만 아니라 우리가 생생하게 목격했듯이 이제는 디지털 문명이라는 새로운 세상을 만들어 내고 있지 않은가. 자본주의가 변하지 않았으면 아마 지금쯤은 자네의 사상을 추종하는 자들이 세상을 지배하고 있을 거야.

환경에 적응하는 자만이 살아남는다는 적자생존의 법칙은 생명체에게만 적용되는 것이 아닌 제도와 사상에도 적용된다고 믿네. 자본주의는 비판을 받아들이고 스스로를 변화시키는 유연한 체제이기 때문에 수백 년 동안 번성하고 있지. 반면에 공산주의는 이념적 교조주의, 도그마적 경직성에서 헤어 나오지 못하고 세상 변화를 외면하다가 온갖 고생 끝에 손에 넣은 권력을 오래 누리지 못하고 무너졌어. 공산주의는 외부로부터의 도전 때문이 아닌 내부적인 모순 때문에 제풀에 무너졌지. 자네가 북한에서 새로운 공산주의를 실험할 때에도 이 점을 명심하기 바라네. 나는 자네가 또다시 실패하는 것을 보고 싶지 않네.

ESG도 자본주의가 변화해 나가는 길목에서 나타나는 새로운 현상일세. 반짝 유행하다가 사라질지, 아니면 자본주의 진화의 의미 있는 한 단계가 될지는 모르겠지만 시도 자체를 부정할 필요는 없지.

자네도 좋은 뜻을 일단 믿어 주고 성공하기를 바라는 긍정적 태도를 가지기 바라네. 자네 심성은 배배 꼬여서 뭐 하나 비틀지 않으면 직성이 안 풀리는구먼. 경영환경이 변해서 과거에는 비용이던 ESG경영이 이제는 이익을 낳게 된 거야. 적어도 ESG경영을 무시하면 기업에게 불리해지는 세상이 되었단 말일세.

소비자들도 환경 영향을 무시하는 기업의 제품에 대해서는 불매운동을 벌이는 수준이 되었다고. 양극화가 날로 심해지는 가운데 사회적 책임을 다하는 기업이 장기적으로 더 큰 이익을 올리게 되었기도 하지. 나는 ESG경영이 이해관계자 상생과도 보완적이기 때문에 지지하고 찬동해 마지않네.

자본가의 무한한 이기심과 탐욕에 기반을 둔 자본주의의 민낯은 변하지 않는다는 것은 자네의 편견이야. 자네의 편견일 뿐만 아니라 자본주의 극렬 지지자들의 편견이기도 하지. 그렇다고 배우고 듣다 보니 화석처럼 고정관념으로 굳어져 버렸어. '과연 그럴까?'라는 의문조차 갖지 않지. '과연 그러해야 할까?'라는 질문은 더더욱 시도조차 하지 않지.

다른 모든 탐욕은 절제하라고 가르치면서 유독 자본가의 탐욕만은 예외로 취급할까? 절제는커녕 개인적 탐욕이 사회적 이익으로 전환되므로 장려해 왔지. 내가 그 원조임을 인정하네. 보이지 않는 손의 신비스러운 작용으로 자본가의 이기심이 사회의 이익으로 바뀐다고 했으니 말일세. 자본가의 손은 마이다스의 손이고 자본주의는 연금술로 미화된 것이지. 이번에 세상을 섭렵하면서 자본주의는 마이다스도 아니고 연금술도 아니라는 점을 깨달았네. 자본주의의 장점을 보존하면서도 단점을 시정하기 위해서 이해관계자 상생을 제시하게 된 것일세.

이제는 자네가 북한에서 진짜 공산주의를 어떻게 현실로 만들 것인지에 대해서 듣고 싶네.

마르크스 이미 설명하였으니까 추가적으로 몇 마디만 보태겠네. 북한은 모든 국민이 유산계급이 되는 거네. 토지는 경작자의 공동소유가 되고 공장은 노동자의 공동소유가 되네. 모든 생산수단은 국유도 아니고 사유도 아니며 인민들의 공동소유가 된다는 말일세. 공동소유는 누구의 소유도 아니다. 그래서 주인 없는 무주공산이 되니까 아무도 열심히 일하지 않아서 망할 수밖에 없다고 비판하는데 그렇지 않네. 내가 아무리 열심히 일해도 나에게 돌아오는 몫이 늘어나는 것이 아니니까 뭐하러 땀을 흘리겠느냐고 반문하는데, 그건 사적소유에 길들은 자들의 짧은 생각일 뿐이네.

군대조직을 보게. 전우들끼리 서로 큰 공을 세워서 훈장을 타겠다고 박 터지게 경쟁하는 것이 아닌 각자의 맡은 임무를 충실히 수행하면서 서로 협력하는 원팀 정신으로 똘똘 뭉치지. 그렇게 해야 포화 속에서 살아남을 확률이 높아진다는 것을 알기 때문이지.

단체운동 경기도 마찬가지네. 축구경기에서 손흥민 선수가 골을 많이 넣어 연봉을 올리겠다는 경쟁심으로 혼자서 공을 독차지하면서 백 미터를 질주해 슛하지는 않지. 동료선수와 패스를 주고받으면서 득점기회를 노리지. 자신이 몇 골을 넣어도 팀이 패배하면 빛을 잃는다는 것을 잘 알기 때문이지.

공유회사도 마찬가지네. 회사를 공동체로 여기고 각자가 열심히 일하면 파이가 총체적으로 커져서 각자에게 돌아오는 몫도 커진다는 것을 충분히 인식하고 있으니까 집합적, 협력적으로 최선을 다하게 되어 있지. 회사가 자기 것인데 누가 신바람 나게 일하지 않겠는가?

사유기업에 익숙해진 자본주의 추종자들은 사람들은 개인의 노력과 기여에 비례해 보상이 주어져야만 열심히 일한다고 믿지만 공유기업이 일반적이고 지배적인 기업형태가 되면 협력을 통한 성과를 자연스럽게 받아들이게 된다고. 사유기업에서는 경쟁이 과도히 치열해지다 보니까 정신적 스트레스가 과부하되는 일이 흔하지만 공유기업에서는 협력에서 오는 집단적 성취감을 즐기게 될 거야.

자본주의에서는 개인 간의 경쟁을 권장하는 보상시스템이 갖추어져 있으니까 경쟁 일변도로 내닫지만 공유주의에서는 공동체적인 협력을 북돋우는 보상시스템으로 바뀌게 되니까 상부상조의 심성이 기지개를 켜고 살아나게 되는 거네.

과거 소련과 모택동 중국에서 국유회사는 추상적으로는 소유주가 국가였지만 구체적으로는 공산당 간부와 정부의 간부들이 주인이었지. 그들이 실제적인 경영권을 행사하고 생산물의 분배도 그들이 자의적으로 결정했으니까. 노동자들을 부리는 자들이 자본가에서 국가로 바뀌었을 뿐이고 정작 노동자들의 처지는 달라진 것이 별로 없었지. 그러니 열심히 일하지 않고 요령 피우고 게으름 부릴려고 하는 것은 당연지사였고 그래서 붕괴하지 않았겠나.

스미스 공산당을 해체한다는데 그렇다면 북한의 정치체제는 어떤 형태를 갖추는지 궁금하네. 자네 무정부주의자는 아니겠지? 의회민주주의로 바뀌는 것인가?

마르크스 하부구조인 경제조직이 상부구조인 정치체제를 결정한다는 나의 생각은 아직도 그대로이네. 모든 인민들이 생산수단을 공유하고 자율적인 자치조직이 생산관계를 규정하게 되면 정치도 모든 인민들의 자유의사가 반영되는 체제로 바뀔 수밖에 없네. 풀뿌리 민주주의가 뿌리를 내리게 될 것이네. 가장 기초적인 자치조직에서는 직접 민주주의가 이루어질 것이네.

공동체의 유지를 위해서는 공동체 전체의 의사결정을 해야만 하는 경우가 불가피하게 생기게 되어 있지. 국방, 외교는 물론이고 전국적 차원에서 결정해야만 하는 경제문제도 생기게 되지. 통화·재정 정책이 떠오르는군. 그러니 최소한의 중앙정부도 필요할 텐데 연방정부 형태가 적절한 것이네. 지방자치정부가 중심이 되면서 이들 간의 협의를 통한 공동의 의사결정이 필요할 때에만 연방정부가 나서게 되겠지.

국가원수가 있어야 된다면 지방자치체의 장이 돌아가면서 맡으면 될 거야. 스위스를 유심히 관찰하고 있는데 배울 점이 많은 것 같아. 스위스는 면적이 남한의 약 40%, 인구는 약 16%인 작은 나라인데도 26개의 주가 독립국가 수준의 높은 자치권을 누리고 있다고 하지. 연방정부의 대통령과 총리도 돌아가면서 하는데 실질적인 권한이 상당히 제한되어 있다는군. 직접민주주의가 고도로 발달하여 크고 작은 문제들을 국민투표에 부친다고 하네.

북한 인민들은 새로운 세상에서 정치, 사회, 경제적으로 자유와 평등을 누리는 새로운 삶을 살게 될 것이네. 내가 꿈꾸어 온 세상을 실현한다니 생각만으로도 가슴이 벅차오르고 심장이 고동치네 그려.

스미스　자네 말을 들으면서 나도 그런 세상이 오면 얼마나 좋을까 기대하게 되고 부디 그 이상을 실현하기를 빌게 되는구먼. 그런데 자네가 과학적 공산주의로부터 공상적 공산주의로 바뀌는 것 같아. 자네의 비전이 현실성은 줄어들고 이상을 향한 꿈만 늘어나는 것으로 보여서 하는 말이네. 그래도 자네가 성공하기를 염원하는 내 진심은 변함이 없네.

마르크스 나는 교조주의의 고집을 버렸네. 오직 북한인민들이 압제에서 해방되어 참다운 자유를 누리고 자치적인 생산조직과 정치조직을 자율적으로 구성해서 자신들의 운명을 개척해 나가는 열린 사회를 만들어 주고 싶네. 필요하면 자본주의의 자유시장체제도 받아들일 것이고 디지털 문명의 이기(利器)를 이용하는 것에도 전혀 저항감이 없네. 실용주의자가 된 것이지.

자네가 남한에서 자본주의의 생산력을 보존하면서도 더 평등한 사회를 만들기 위해 사회주의자라는 비난까지도 받을 수 있는 이해관계자 상생을 하겠다는 실용의 정신과 맥이 통하는 것이네.

우리 둘은 이제부터 선의의 경쟁을 해 보자고. 자네의 진보된 자본주의와 나의 진짜 공산주의 중에서 어느 편이 사람들에게 자유와 번영과 평등을 줄 수 있는지를 보여 주자고. 자네는 평등사상을 받아들이고 나는 효율과 생산력의 가치를 수용하였으니 자네는 우에서 좌로, 나는 좌에서 우로 움직이고 있네. 언젠가는 중간에서 만날 수도 있고 아니면 영원히 만나지 못한 채 각자의 길을 갈 수도 있겠지만 우리의 노력으로 좀 더 나은 세상을 만들 수 있으면 족한 것 아니겠나?

스미스 그렇네. 우리 둘이 같이 세상 구경하면서 논쟁도 치열했지만 나는 국부론에 담았던 생각을 지금 세상에 맞게 수정할 용의가 있고 자네 역시 자본론에서 주창했던 생각을 고칠 필요성을 인정하였으니 이번 여행은 참으로 뜻깊었네. 이제 나는 남한에서, 자네는 북한에서 열심히 노력하면서 서로 소통하고 도움을 주고받으면서 한반도의 번성을 이룩해 보세.

그런데 자네와 내가 한반도의 통일을 이룩할 수 있을까? 남북한이 내부의 이념분열과 외부의 간섭 때문에 분단된 지 어언 70년이 훨씬 넘었다는데 이질적인 체제가 너무 오래 지속되다 보니 민족적 동질감이 점점 옅어진다는 거야. 한반도가 통일되면 한민족의 꿈을 이룰 뿐만 아니라 경제적으로도 큰 도움이 될 텐데.

마르크스 아니 엉뚱하게 웬 통일 타령이야. 자네나 나나 앞으로 해야 할 일이 첩첩산중인데. 우리가 각각 남한과 북한을 사람 사는 세상으로 만들어 놓고 난 후에 통일 얘기를 하는 것이 순서 아니겠나?

정치인들이 입에 발린 소리로 늘어놓는 사람 사는 세상이 아니라 진짜 사람 사는 세상 말일세.

그때가 되면 통일의 가장 큰 장애물은 남한이 사유재산체제이고 북한이 공유재산체제라는 차이점이 될 걸세. 북한 인민들은 사유재산을 받아들이지 않을 거야. 사유재산은 온갖 불행과 갈등의 온상이라고 여길 것이거든. 그들은 공유재산하에서 공동체적 협동사회의 좋은 점을 충분히 맛보았기 때문에 그걸 포기하려고 하지 않을 거야.

반면에 남한 국민들은 목숨 못지않게 소중한 재산을 포기할 리가 없지. 자본가이건 노동자이건 상관없이 자기가 소유하고 있는 재산을 남들과 함께 공유한다는 것은 생각만 해도 공포가 밀려올 거야.

그러니 구태여 통일을 지향하지 말고 서로 상대의 체제를 존중하면서 사이좋게 교류하고 협력하면서 살면 되지 않겠나.

스미스 자네는 아직도 북한에서 진짜 공산주의를 실천하여 풍요와 평등의 두 마리 토끼를 잡을 수 있다는 확신에 차 있는 것으로 보이네. 나는 솔직히 말해서 반신반의이네. 세상에서 한 번도 시도한 적도 없고 성공한 적도 없는 엄청난 실험이거든. 자네와 나 사이의 남북한 체제경쟁은 내가 승리할 확률이 매우 높다고 보네.

만약에 그렇게 되면 자네는 자신의 패배를 인정하고 더 우월한 남한체제를 수용하여 통일의 길로 나아갈 수 있겠는가?

마르크스 선의의 체제경쟁은 두 손 들어서 환영하네. 우리가 모두 개인적인 야망이라고는 추호도 없이 오직 사람 사는 세상을 만들어 보겠다는 일념으로 편안한 천국 생활을 뒤로 하고 궂은일을 마다하지 않고 있지. 누가 이기건 간에 더 나은 체제를 바라보는 자세를 가지면 통일은 현실이 될 수 있을 거야. 또 만약에 남북한의 이질적인 체제가 모두 성공한다면 남북한이 한 국가-두 체제의 형식으로 통일국가를 세울 수도 있을 것이네. 민주사유재산의 남한과 민주공유재산의 북한이 연방국가를 만들어서 통일의 염원을 이루어 낼 수가 있을 거야.

우리가 뜻깊은 합의를 했네. 남북한 간에 선의의 체제경쟁을 해서 그 결과에 따라서 가장 합당한 방법으로 통일을 이룩하자고 말이야. 축하하는 의미에서 건배를 하자고.

스미스 좋아. 건배!

참고문헌

김수행, 『자본론 공부』, 돌베개, 2014.

로버트 라이시 지음, 안진환, 박슬라 옮김, 『위기는 왜 반복되는가』, 김영
  사, 2011.

마이클 센델 지음, 함규진 옮김, 『공정하다는 착각』, 와이즈베리, 2020.

마이클 킨슬리 엮음, 김지연 옮김, 『빌게이츠의 창조적 자본주의』, 이콘,
  2011.

막스 베버 지음, 권세원, 강명규 공역, 『프로테스탄티즘의 윤리와 자본주의
  의 정신』, 일조각, 1985.

민석홍, 『서양사개론』, 삼영사, 1994.

박영호, 『칼 마르크스 정치경제학』, 한신대학교 출판부, 2007.

박형준, 권기돈 지음, 『보수의 재구성』, 메디치 미디어, 2019.

샘 피지개티 지음, 이경남 옮김, 『부의 독점은 어떻게 무너지는가』, 시공
  사, 2013.

알베르 소불 지음, 최갑수 옮김, 『프랑스 혁명사』, 교양인, 2018.

앙드레 모로아 지음, 신용석 옮김, 『미국사』, 홍성사, 1986.

앤소니 기든스 지음, 한상진 옮김, 『제3의 길』, 생각의 나무, 1998.

이경태, 『평등으로 가는 제3의 길』, 박영사, 2020.

이경태, 『산업정책의 이론과 현실』, 산업연구원, 1996.

이근식, 『존 스튜어트 밀의 진보적 자유주의』, 기파랑, 2006.

이근식, 『애덤 스미스 국부론』, 쌤앤파커스, 2018.

임경석, 『한국사회주의의 기원』, 역사비평사, 2014.

조순외 7인 공저, 『아담 스미스 연구』, 민음사, 1989.

조영래, 『전태일 평전』, 아름다운 전태일, 2009.

칼 마르크스 지음. 김수행 옮김, 『자본론 1』(상·하) (개역판), 비봉출판사, 2015.

토드 부크홀츠 지음, 이승환 옮김, 『죽은 경제학자의 살아있는 아이디어』, 김영사, 1994.

프랭크 터너 지음, 리처드 로프트하우스 엮음, 서상복 옮김, 『예일대 지성 사강의』, 2016, 책세상.

Ashton, T.S., The Industrial Revolution, Oxford University Press, 1979.

Ashton, T.S., Louis Hacker, F.A.Hayek, W.H.Hutt, Bertrand de Jouvenel, Capitalism and the Historians, edited by F.A.Hayek, The University of Chicago Press, 1954.

Heilbroner, Robert L. The Worldly Philosophers, Simon and Schuster, 1953.

Smith, Adam, An Inquiry into the Nature and Causes of the Wealth of Nations, The University of Chicago Press, 1976.

Smith, Adam, The Theory of Moral Sentiments, Liberty Classics, 1976.

저자약력

　　이경태는 1947년 부산에서 출생하여 부산중학교를 졸업하였다. 서울로 유학 와서 경기고, 서울상대를 졸업하였고 학훈단 8기 장교로 전방 7사단에서 복무하였다. 제대 후에 서울대학교 행정대학원에 입학하였고 행정고시 14회에 합격하였다. 재무부에서 3년 정도 근무하다가 국비유학제도가 생기면서 미국으로 유학가서 조지 워싱턴대학교에서 경제학박사 학위를 취득하였다. 공무원을 그만두고 국책연구기관인 산업연구원에서 오랫동안 근무하면서 부원장을 역임하였다. 역시 국책연구기관인 대외경제정책연구원의 원장을 2대에 걸쳐 지냈다. 경제협력개발기구(OECD)의 한국대표부 대사를 지냈고 무역협회의 국제무역연구원장을 하기도 했다. 은퇴 후에는 고려대학교 국제대학원에서 한국경제론을 강의하였고 SSCI(Social Science Citation Index) 등재지인 『Korea Observer』의 편집주간을 맡기도 하였다. 저서로서 『산업정책의 이론과 실제』, 『평등으로 가는 제3의 길』이 있고 다수의 기고문을 모아서 3권의 칼럼집을 냈다.

애덤 스미스와 칼 마르크스가 묻고 답하다

초판발행	2023년 3월 10일
중판발행	2023년 12월 20일
지은이	이경태
펴낸이	안종만·안상준
편 집	박송이
기획/마케팅	조성호
표지디자인	이영경
제 작	고철민·조영환
펴낸곳	(주) **박영사**
	서울특별시 금천구 가산디지털2로 53, 210호(가산동, 한라시그마밸리)
	등록 1959.3.11. 제300-1959-1호(倫)
전 화	02)733-6771
f a x	02)736-4818
e-mail	pys@pybook.co.kr
homepage	www.pybook.co.kr
ISBN	979-11-303-1658-1 93320

정 가 18,000원